区块链实战

从技术创新到商业模式

冒志鸿　陈俊 ◎ 著

中信出版集团｜北京

图书在版编目（CIP）数据

区块链实战：从技术创新到商业模式 / 冒志鸿, 陈俊著. -- 北京：中信出版社, 2020.6（2020.11重印）
ISBN 978-7-5217-1785-3

Ⅰ.①区… Ⅱ.①冒…②陈… Ⅲ.①电子商务—支付方式—研究 Ⅳ.① F713.361.3

中国版本图书馆 CIP 数据核字（2020）第 064590 号

区块链实战——从技术创新到商业模式

著　　者：冒志鸿　陈俊
出版发行：中信出版集团股份有限公司
　　　　　（北京市朝阳区惠新东街甲 4 号富盛大厦 2 座　邮编　100029）
承　印　者：山东韵杰文化科技有限公司

开　　本：880mm×1230mm　1/32　　印　　张：11.75　　字　　数：192 千字
版　　次：2020 年 6 月第 1 版　　　　印　　次：2020 年 11 月第 2 次印刷
书　　号：ISBN 978-7-5217-1785-3
定　　价：59.00 元

版权所有·侵权必究
如有印刷、装订问题，本公司负责调换。
服务热线：400-600-8099
投稿邮箱：author@citicpub.com

专家热议

作者以其三年来在区块链创新技术应用领域的亲身实践写成这本书，有望帮助广大读者在认识区块链这一全新技术时开阔视野。

何积丰　中国科学院院士、计算机软件专家

我和冒志鸿相识于中国互联网诞生之初，大家同为技术爱好者和创业者，深信互联网能让世界变得更美好。技术进步永不停歇，区块链技术发展还处于早期阶段，我很高兴看到他再度勇立潮头，砥砺前行，为开发者打造开发部署区块链应用的云计算平台。我赞同冒志鸿在书中对区块链本质的大胆解构和分析，我认为区块链和数据库在技术上其实没有太大的区别，区块链的核心是更为去中心化的分布式账本系统，而数据库是更加中心化的账本，两种技术是融会贯通的。冒志鸿以一位计算机专家、互联网创业者的视野与经历，系统分享了他的区块链认知和实战案例，这本书值得一读。

丁磊　网易创始人、CEO

作为冒志鸿在微软时的多年同事，我为他多年来坚持在软件、互联网、区块链技术前沿探索与创新鼓掌喝彩。这本书展示了他在打造全球首个区块链3.0开发平台过程中的行业历程，以及由此开拓的开阔视野和积累的丰富经验，为读者带来了最新的创新理念和实用技术。

周明　微软亚洲研究院副院长

这本书揭示了区块链最前沿的架构模式，对公链、联盟链的应用现状做了全面阐述。书中通过分析梳理区块链领域存在的误区，指明了未来区块链应用的发展方向，对政策制定者及工商界、IT界人士确立适合的区块链经济发展策略或技术路线有拨云见日之效。

Joe Jin　浪潮集团副总裁、浪潮美国公司CEO

我对冒志鸿的了解可追溯至Web 2.0时的第一波去中心化浪潮，我们都是社交网络、博客、社会化媒体等赋权用户、让互联网回归"去中心化"新技术的创新者和创业者。三年前，冒志鸿进入区块链领域，我毫不意外，因为这是一位始终追求互联网去中心化初心的极客的必然选择。我高兴地看到，他在书中介绍区块链技术的历史和趋势、分享其技术落地应用的案例经验时，坚持自己的观点和判断，不人云亦云，而是将自己的方法论倾囊相授，帮助读者独立思考，并期待与读者一起等待时间和实践的验证，这是难能可贵的求真务实的开放姿态。

王建硕　百姓网创始人

冒志鸿是我的学生。20多年来，我们一直保持密切的联系，我目睹他坚持研究软件、互联网和区块链技术，并且在中国、欧洲和美国等文化迥然不同的环境中积累了丰富的创业经验。如今，冒志鸿投身区块链，矢志创新。这本书是他在行业一线实践的阶段性总结和分享，相信读者能从中获得其他区块链书籍中所没有的全新认知和深刻洞察。

董逸生　东南大学计算机系教授

冒志鸿是跨越软件、互联网和区块链时代的连续创业者，他三年前创立的ArcBlock之所以成为国金投资的第一个区块链项目，是因为我非常认同ArcBlock的愿景：通过大幅降低区块链开发门槛以解放开发者的生产力，从而普及区块链技术应用，为信息互联网向价值互联网转型升级奠定基石。三年来，冒志鸿带领团队从无到有地把ArcBlock打造为国际领先的区块链开发平台，并且把他和团队对区块链技术的最新认知与一线实践付诸文字，形成一本前瞻性和实操性兼备的区块链普及性读物，难能可贵，在此郑重推荐。

林嘉喜　国金投资创始人、东南大学深圳校友会会长

从区块链技术的本质及发展趋势到破除对区块链的误解和迷思，再到企业应用区块链的多层决策框架，进而到区块链应用进展实例，这本书层层深入，从基础概念到深入理解，从决策框架到实战案例，由浅入深、由虚入实、由面到点。无论是对区块链感兴趣的普通读

者，还是考虑应用区块链的机构决策者，读完这本书后都能形成完整的认识，获益匪浅。

崔会绅　容铭投资创始合伙人

作为冒志鸿多年好友，我见证他在过去 20 多年来一直站在全球软件、互联网、区块链技术的最前沿坚持探索与创新，他身处中国、欧洲和美国的创新创业环境，有着丰富的经验和亲身的历练。尤其在区块链技术领域，他不是旁观的研究者，而是在第一线实践的创新者。他于三年前创办 ArcBlock，打造了全球首个为开发部署区块链应用而设计的云计算平台。因此，不同于许多基于二手材料编撰的区块链书籍，这本书是基于作者自身在行业亲历的视野，读者阅读这本书时，犹如直接置身飞行中的飞机驾驶舱内，能够获得迥然不同的全新认知和收获。

苏亮　猎豹移动投资副总裁

市面上有关区块链的书籍汗牛充栋，大多数聚焦于技术原理细节以及在货币金融领域的应用的介绍，而且充斥着新名词、新概念，这本书却跳出窠臼，为不具备计算机、金融技术背景知识的广大读者深入浅出地介绍了区块链的发展历史、技术趋势及应用，帮助他们从更高的视角获得全景式了解，并对如何应用区块链技术形成自己的认知判断。

王玲　华泰证券信息技术部联席负责人

和许多书籍把区块链捧上神坛、鼓吹它是包治百病的"灵丹妙药"不同，这本书紧紧把握"区块链是计算机技术"这一本质定位，不拔高、不低估，而是祛魅区块链，辨析和破除关于区块链的误解和迷思，注重区块链在各行各业的普适性应用，介绍了作者带领的创业团队 ArcBlock 倾力研发的区块链应用开发云计算平台，引入代表未来发展趋势的互联链网架构、去中心化身份技术，为今天互联网如何克服日趋中心化垄断的局限、向价值互联网转型升级找到了一种实现途径。从这个角度来看，这本书值得一读。而作为 ArcBlock 的战略合作伙伴，我们相信能通过 ArcBlock 的强大平台，打造出一个全球化的链上沙盒世界。

荆陶　引力波互动创始人、CEO

区块链技术的基础架构仍处在早期的快速变动阶段，冒志鸿与 ArcBlock 已经提供了多个重要的新思路与新模块，其中让我印象最为深刻的无疑是"织链成网"。未来的区块链世界将是由众多区块链网络组成的超级大网，期待这本书中提出的思想为未来助力。

方军　火币大学顾问合伙人、《区块链超入门》作者

冒志鸿是一位连续创业者，他经历了古典互联网的兴起，助推过移动互联网的普及，之后又投身区块链世界。我们在北京、上海、西雅图、硅谷等地多次面对面交流，长期在不同的线上虚拟社区互动，感谢他把自己关于数据库、软件开发、开放平台网络效应等领域

的经验和观察进行无私的分享。现在，他把自己对于区块链技术及该行业发展趋势的思考总结成一本书，分享给所有人，值得阅读，这可以让更多人共同探讨并探索这个充满未知地带的新兴领域。

刘峰　链闻联合创始人兼总编辑

区块链技术的应用正从虚拟赛博世界走向线下各行各业，进入全新的"区块链产业化"阶段。独角兽崛起、新价值实现的故事将再次重演。对那些致力于把握这个新机会的人来说，这本书就是一扇让你看到前沿风景的窗户。

程曼祺　甲子光年总编辑

毫无疑问，这两年区块链是一门显学，相关文章书籍层出不穷，相当详细地介绍了区块链的基本概念、技术原理和应用前景，但关于区块链技术应该如何应用落地、具体应用场景和价值有哪些，大多语焉不详。这本书的亮点不仅是让读者获得对区块链的全面了解，从而形成准确的认知，而且是区块链技术应用的实战落地。作者慷慨分享了自己及其所带领的 ArcBlock 团队来自区块链创新创业一线的第一手资料，其中帮助企业管理者评估使用区块链技术的多层决策框架，以及团队参与一系列政府区块链项目研讨和招标，与各行业企业客户合作在数据上链、去中心身份、区块链证书和共享经济这 4 个场景应用开发的 11 个项目案例和产品，更是难得的干货。

麻永兴　链内参创始人

目 录

III 推荐序

V 序言

第一部分 区块链技术简介及最新趋势

003 第1章 白话区块链入门
051 第2章 区块链技术简史
087 第3章 区块链的未来形态——互联链网
109 第4章 区块链时代的标志——去中心化身份
131 第5章 区块链应用和去中心化应用

第二部分 破除迷思，深入了解区块链的能力与局限

161 第6章 对区块链的常见误解
177 第7章 加密货币、加密资产和通证
193 第8章 对智能合约和虚拟机的误解
215 第9章 对云计算和区块链关系的误解

第三部分 区块链应用企业的决策框架

237　第 10 章　区块链应用的决策框架
243　第 11 章　我需要区块链吗
253　第 12 章　我需要区块链解决哪些实际问题
271　第 13 章　选择合适的区块链类型
279　第 14 章　评估区块链技术及部署方式

第四部分 区块链的应用进展实例

287　第 15 章　数据上链
309　第 16 章　去中心化身份
329　第 17 章　区块链证书
339　第 18 章　共享经济

355　致　谢

推荐序

最近，全社会掀起了学习区块链的热潮，与区块链相关的报道、文章、讲座、书籍层出不穷，对其基本概念、技术原理和应用前景都做了颇为详尽的介绍，但我更关注区块链技术究竟如何应用落地，能为国计民生带来哪些具体的应用场景和价值。

在这个时候，我读到《区块链实战》这本书。作者以其三年来在区块链创新技术应用领域的亲身实践写成这本书，有望帮助广大读者在认识区块链这一全新技术时开阔视野。

这本书目标明确，旨在尽可能降低阅读门槛，为不具备 IT（信息技术）背景的读者准确介绍区块链的发展历史、技术趋势及应用，深入浅出地帮助读者从更高层的视角获得全景式了解，并对如何应用区块链技术形成自己的认知判断。这本书体系完整明晰，从介绍区块链技术本质及发展趋势、破除对区块链的误解和迷思，到企业应用区块链的决策框架，再到区块链应用进展实例，全书四部分层层深入，从基础概念到深入理解，从决策框架到实战案例，由浅入深、由虚入实、由面到点，无论是对区块链感兴趣的普通读者，还是考虑应用区块链的机构决策者，都能通过读这本书对区块链形成完整的认识，进而从中获益。

　　让我眼前一亮的是，这本书从把握区块链是计算机技术这一本质定位入手，对层出不穷的行业新名词、新概念进行辨析和祛魅，注重区块链在各行各业的普适性应用，介绍了由作者冒志鸿带领其创业团队 ArcBlock 倾力研发的区块链应用开发云计算平台，为今天互联网如何克服日趋中心化垄断的局限、向价值互联网转型升级提供了一条可能的实现途径。

　　值得称许的是，这本书不满足于认知务虚层面的革新，更注重技术应用的实战落地。作者在书中分享了第一手资料，介绍了 ArcBlock 两年多来参与一系列政府区块链项目研讨和招标、与来自各行各业的企业客户合作应用区块链技术，进而在此基础上提炼形成的区块链多层决策框架，以帮助企业管理者评估其何时使用区块链、验证不同用例，以及如何找到并采用市场上最合适的区块链解决方案。作者还分享了数据上链、去中心化身份、区块链证书和共享经济共 4 个场景 11 个团队亲身主导或参与的项目案例和产品。

　　按照新兴技术发展成熟度曲线来看，区块链距离技术成熟期还需要 5~10 年时间。在这样一个蛰伏蓄势的阶段，《区块链实战》值得一读。作者不掩饰自己鲜明的观点和立场，结合自己过去亲历软件、互联网、移动互联网时代获得的经验，对仍处于早期阶段的区块链大胆做出自己的判断和分析，并将其方法论倾囊相授，希望帮助读者获得自己的认知和判断。

何积丰
中国科学院院士

序　言

未来 10 年，区块链技术可能将释放巨大的威力，区块链网络将成为像今天的电信网和互联网一样的社会基础架构，基于区块链的各种数字通证会如同今天的电子邮件一样无处不在，以区块链为基础的应用会像今天的万维网站点和移动应用一样成为每个人生活中不可缺少的一部分。而这一切，仅仅起源于 10 多年前一小群极客的梦想。

和市面上很多书不同，这是一本"非技术性"的区块链商业读物。本书不打算详细介绍加密算法、共识机制、区块链的原理等技术细节，而是从更高层面让你对区块链从技术发展到历史成因获得一个全景式了解，并期望你对如何应用区块链形成自己的判断原则。

本书中，我们有着较为鲜明的观点和立场，尤其在对区块链的未来技术趋势、应用前景等方面。我们结合自己过去亲历软件、互联网、移动互联网时代所获得的经验，对很多迄今仍处于早期阶段的技术大胆做出自己的判断和分析，并对你倾囊相授。这些判断是否正确，还有待时间和实践去验证。因此，你在阅读时需要区分哪些是事实，哪些是判断，并结合自己的思考，最终得出自己的结论。"授人以鱼，不如授之以渔"，我们会在本书中尽可能多地描述事实和科学，分享我们形成判断的方法论和依据，我们的观点和预判仅供参考。

你在阅读本书时不需要具备计算机科学专业的背景知识，更不必对密码学、区块链技术有所了解。书中对涉及的计算机专业术语、背景故事、人物或公司等都以支线故事的形式做了基本介绍，你可以随时查阅这些知识，不需要时则可跳过这一部分而不影响整体阅读体验。

我们力求在技术细节和学术观点上准确严谨。书中对所涉及的技术细节、算法、论文、公司或项目等都在脚注中提供了参考链接，可供你进一步钻研。因此，本书对计算机从业人士同样具有意义，它可以成为你探索区块链技术细节，洞察行业前沿动态，了解现实世界客户需求的线索。

本书每一部分乃至每一章都力图独立成篇，这就意味着，你可以随机翻看本书任何一部分内容，而不必在意阅读的先后顺序。本书绝大部分图表都附有简要说明，让你无须在正文里寻找其含义，可以直接浏览这些图表及说明文字，以快速阅读本书。我们的目标是努力把充满各种技术概念的区块链变得尽量易读、易懂。

本书试图为读者带来以下价值。

开阔眼界。本书努力从宏观的角度描述区块链发展的来龙去脉、各种应用场景和各样成功或尚未成功的尝试。我们试图让你获得对区块链技术和应用更为全景式的理解，从而帮助你开阔视野、破除迷思。我们不拘泥于区块链技术原理和细节的详细介绍，而是努力站在更高的维度来审视、思考这项新技术可能带来的应用机会。无论是计算机从业人士，还是企业、政府机构的经营管理人员，都可以从不同的视角把握业界的发展全貌。

在过去的几十年里，我们一直站在全球软件、互联网、区块链技术的最前沿探索创新，始终身处中国、欧洲和美国的创新创业环境，有着丰富的经验和亲身的历练。尤其在区块链技术领域，我们不是旁观的研究者，而是在第一线实践的创新者。因此，我们力图让你在阅读本书时拥有我们自身在行业亲历的视野，犹如置身飞行中的飞机驾驶舱内。

提高认知。任何新技术在发展初期都会让人产生很多误解，区块链也不例外。人们对区块链的误解一部分来自其作为一种新技术本身必然带来的模糊认知，另一部分来自数字货币的炒作和泡沫以及一些项目的过度夸张和误导。

本书第二部分用相当篇幅来直接讨论、辨析某些关于区块链的"错误认知"和"争议性观点"。书中提及的很多误解，是我们自己在接触区块链技术时曾经遇到过的迷思，以及在回答朋友、同行、客户提出的各种问题时发现的普遍存在的认知偏差。通过直面这些误解，并对其进行剖析，我们期待你不但能理解区块链是什么，而且能理解它不是什么；不但能认识到区块链适合做什么，而且能认识到它不适合做什么。最重要的是，我们希望你能结合自己的实际需求得出自己的结论，避免人云亦云。

化解焦虑。今天，目睹一项又一项新技术纷至沓来，我们内心总会充满焦虑。如果你正在因为技术的发展而焦虑，不必担心。即使像我们这样在业界摸爬滚打多年的从业者，在接触区块链的时候，面对海量的新概念、各种从未听闻的算法，还有似是而非、令人困惑不解的宣传，同样也会焦虑。

  化解焦虑最好的方法是提高我们的认知能力，站在更高的角度来洞察问题、察觉自己。区块链行业最常见的一种焦虑叫作FOMO（Fear Of Missing Out，即错失恐惧症），也就是担心错过了最佳的进入时机。一些投机者往往会利用人们的这种心理过度营销，蛊惑人们赶紧投入他们的"游戏"。破除这种焦虑的最佳方法就是对行业有足够深广的了解，建立自己的思考原则，寻找正确的参考资料。如果你恰好在读这本书，恭喜你——你大概率选择了正确的方向。

  辅助决策。我们在本书中第一次和外界分享自己在过去几年实战中积累的"区块链多层决策框架"。这个决策框架可以辅助你从基本价值和技术角度思考区块链技术对现有业务或组织架构的商业意义，思考如何以循序渐进的方式采用这项新技术，既不会因过于冒进而承担技术风险，又不会故步自封、止步不前；它还能帮助你独立判断、评估市场上各种新技术和服务，从而做出正确的商业决策。

  在投身区块链、创办公司的过程中，我深受《原则》[①]一书的影响，并把这本书推荐给同事、朋友、伙伴，以及身边的其他人。本书介绍的这个决策框架正是我们建立的一个思考原则。如同《原则》作者瑞·达利欧所建议的那样，我们并不希望你照搬这个框架，将它作为你的决策依据，而是希望你在理解的基础上把它变成适合自己的版本，形成自己的原则。在本书最后一部分介绍的一些真实的区块链

---

① 《原则》简体中文版由中信出版集团于2018年出版。

技术应用场景案例中，我们不但介绍了案例本身，而且描述了在实际案例中如何应用这一决策框架。

本书对技术和应用的阐述大部分都采用"第一性原理"的思维方式。古希腊哲学家亚里士多德最早提出，在每个系统的探索中都存在第一性原理，它是基本的命题和假设。虽然这不是一本技术性或学术性书籍，但书中的应用案例都建立在区块链的公开可验证等基本技术特性之上，书中给出的决策框架和实际案例部分更是体现出这种严谨的推理原则。

然而，凡事都用第一性原理思考会过于抽象、烦琐，采用类比法有时能使我们更容易理解复杂的问题。因此，本书中也时而采用了类比手法来帮助读者理解区块链技术。例如，我们在书中把区块链和交通系统、计算机网络架构、数据库技术等进行类比，相信会使你有茅塞顿开的感觉。需要注意的是，类比的思维方式虽然有助于理解，但其本身不够精确。因此，在通过类比思维理解部分内容的同时，你一定要独立思考，扬弃本书的观点，形成自己的理解。

> **第一性原理**[①]
>
> 它是一个哲学与逻辑名词，是一个最基本的命题或假设，不能被省略或删除，也不能被违反。第一性原理相当于数学中的公理，最早由古希腊哲学家亚里士多德提出。埃隆·马斯克是一位充分应用第

---

① 引自维基百科。

> 一性原理的创业家，他先后创办或接手 SpaceX、SolarCity、特斯拉等企业，给航天、新能源和汽车行业带来了颠覆性创新。他曾在采访中说："我们运用第一性原理而不是比较思维去思考问题是非常重要的。第一性原理的思想方式是用物理学的角度看待世界，也就是一层层拨开事物表象，看到里面的本质，再从本质一层层往上走。"

区块链及其重要的数字货币应用的行业特点，导致业内不仅存在部分由技术局限带来的错误理解和认知，同时还存在着大量刻意误导、商业炒作甚至带有欺骗性质的观点，为区块链技术的普及与应用带来不少阻碍和消极影响。因此，厘清区块链技术本质，消除误解、破除迷思是本书一大重要目的。

与此同时，由于区块链技术仍处于早期，整个行业和大众在一些观点上尚未达成共识，业界经常会有一些"名词之争"。胡适先生曾在一篇文章[①]中提到《展望周报》(The Outlook)总编辑阿博特在自传里引用其父亲的话："自古以来，凡哲学上和神学上的争论，十分之九都只是名词上的争论。"阿博特自己评价说："其实剩下的那十分之一，也还只是名词上的争论。"在今天的区块链行业，"名词之争"仍然是一个现实问题。在本书的有些部分，我们在阐述自己的观点的同时，也指出了当前存在的争议和不同看法，为了避免陷入所谓的"名词之争"，我们尽量在书中阐述事实和原则，让读者可以自行判断。

---

① 胡适，《充分世界化与全盘西化》，1935年5月12日《独立评论》第150号。

由于我们身处行业实践第一线,有着自己的学术观点和产品定位,难免会出现"只缘身在此山中"的盲区和偏颇。我们欢迎大家对本书的观点进行讨论,对其中的缺陷和疏漏提出批评和指正,我们将会不定期采用互联网互动的形式进行讨论和勘误。

第一部分
区块链技术简介及最新趋势

读完本部分,我们希望帮助你理解:
- ❏ 区块链是什么,以及不是什么。
- ❏ 区块链比较适合做哪些事情,不适合做哪些事情。
- ❏ 目前普及和流行的几种区块链分别有哪些特点。
- ❏ 一些常见术语的含义,既可用于专业讨论,又可避免被这些词语迷惑。

第1章 白话区块链入门

如果你翻阅一些区块链题材的书籍，会发现这些书籍几乎无一例外会从区块链的技术原理、数字签名、加密算法讲起。然而，我们不打算萧规曹随，不会从这些抽象枯燥的计算机科学、密码学概念开始。恰恰相反，作为计算机行业的专业人士，我们认为大部分专业技术概念对理解和使用区块链并无太大帮助。因此，我们决心将本书打造成为大众喜闻乐见的区块链读物，你无须具备计算机科学和软件方面的基础知识，就能读懂本书。

什么是区块链，这是个问题

计算机领域有个很有趣的现象，很多常见的术语在很长时间内并没有严格准确的定义，因此有人说计算机更多是"工程"而不是"科学"。"区块链"就是其中之一，类似的被广泛使用但长时间没有被明确定义的术语还有"数据库""网络"等。这些计算机技术的共性是：它们都首先诞生于"工程"之中，随着有更多人开始研究，它们才逐渐成为"科学"。

今天，区块链作为新一代信息技术，其底层颠覆性影响正在为各行各业所感知。谷歌学术论文检索结果显示，截至2020年1月，有超过40 000条学术内容提及比特币，60 000多条提及区块链。更有媒体报道，在2019年已有超过14 000篇论文涉及比特币。然而，什么是区块链？正如一千个读者眼中有一千个哈姆雷特，相关的介绍阐释层出不穷，但到现在仍然没有公认的、完全一致的定义。

有趣的是，虽然全世界第一个真正可运行的区块链是2009年诞生的比特币，但在比特币白皮书中并未出现"区块链"一词，而是分别出现了"区块"（Block）和"链"（Chain）。一组交易数据集合储存在一起，就叫区块；需要一种数据结构把区块按顺序连接起来，就用到了线性的"链"这个词。"区块链"一词的首次现身，还是在比特币白皮书发表近三年半之后的维基百科"比特币"条目讨论区里（见图1-1）。

图1-1 "区块链"一词在维基百科中出现和演变的时间线

随着比特币运行成功，其规模影响日益扩大，不只是少数极客，越来越多的IT界、金融界专业人士及机构开始关注、研究作为比特币底层架构和实现方式的区块链技术，"分布式账本技术"（Distributed Ledger Technology，缩写为DLT）这一名词应运而生。我们发现，一些金融机构、政府更愿意用DLT来指代区块链，可能是希望将其与比特币等数字货币保持距离乃至划清界限，强调其底层的分布式账本技术。把区块链称为DLT的说法有些类似所谓"无币区块链"的提法，都属于"名词之争"。总体上，我们觉得DLT的说法更科学一些，而"无币区块链"则有刻意为划清区块链与数字货币的关系而误导大众的嫌疑，这一问题我们将在本书第二部分专文论述。

有关区块链的简要介绍，我们在此介绍美国国家标准和技术研究院在2018年10月发布的重要文献《区块链技术概述》（NISTIR 8202）[1]中的版本：

> 区块链是以无中心节点的分布式方式实现的、防篡改的数字化账本，并且通常无须如银行、企业或政府这样的权威机构提供担保。基本来说，区块链使得用户能够在自己社区内的共享账本中记录交易，一般在正常的区块链网络中操作，交易一旦发布，就不得更改。

---

[1] https://nvlpubs.nist.gov/nistpubs/ir/2018/NIST.IR.8202.pdf.

2008年，区块链理念与其他几种技术和计算机概念相结合，产生了现代加密货币——通过加密机制而不是受中心节点或权威机构保护的电子现金，比特币是第一个基于区块链技术的加密货币。

美国国家标准和技术研究院的介绍，首先从计算机科学的角度定义区块链是无须中心节点提供信任担保的数字化账本，其次描述了其网络用户行为的规则特点，最后介绍了区块链首个应用——比特币的起源。

美国国家标准和技术研究院及《区块链技术概述》白皮书

美国国家标准和技术研究院前身为国家标准局（NBS，1901—1988年），属于美国商务部的非监管机构。该机构从事物理、生物和工程方面的基础和应用研究，以及测量技术和测试方法方面的研究，提供标准、标准参考数据及有关服务，在国际上享有很高的声誉。

2018年10月，美国国家标准和技术研究院发表了《区块链技术概述》，这份首度为美国联邦政府机构全面介绍区块链技术的白皮书就如何考察、采用区块链技术给出了科学的指引：区块链技术日新月异，仍处于早期阶段，应该以"区块链技术如何使我们受益"，而不是"如何让我们的问题融入区块链技术"的思维方式进行调研，机构应该像对待任何其他技术解决方案一样对待区块链技术，并在适当的情况下使用它。

全球最大的区块链行业组织数字商会在2019年发表了《区块链国家行动计划》，从技术应用的角度对区块链进行了定义，以期代表区块链行业与政府监管层沟通交流时，能保持认识一致。

> 区块链是一种由计算机网络维护的、去中心化的在线记录保存系统（即账本），网络中这些计算机使用既有的加密技术来验证和记录交易。区块链也是一种数据结构，可以创建一致的数字化数据账本，并在独立各方的网络之间共享。区块链（分布式账本技术）可能会成为数字化转型的关键推动力，从而实现点对点交易，而无须中介机构或预先建立的信任机制介入。起初，区块链是为支持数字货币交易而开发；如今，人们正在探索将区块链应用于其他领域，如金融服务、软件安全、物联网、零件跟踪（供应链）、资产管理、智能合约、身份验证等。

《区块链国家行动计划》指出，区块链技术为企业、政府和消费者提供了巨大的可能性，具有巨大的创新和经济增长潜力。这一白皮书在美国政府、业界与媒体中收获良好反响，也为政府积极采用区块链技术铺平了道路，有越来越多的联邦政府部门向社会开标征集区块链解决方案。

> **数字商会**
>
> 　　数字商会是目前全球最大的区块链行业协会，其顾问委员会由世界经济论坛资深顾问、知名区块链布道者唐·塔普斯科特，美国司法部、美国商品期货交易委员会前高官，摩根大通、埃森哲等公司高管组成，代表 200 多家包括全球 IT 咨询公司、大型金融机构、跨国科技企业、会计师事务所、律师事务所、保险公司、投资公司以及领先的区块链创业公司等在内的单位会员，通过与政策制定者、监管者和行业合作，积极向政府建言，呼吁制定支持区块链发展的法律，实施相关监管措施，促进数字资产和区块链技术的普及和应用，从而创造有利于创新、就业和投资的环境。

"盲人摸象"地解构区块链

　　曾经有人批评很多有关区块链技术的讲解如同"盲人摸象"，然而我们认为，要理解新技术必须有一种"盲人摸象"的勇气——先去解构性地理解局部，对局部了解得越来越清晰之后，再破除、纠正一些错误的认知，就能形成完整的认知拼图。

　　从不同角度对区块链进行介绍时，我们的确像"盲人摸象"一样——先从单一角度来看区块链是什么，然后逐渐来看各个角度之间有什么联系，相信聪明的你一定能够由此对区块链有一个更全面的认知（见图 1-2）。正如我们前面说的，你不需要具备计算机基础知识就能大体上看懂这部分内容。如果你已具备计算机知识，甚至对区块链有所了解，希望我们这种解构能让你对区块链的认知更进一步。

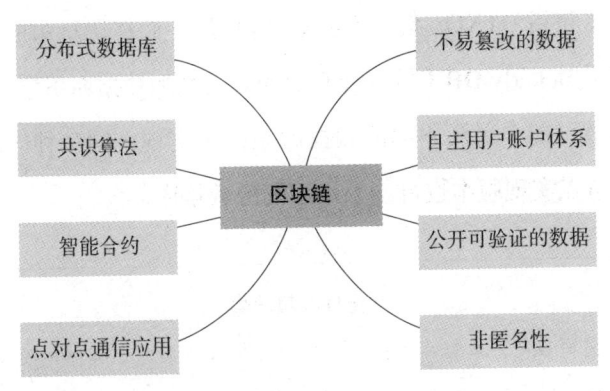

图 1-2 区块链技术的 8 种特性

分布式数据库

区块链是一种数据库，而且是一种分布式数据库。

提到数据库时，人们常常会立刻想到最流行的数据库，如 PostgreSQL、MySQL 等。但在此我们需要提醒你，"数据库"其实是一个非常广义的概念，前述举例的关系型数据库只是其中一种特例。比如，我们日常使用的计算机文件系统，也可以被认为是一种类型的数据库。因此，在理解区块链是一种数据库时，要明白它很可能并不是你所认为的"数据库"的样子。

区块链的核心就是数据库，而且大部分区块链技术在底层实现上采用了传统的数据库引擎来保存数据。例如，维护比特币代码的 Bitcoin Core 团队实现的比特币就采用了 LevelDB（最早由谷歌公司贡献的一种开源数据库引擎）来索引和保存区块链的链状态信息（包括 UTXO[①] 集、当前最佳块等），而在比特币的钱包里则采用了 Bekerly DB（另一种开源的非关系型数据库引擎）。不同的区块链可能会采用不同的数据库系统来实现，同一种区块链的不同的节点实现版本也可能采用不同的数据库。

> **数据库及其分类**
>
> 简而言之，数据库可被视为电子化的文件柜——存储电子文件的处所，用户可以对文件中的数据运行新增、截取、更新、删除等操作。所谓"数据库"是以一定方式储存在一起、能予多个用户共享、具有尽可能小的冗余度、与应用程序彼此独立的数据集合。
>
> 数据库分为关系型数据库和非关系型数据库。
>
> 关系型数据库是存储在计算机上的、可共享的、有组织的关系型数据的集合，存储的格式可以直观地反映实体间的关系。关系型数据库和常见的表格比较相似，关系型数据库中表与表之间有很多复杂的关联关系。常见的关系型数据库有 MySQL、SQL Server 等。
>
> 非关系型数据库指非关系型的、分布式的且一般不保证遵循

[①] UTXO，全称为 Unspent Transaction Output，即未花费的交易输出，是比特币的一种独特设计，可通俗理解为相当于用现金付账时找零的零钱记录。比特币的交易由交易输入和交易输出组成，每一笔交易都要花费（spend）一笔输入，产生一笔输出（output），而其所产生的输出，就是"未花费的交易输出"。

ACID（4个字母分别代表原子性、一致性、隔离性、持久性）原则的数据存储系统。非关系型数据库结构相对简单，在大数据量下的读写性能好；能满足随时存储自定义数据格式需求，非常适用于大数据处理工作；适合追求速度和可扩展性、业务多变的应用场景。

分布式数据库

分布式数据库是用计算机网络将物理上分散的多个数据库单元连接起来组成的一个逻辑上统一的数据库。每个被连接起来的数据库单元被称为站点或节点。分布式数据库有一个统一的数据库管理系统来进行管理，被称为分布式数据库管理系统。

40年前，数据库的关系模型的提出，开创了数据库关系方法和关系数据库理论的研究，为关系型数据库技术奠定了理论基础。目前，关系型数据库系统仍然是数据库系统的主流，市场上涌现出了很多关系型数据库产品，如小型关系型数据库管理系统 dBase/Foxbase/Visual FoxPro、Access、MySQL，大型关系型数据库管理系统 DB2、Ingres、Oracle、Informix、Sybase 和 SQL Server 等。这些数据库产品从最初各自为政的编程接口起步，到逐渐支持结构化查询语言 SQL，并使 SQL 的影响甚至已经超出数据库领域，得到如人工智能、大数据等其他领域的数据检索的重视和采用。

区块链网络各个节点是复制同步的分布式数据库（见图 1–3）。每个"健康"节点上的数据库里都有着完整的区块链上的所有数据和历史信息。由于每个节点上都有完整的检索数据，因此在每一个节点就能直接查询到区块链上的任何记录，不需要依赖任何第三方。

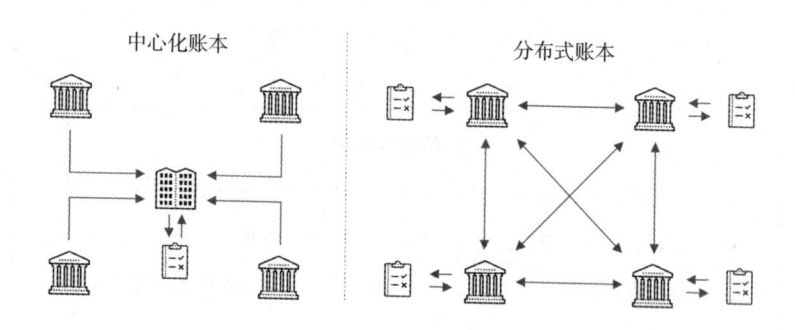

图1-3 中心化账本和分布式账本的比较示意

我们有时候说区块链是分布式账本技术，尤其当人们谈及联盟链（Consortium Blockchain）技术的时候。账本其实只是数据库的一种相对简化的特例，早期的区块链都和数字货币相关，主要的数据就是交易，而这些交易的数据集合就是账本。随着区块链技术的不断发展，越来越丰富的数据甚至代码逻辑也出现在区块链上，但作为习惯的延续，人们还常常称区块链数据库为"账本"，称每条记录为"交易"。

由于区块链是一种分布复制的数据库，将数据保存在这样的数据库里的开销和成本是比较大的，因此区块链这种数据库不适合用来保存海量数据，通常只用来保存关键信息，或者作为其他存储方式的数据的验证信息。有种常见用法是试图把所有数据都一股脑儿"上链",在区块链里保存,这是对区块链的一种误解、误用。本书第四部分将阐述典型的数据上链应用设计模式。简而言之,数据上链并不是把数据全部放在区块链上,而是把数据仍然保存在原有的地方,只是把数据的校验信息放在链上。

共识机制:让各个节点的数据库保持一致的方法

谈到区块链时,我们经常会听到"共识"(Consensus)这个概念,各种共识算法的名称,例如工作量证明(Proof of Work,缩写为PoW)、权益证明(Proof of Stake,缩写为PoS)等,常常让人望而生畏。

> **工作量证明、权益证明**
>
> 工作量证明是一种应对服务与资源滥用,或是拒绝服务攻击的经济对策。一般要求用户进行一些耗时适当的复杂运算,并且答案能被服务方快速验算,以耗用的时间、设备与能源作为担保成本,来确保服务与资源是被真正的需求使用。这一概念最早由辛西娅·德沃克和莫尼·瑙尔于1993年发表的学术论文中提出,被用于经济领域统计。"工作量证明"一词由马库斯·雅各布森与阿里·尤尔斯在1999年计算机反垃圾邮件系统实现中提出。现在,工作量证明成为以比特币为代表的加密货币或区块链的主流共识机制。
>
> 权益证明(又称持有量证明)是2012年出现的共识机制。与要

> 求验证者执行一定量的计算工作的工作量证明不同,权益证明要求一组验证者轮流对下一个区块进行提议和投票,每个验证者的投票权重取决于其持有权益证明的多少。权益证明的显著优势在于具备安全性,降低集中化的风险以及提升能效。

之前我们提到,区块链就是一种分布式数据库,是有很多个节点的复制的数据库,而且每个节点都可以独立验证数据,不需要依赖第三方。那么,一个很自然的问题就是:如何能让这些节点的数据库保持一致?传统的分布式数据库设计有一个重要的假设,即分布式数据库的每个节点都是"友好"的。因此,要保持数据一致,主要需要克服的是一些技术问题,比如网络延迟怎么办?网络临时中断怎么办?不同节点上的用户对相同的数据都想进行修改怎么办?……所有这些问题在区块链这种分布式数据库上全部存在。除此之外,区块链的一个重要想法是,不能默认各个节点都是"友好"的,有可能有些节点就是有意要"制造麻烦",这就使得区块链要解决这个问题更为困难。

实际上,"共识"的概念很容易理解。所谓共识的本质,就是一种让区块链各个节点上的数据保持一致的方法。而各种不同的共识算法,就是为了达到此目的而采用的不同技术方法。我们要理解一个重要概念:"共识机制"的根本目的在于确保区块链各节点上的数据是一致的。

因此，达成共识注定是一个"慢"且"费劲"的过程，但这就是代价——为了实现区块链系统的分布式、去中心化、独立验证、数据难被篡改等特性所必须付出的代价。无论未来人类发明出多么高性能的共识算法，网络和计算性能有多大程度的提高，可以肯定的是，区块链系统的性能必然会始终低于集中式系统。对这一事实的理解和把握，是我们决定一个应用是否应该采用区块链技术，或者决定一个应用的哪些部分应该采用区块链技术的重要原则，即高性能永远不是采用区块链技术的首要目标。

共识算法对公链（公共区块链，或无须许可的区块链）至关重要，因为任何人不需要任何许可就能加入这类区块链网络，因此无法确认节点的意图，即便发现其可能有恶意也难以杜绝，这就导致共识算法几乎是保证这类区块链系统可靠的唯一途径。而需要许可的区块链，例如联盟链，其成员往往被一定规则约束，从身份识别验证、加入网络、访问权限到参与活动都是受控的。在这类区块链架构中，除共识算法之外还有很多方法可以保证系统安全和数据一致性，因此可以选择更轻量的共识机制，例如实用拜占庭容错算法（Practical Byzantine Fault Tolerance，缩写为 PBFT），而在联盟链环境下选择工作量证明机制往往是不必要的。

> **拜占庭容错及实用拜占庭容错算法**
>
> 　　拜占庭容错是由莱斯利·兰波特于 1982 年在其同名论文[1]中提出的分布式点对点网络通信容错问题。其含义是，在存在消息丢失的不可靠信道上试图通过消息传递的方式达到一致性是不可能的。因此，对一致性的研究一般假设信道是可靠的，或不存在本问题。这个难题也被称为"拜占庭将军问题"或者"两军问题"。
>
> 　　实用拜占庭容错算法是由米格尔·卡斯特罗和芭芭拉·利斯科夫在 1999 年发表的论文中提出的[2]，该算法解决了原始拜占庭容错算法效率不高的问题，将算法复杂度由指数级降低到多项式级，使得拜占庭容错算法在实际系统应用中变得可行。

　　直到 2020 年年初，在公链类型的区块链上，工作量证明仍然是唯一真正经受住了时间考验和证明的共识机制。由于工作量证明共识机制通常会导致巨大的计算资源消耗，进而导致无谓的能耗竞争，业内一直在尝试寻找更经济实用、性能更好的方法。已经有为数众多的区块链项目尝试采用权益证明机制或在其基础上演变的改进版本算法，但其可靠性还需要时间来证明。近两年，公链项目层出不穷，市场上出现了各种各样的共识算法，好多都采用"Po？"（Proof of？）来命名，有人开玩笑说，26 个英文字

---

[1] http://lamport.azurewebsites.net/pubs/byz.pdf.
[2] http://pmg.csail.mit.edu/papers/osdi99.pdf.

母都不够用了。这些算法中有一些作为学术讨论和论文研究被学界接受，也有一些纯属无稽之谈或炒作，但无一例外都尚未在实际应用中得到足够的验证。

P2P 通信

为了成为一个有"共识"的、可靠的分布式数据库，而且能够不依赖任何中间人，区块链必须在网络传输上有所突破，解决这个问题的方法就是 P2P（点对点）通信。所谓 P2P 通信，就是节点之间直接通信而不需要经由第三方。我们不要被 P2P 这样的字眼迷惑，其实这是最简单、直接、"原始"的通信方式，是任何网络通信的基础。

区块链出现之前，P2P 技术已经取得了飞速发展，其最成熟的应用是文件的共享服务，这证明 P2P 技术可以实现高可靠性、高性能的数据同步，并且具备抗封锁能力。

区块链是由很多台运行区块链软件的计算机组成的网络系统，每台这样的计算机被称为节点。很多情况下，一个节点对应着一台真正的计算机，但也有可能多台计算机一起工作才构成一个节点——通常是为了让这个节点的计算能力更强。

区块链每个节点都独立地和其他节点进行通信，每个节点都会采用"存储—转发"策略来"收听"其他节点发送的内容，并且广播自己产生的信息或者转发收到的信息（见图 1-4）。这种通信方式可以避免区块链网络依赖一些关键的中间节点，也可以防止少数节点被恶意操纵后对整个区块链网络产生影响。由于采用了 P2P 通信方式，区块链的"去中心化"特性比常见的互联网应用（如万维网服务）更强。

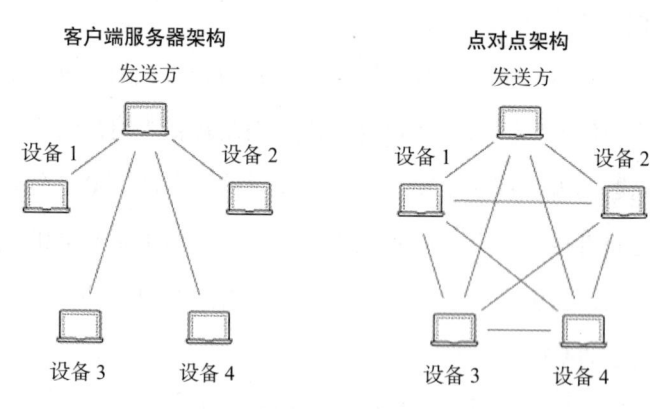

图 1-4　客户端服务器架构与点对点架构的比较示意

P2P 技术及其发展历程

P2P 是一种分布式应用计算网络架构，可在地位对等的参与者之间划分任务或工作负载。参与节点在应用中享有同等的权利，平等参与，并形成点对点网络。网络节点将其部分资源（例如处理能力、磁盘存储或网络带宽）直接提供给其他参与者，而无须服务器或稳定主机的集中协调。与传统的客户端服务器模型（其中资源消费和供给相分离）相反，这些节点既是网络资源的供应者，又是消费者。

P2P 在隐私性要求高的网络中和文件共享领域得到了广泛的

应用。P2P 这一概念最早出现在 1969 年 4 月 7 日的第一份 RFC（Request For Comments，即征求意见）文档中，RFC 是互联网工程任务组（Internet Engineering Task Force，缩写为 IETF）发布的一系列备忘录，后来演变为用来记录互联网规范、协议、过程等的标准文件。

1999 年：P2P 音乐共享服务 Napster 上线

1999 年，18 岁的肖恩·范宁与 19 岁的肖恩·帕克上线发布 P2P 音乐共享服务 Napster，首次把 P2P 技术变成为广大消费者接受并喜欢的主流，是互联网文件下载共享方式的一次变革。

2001 年：BitTorrent（比特流）协议

2001 年 4 月，布拉姆·科恩发布了 BitTorrent 协议，并在 7 月正式应用。BitTorrent 协议是架构于 TCP/IP 协议（传输控制协议/网际协议）之上的一个 P2P 文件传输通信协议。它把文件虚拟分成大小相等的块，并把每个块的索引信息和哈希验证码写入种子文件。下载者根据种子文件告知对方自己已有的块，然后交换没有的数据。使用 BitTorrent 协议，下载的人越多，提供的带宽越多，下载速度也就越快；同时，拥有完整文件的用户也会越来越多，文件的"寿命"会不断延长。

2002 年：Kademlia 协议

2002 年，彼塔·梅耶蒙科夫与戴维·马兹埃瑞斯提出了第三代 P2P 网络的节点动态管理和路由协议 Kademlia，通过分布式哈希表实现信息的存储和检索。

相比之前的两代协议，Kademlia 以全局唯一 ID（身份标识）标记 P2P 网络节点，以节点 ID 异或（XOR）值度量节点之间距离，并

> 通过距离分割子树构建路由表，建立起一种全新的网络拓扑结构，相比其他算法更加简单和高效。
>
> 2005年，BitTtorrent实现基于Kademlia协议的分布式哈希表技术，eMule也实现了基于Kademlia的类似技术。以太坊使用Kademlia作为分布式网络的底层算法。
>
> **2009年：比特币协议**
>
> 2009年1月，比特币网络上线，发布了第一个开源的比特币客户端软件。这是P2P技术首次应用于加密数字货币，也成为区块链最重要的基础技术之一。

公开可验证的数据

区块链的节点都是可见的。对于比特币、以太坊这种典型的公链而言，链上的任何数据都是完全公开的，也就是一旦数据上链，那么全世界任何人都可以看到，而且区块链上的数据是难以删除或修改的，因此一旦数据在区块链之上发布就成为公开的信息。

区块链上的数据普遍使用了一些常用的加密和签名算法来保证数据的正确性和一致性，因此在每个区块链节点上都可以立即验证链上数据的正确性。事实上，这些节点在维护其数据时，总是通过这些算法随时独立地校验数据，不会盲从任何第三方。

区块链如何进行数据的验证呢？这涉及两个重要的计算机密

码学相关的技术：一是哈希算法[①]，二是数字签名[②]技术。

在区块链里保存数据的时候，哈希算法被用在很多地方。例如，在每一"块"数据里都保留有这一块数据经过哈希计算的结果，因此只要把块内的数据按照相同的哈希算法计算一遍，再比较一下结果是否一致，就能知道这块数据是否正确。而区块链里每一块的数据还包含着前一块的哈希计算结果，并且把前一块的哈希计算结果用于自己这一块来计算哈希结果。这样一来，任何一点数据的变化都会牵一发而动全身。

区块链上保存的来自用户的数据都包含该用户的数字签名，数字签名的特点是可以迅速验证签名的正确性，而且篡改数据、伪造签名几乎都是不可能的。每个区块链的节点软件都会独立验证每条数据的签名是否吻合。

正因为区块链具有这种数据公开可验证的特点，把需要确保数据真实性、难以篡改、可以验证的信息用区块链实现是合乎情理的，这就是人们常说的"数据上链"。但数据上链通常并不是把数据本身放入区块链，而是把数据真实性和一致性的证明信息（例如数据的哈希验证码）或加密后的数据放在区块链上。

[①] 哈希算法又称散列算法、哈希函数，是一种从任何一种数据中创建小的数字"指纹"的方法。哈希算法的特点是任何原始数据的小改动都会导致数字"指纹"的大变化，并且无法反向推导出原始数据的变化。

[②] 数字签名是一类用于快速验证的算法。每一个使用者有一对密钥：一把公钥和一把私钥。数字签名中，我们使用私钥生成签名，用公钥验证签名。

难以篡改的数据记录

经常有人强调区块链上的数据"不可篡改"。严格来讲，这并不正确，区块链上的记录并非不可篡改，而只是"难以篡改"。通过前述的区块链特点可见，区块链是一种分布式数据库，每个节点都有独立验证的能力，通过共识算法来保证各个节点数据一致。也就是说，要想"篡改"数据，首先得骗过每个节点的验证算法，这已经非常困难了，其次还得骗过整个区块链的共识机制，让所有的节点都跟着改变，这更是难上加难。

区块链之所以被称为"区块链"，就是因为其在组织数据记录时采用"区块"的方式来保持一大块数据，并且把这些分成块的数据用类似链表的方式按次序连接起来（见图1-5）。这是在比特币的实现之中最先出现的，并且一直为现在大部分区块链设计所沿用。近年来也出现了少数不同方式的数据组织技术，如有向无环图（见图1-6），但绝大多数区块链至今仍在采用"区块"+"链"的方式组织数据。

在区块链里，通常每条数据记录被称为"交易"（transaction）。这是沿袭比特币的称呼，比特币上的数据基本就是和转账记录类似的交易信息。直到现在，很多区块链里的数据记录仍然是这些交易信息，但也出现了一些其他的应用需求，使得这些数据记录其实并不是"交易"（例如智能合约代码）。关系型数据库中也有transaction这一名词，不过含义与上述完全不同，在中文翻译里，

```
头部
┌─┬─┐   ┌─┬─┐   ┌─┬─┐   ┌─┬─┐
│A│ ├──►│B│ ├──►│C│ ├──►│D│ ├──► 空
└─┴─┘   └─┴─┘   └─┴─┘   └─┴─┘
数据 下一个
```

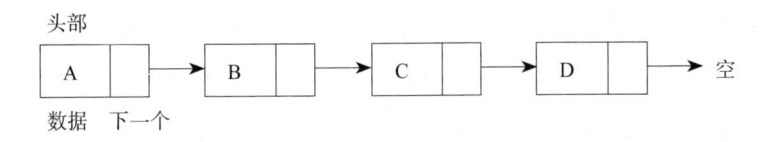

注：这是一种最常见的计算机数据结构。它从一个节点内的指向信息，就可以知道下一个节点或者上一个节点在哪里。这样一个节点连着一个节点，就像一根链条，所以被称为链表。

图 1-5　链表

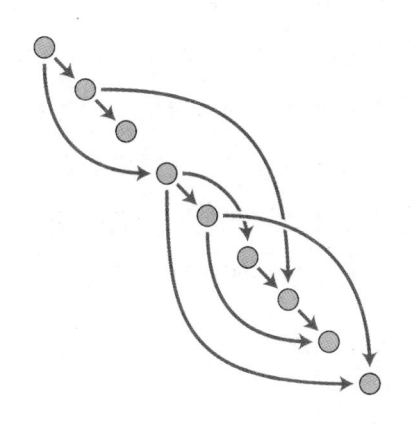

注：在图论中，如果一个有向图从任意顶点出发无法经过若干条边回到该点，则为有向无环图。

图 1-6　有向无环图

与关系型数据库相关的 transaction 多被翻译为"事务"。读者需要记住这两个是完全不同的概念，千万不要混淆。

区块链是个"不支持删除操作"的数据库，区块链的数据只会不断增加，不会被删除。由于这些特点，区块链比较适用于非常重要、需要留下"审计记录"的场合。例如,对关键敏感信息的访问记录或对保密资料的任何访问意图和使用记录,如果采用区块链技术来进行,就能有效对访问行为进行审计分析(因为一旦这些记录被记入区块链就难以被修改或删除)。

区块链的数据虽然难以被篡改,但并不意味着"不可篡改"或"数据永不丢失"。一般而言,区块链的节点越多、越分散,数据被篡改或完全被破坏的难度就越大,这是比较容易理解的。这也是大家提到区块链就会想起"去中心化"的一个重要原因,在一个去中心化程度非常高的区块链上,要篡改或破坏数据是极其困难的。但是,如果区块链的网络节点非常少(比如一个测试性的区块链可能只在一个节点运行),或者如果全部或大部分节点控制在少数人手里,那么篡改或完全破坏数据是能够做到的。

智能合约:链上的"代码逻辑"

区块链这个分布式数据库里保存的是数据,而实际上从第一个区块链比特币开始,这些数据里就包含了"代码逻辑":比特币脚本。由于比特币脚本属于一个功能特定的脚本语言,并且被设计成无状态的特点,算不上是完整的"程序",因此在比特币出现后很长一段时间里没人认为它是智能合约,但比特币脚本实际上是一种区块链智能合约的雏形。

以太坊是第一个引入更复杂的代码逻辑的区块链，并且沿用了尼克·绍博发明的词汇"智能合约"[①]，在极客社区广受认可。但从实践角度而言，它在相当程度上"误导"了大众——以太坊的智能合约既不具备我们常说的"智能"（人工智能、自动化逻辑等），也不太符合大众理解的"合约"（合同、法律条款），而只是一种新的结合了区块链的计算模型，配合了一个图灵完备[②]的虚拟机和一种新的程序设计语言。我们会在后面的章节展开来讲智能合约以及大家对它存在的常见认知误区。

> **智能合约、图灵机、虚拟机**
>
> 1995年，计算机科学家、法学家及密码学家尼克·绍博在其论文《智能合约：数字化市场的构建模块》中提出了"智能合约"概念。智能合约是一套以数字形式定义的承诺，包括合约参与方可以在上面执行这些承诺的协议，其基本理念是把合约条款嵌入硬件和软件中。以太坊实现了智能合约这一想法。
>
> 图灵机是英国数学家阿兰·图灵在1936年提出的为了研究可计算问题而构思的抽象计算模型——将传统的使用纸笔进行数学运算的过程进行抽象，由一个虚拟的机器替代人进行无数次的数学运算。这个虚拟的机器就是图灵机，也就是现代计算机的雏形。

[①] http://www.fon.hum.uva.nl/rob/Courses/InformationInSpeech/CDROM/Literature/LOTwinterschool2006/szabo.best.vwh.net/smart_contracts_2.html.

[②] 图灵完备指计算能力和通用图灵机相当。通用图灵机的概念很简单，但这是现代编程语言所能拥有的最高计算能力。

> 虚拟机是一种特殊的架构软件,可以在计算机平台和终端用户之间创建一种环境,而终端用户则是基于虚拟机这个软件所创建的环境来操作其他软件。虚拟机是计算机系统的仿真器,通过软件模拟的具有完整硬件系统功能的、运行在一个完全隔离环境中的完整计算机系统,能提供物理计算机的功能。

把"程序逻辑"放在区块链上,就使得这些代码逻辑如同链上数据一般公开可验证。也许有人问,如果代码开源不是也可以做到公开吗?是的,开源的代码是公开的,但并不能做到可验证。虽然你能看到项目的源代码,但不能保证真正执行的就是源代码对应的程序。以太坊的设计中实现了一个以太坊虚拟机(Ethereum Virtual Machine,缩写为 EVM),这些虚拟机包含在所有的以太坊节点软件里作为其一部分。智能合约需要执行的时候,相当于每个以太坊的节点都独立地执行这些代码。

> **开源软件**
> 开源软件又称开放源代码软件,是一种源代码可以被任意获取的计算机软件,这种软件的著作权人在软件协议的规定之下保留一部分权利并允许用户学习、修改以及以任何目的向任何人分发该软件。开源软件同时也是一种软件发行模式。一般的软件仅可获取已经过编译的二进制可执行档,通常只有软件的作者或著作权人等拥有程序的源代码。

以太坊智能合约的设计、实现和采用链节点内置专用虚拟机的执行模型只是代表智能合约的一种实现方法，并不是所有区块链都应该采用相同的实现方法。以太坊成功后，大量追随者都采用与以太坊完全一致的设计模式，此类设计在业内极为流行，但还是有不少知名区块链技术采用不同的设计和实现：Hyperledger Fabric 支持的链上代码（Chaincode）可以被视为类似以太坊的智能合约，但其设计与实现跟以太坊的方式大相径庭；ArcBlock 的区块链平台选择了采用链节点和智能合约运行环境统一在 Erlang 虚拟机 BEAM 上的策略；2019 年 6 月，Libra 一亮相旋即引起争议，其智能合约设计[①]虽与以太坊的设计有显著不同，却也有几分类似。

智能合约可能是目前区块链技术给人的遐想空间最大，却也是人们存在误解最多的概念。为此，我们在本书第二部分会专门针对智能合约和区块链虚拟机介绍相关细节，并分析一些常见误解。

自主账户体系

如果你使用过比特币或以太坊这些区块链，可能最容易产生的第一个疑惑就是：区块链上的"账户"是没有人给你"分配"

---

① https://developers.libra.org/docs/move-paper.

的。这和过去大家熟悉的各种互联网服务迥然不同——无论是传统的互联网服务,还是更传统的银行、证券公司等,用户需要对方提供服务时,首先要做的就是在其平台上申请和开通账户。为什么这些区块链里面是有价值的数字货币,却不需要事先开设账户?

我们回过头考察一下,所谓传统的账户,一般为某个机构在自己的记账系统中给用户分配一个标示属于该用户的且受机构规范的分账记录序列,也就是用户的相关记录首先得在这些机构的规范记账系统下的子账户里。而自主账户体系的设计,相对于之前的互联网账户是一个巨大的升级。

所谓自主账户,是指账户不是由其他人分配的,而是用户自我产生、自我申明的。自主账户体系能够实现,得益于现代计算机密码学,用户只需要按照一个算法执行一下,就可以获得自己独特的、安全的账户。自主账户体系的进一步发展和延伸,也许是区块链应用除了数字货币以外的又一个重要领域——去中心化身份。去中心化身份将成为未来区块链应用的一个重要基础,甚至会成为下一个区块链应用时代到来的标志,我们会在第4章专门介绍。

其实,自主账户体系更像是计算机系统产生之前的社会,我们每个人生而为人并不需要其他人和机构来证明。在现代文明社会,每个人的权利无须其他任何人赋予,因为人作为个体,其身份是自主的，也就是我们不需要任何其他人或者机构的"证明"、"认证"或"承认"，我们就是一个独立的个体。想象一下在现实生活中，比如在商场使用现金购物时，我们不需要开户，不需要给店家提供各种个人注册信息，不需要认证身份，只需"一手交钱"，店家必然"一手交货"。区块链技术的自主账户让个体和个体之间的数字资产交换转移回归到最初的阶段。

值得一提的是，虽然采用自主账户体系是目前区块链设计的主流，但也有少数区块链项目并没有采用这样的体系（例如 EOS 及其各种分叉项目），而是采用类似互联网那种需要申请账户的设计，这究竟是为照顾用户习惯的折中主义还是一种退步，尚难有定论。

区块链并不是真正匿名的

区块链普遍采用的自主账户地址往往是一长串我们人类难以识别的字符或数字，因此不少人会误认为区块链是匿名的。但大部分区块链并不实现真正的匿名，包括区块链的鼻祖比特币在内。除了少数专注于隐私需求的区块链技术之外，大部分区块链上的数据完全是公开的，也就是人们可以清晰地知道每笔交易的相关账户，如果是一笔转账，那么转账金额和交易账户都清清楚楚，虽然有可能不知道账户的户主是谁，但这个账户在区块链上的一举一动完全大白于天下，而且一旦公开几乎不可能被抹去

（见图 1-7）。相比之下，互联网业务数据往往不是完全公开的。虽然互联网服务常常搜集各种用户数据，但一般只有其内部才有访问的能力和权限，出现隐私泄露问题通常是因为某些互联网企业出售了含有用户隐私的数据，或者出现了数据泄露（可能来自外部黑客攻击，也可能来自其内部的数据滥用或盗用）。

区块链之所以似乎能保护用户隐私，原因在于区块链的账户及其对应的真实用户身份在区块链上不存在对应关系。正如前文所述，自主账户不需要向任何人或机构申请，因此用户在使用这

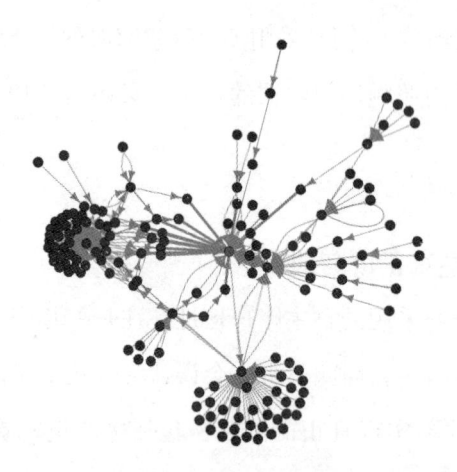

注：2010 年 5 月 22 日，拉斯洛·豪涅茨用 1 万枚比特币购买了两个比萨饼，图中为通过他的地址向外展开 4 层看到的所有的关联地址和交易。该图使用谷歌提供的 BigQuery[①] 生成。

图 1-7　用比特币购买比萨的交易踪迹

---

① 谷歌的 BigQuery 工具中包含了比特币的全部数据，可供各种分析。

些自主账户的时候，没有任何信息能把这些账户和真实世界的个人信息关联起来。另外，区块链采用 P2P 通信方式，很难在链本身的记录里发现使用者的网络 IP 地址等传统的互联网用户定位信息。从这个角度而言，区块链的匿名性的确比互联网应用要更好一些，因为区块链上虽然交易信息全公开，但毕竟没有任何敏感的个人信息，自然不存在隐私泄露的问题。因此，在比特币及其分叉币出现后的相当长时间里，数字货币的这种"匿名性"和"隐私性"一度成为地下交易、暗网、跨境洗钱的利器。

由于区块链数据的公开性，采用大数据分析的方法可以很容易发现各个账户之间的关系，账户的一举一动都完全暴露在各种分析决策工具之下，由于区块链的历史数据也是公开的，因此可以在新的行为发生后倒推历史行为和关联的操作，反之亦然。通过大数据分析技术，还可以发现各种交易的典型特征，包括一些企图迷惑侦查的行为。由于现实中的大部分数字货币交易所现在都已经有"了解你的客户"（Know Your Customer，缩写为 KYC）和"反洗钱"（Anti-Money Laundering，缩写为 AML）的要求，从交易所的用户数据就可以定位到用户，此外，执法机构的各种执法行动中也能锁定一些账户的真实背景。通过这两种方法的结合，往往可以对区块链上的交易做出非常精准的定位。

目前有部分区块链技术，例如 Zcash、Mimblewimble 等主打彻底的隐私匿名。尽管它们在技术上可以做到一定程度的匿名，但其存在和应用在法律和监管领域面临严峻挑战，其应用前景难以预料。

本书第四部分会介绍区块链数据分析这种应用方式，可以看到如何在实际应用中有效地掌握区块链上的一举一动。因此，读者需要知道区块链并非真正匿名，相反是完全公开透明的。

区块链和区块链应用的典型架构

有了上述对区块链的"盲人摸象"式解构理解，我们来看看区块链实际上是什么样的，以及区块链应用究竟是什么。

和任何其他计算机科学一样，区块链技术和应用的成长也是一个"螺旋曲折上升"的过程，这个过程中难免会出现认知偏差，甚至是普遍性的误区。针对信息科技有一种普遍的说法，"我们对其价值总是在短期内高估，却在长期里低估"，区块链同样如此。

专用功能的区块链

典型代表：比特币、各种比特币分叉币

世界上第一个区块链是在比特币中实现的，比特币设计的最初目标是在网上实现一个"点对点的电子现金"，因此不需要中间人是其基础。

在比特币出现之前，类似希望在网上个人之间收发现金的需求已经出现很久。例如，PayPal（贝宝）通过电子邮件的方式发送现金，但实际上它要基于 PayPal 本身作为中间人；银行内部及银行之间的转账等都依赖银行作为中间人。采用 P2P 和加密技术来发送现金一直是极客、黑客和计算机科学家多年来尝试的方式。但在比特币出现之前，还没有人能够解决其中最关键的"双重花费问题"，即同一笔钱被花费两遍——想一想同一份信息在互联网中复制传播是多么容易，且很难阻止。

比特币的设计可以被认为是一个单一系统精巧设计的典型。从结构角度而言，比特币是一个简单的区块链技术，也是一套基于区块链技术之上的、很简单的数字货币协议，同时也实现了一个名为比特币的应用，可以被认为是一个"多合一"的一体化系统。比特币的设计没有提供外部扩展和可编程能力，虽然比特币支持一种非常简单的脚本，但是并不具备完整的编程能力和扩展性，比特币本身也没有对外的编程 API[①] 支持。总而言之，比特币系统的设计就是为了实现比特币本身，没有其他目的。在比特币发展过程中，一度有一些如"染色币"这样的技术，试图在比特币的数据结构里的"空闲"区域加载结构化的数据，从而使比特币具备表达其他数字资产的能力，但显然比特币社区排斥这种

---

① API（Application Programming Interface，即应用程序编程接口），是一些预先定义好的函数，目的是提供应用程序以及开发者基于某软件或硬件得以访问一组例程的能力。

改造，并在后续比特币软件的升级中限制了这种做法。

> **区块链分叉**
>
> 　　区块链分叉主要是指一条区块链分开成两条区块链。分叉可分为意外分叉和有意分叉。当两个或以上的矿工在几乎相同的时间成功挖到区块时，便会出现意外分叉。有意分叉则是对原区块链做出修改，可再分为硬分叉和软分叉。
>
> 　　硬分叉之中新分叉所产生之区块将被旧软件视为无效。因此，所有参与者，包括交易服务器以及矿工（节点）都必须更新软件，才能继续运行新分叉。如有节点继续使用旧软件，而其他节点使用新软件，便有可能分裂成两只货币。
>
> 　　与硬分叉相比，软分叉所产生之区块能够被旧软件识别为有效区块，即区块向下兼容。然而，旧软件所产生之区块未必在新规则下有效。

功能可扩展的区块链

典型代表：以太坊、R3 Corda，以及同期其他公链和联盟链

　　以以太坊为代表的公链最大的特点是可编程和可扩展。由于比特币是一个专用功能的区块链，在以太坊出现之前，扩展比特币功能的唯一办法就是复制其开源代码进行扩展，这就是所谓的"分叉币"。基于比特币出现过数百个知名或不知名的分叉币，大部分已经消失了，少数仍然存在，甚至一度和比特币竞争。分叉开源的代码虽然容易，但运行维护起来很困难，尤其比特币基于工作量证明的设计需要相当的算力支持才能维持区块链的安全运行，各个分叉币分散了本可集中的算力，使得这些分叉币都很难成气候。

> **算力**
>
> 　　算力也称哈希率，是比特币网络处理能力的度量单位，即计算机计算哈希函数输出的速度。比特币网络必须为了安全目的而进行密集的数学和加密相关操作。例如，当网络达到10TH/s的哈希率时，意味着它可以每秒进行10万亿次计算。
>
> 　　在通过挖矿得到比特币的过程中，需要找到其相应的解m，而对于任何一个64位的哈希值，要找到其解m，都没有固定算法，只能靠计算机随机的哈希碰撞，而一个挖矿机每秒钟能做多少次哈希碰撞，就是其算力的代表，单位写成hash/s。

以太坊的出现很大程度上解决了这一难题，通过智能合约这种代码形式，相当于在以太坊上能够创建各种各样的新功能。这样一来，以太坊的功能在理论上可以无限扩展，开发者不需要分叉以太坊，就能直接部署自己的智能合约，来给以太坊扩展自己所需要的功能，而且开发者不需要建立新的区块链网络，甚至不需要建立自己的节点，这大大提高了区块链开发的效率。

即使在联盟链或私链的环境下，这种功能扩展能力也非常有价值。例如，用户打算运行一个私链版本的比特币系统来支持自己的区块链应用，鉴于比特币是功能特定的，如果应用业务和比特币是相类似的，那么可能还比较容易，如果应用业务与比特币差别较大，可能就会令用户一筹莫展。采用以太坊这样的可扩展区块链，即便是部署私链或联盟链的版本，也可以通过部署智能合约来扩展业务所需功能。以太坊最初是作为公链诞生的，但不久"企业以太坊联盟"（EEA）随之诞生，其成员包括以英国石油、摩根大通、微软为首的能源、金融和IT界的全球性企业，致力于将以太坊开发成企业级区块链平台。摩根大通更是在以太坊开源代码基础上开发了自己的区块链技术Quorum，成为其稳定币JPM Coin的技术基础。

以太坊的成功引来大量效仿者，目前市场上大部分公链和联盟链都属于这种功能可扩展型区块链架构。

模块化的区块链架构

典型代表：Hyperledger Fabric、ArcBlock、Libra 等

以太坊等可扩展区块链虽然支持扩展，但其本身是一体化的设计和实现。这对公链类型的设计而言可能无可厚非，但对于企业联盟链和私链，或者想在原有基础上做更大功能扩展的新公链而言，一体化设计就会出现问题：无论你的应用实际需要多少功能，你都必须部署完整的区块链软件，哪怕实际上你只需要用其中一小部分。如果你想替换一部分功能，例如你想使用以太坊的

软件，但并不想采用工作量证明的共识算法，那么没有简单的办法能做到。这也是为什么会出现多种以太坊的企业版本分叉，而一旦有了版本分叉，在维护上就会碰到新的问题。

Hyperledger Fabric 可能是第一个在市场上宣传采用模块化设计的区块链。其官方介绍称，"Hyperledger Fabric 由模块化架构支撑，被设计成支持不同的模块组件直接拔插启用，并能适应在经济生态系统中错综复杂的各种场景"。Hyperledger Fabric 提供了多个可拔插选项，账本数据可被存储为多种格式，共识机制可被接入或者断开，同时支持多种不同的成员管理机制。

作为更进一步采用模块化设计和简化开发者使用的区块链，ArcBlock 的区块链框架则设计实现"一键发链"的模式，通过提供一系列的工具，让开发者通过友好的界面就可以立刻定制符合其需要的区块链。最新的 Cosmos SDK 和 Polkadot 的 Substrate 框架都采用了类似的设计。脸书推出的 Libra 区块链项目也采用了模块化设计的思路，使得社区可以更容易加入扩展。这种把区块链模块化的架构，正成为区块链最先进一代的设计和实现趋势。

若干容易迷惑的区块链概念

区块链和区块链应用

区块链和区块链应用其实是两个概念，但人们常常会将其混淆,并且会因此而对区块链产生误解。

我们已经盲人摸象般从不同角度来看什么是区块链,无论从哪个角度,都可以看到区块链是一种基础架构类型的部件。在计算机应用系统里,类似的部件还有很多,比如数据库、网络、文件系统等。作为基础部件,它们通常"有所为且有所不为",它们是用来构建一个应用的基础,而往往不是应用本身。

由于区块链技术还处于早期,应用不够丰富,还显得比较原始,人们容易区分不清区块链和其应用。这里我们可以通过类比来帮助理解,以企业的工资管理系统为例,用到的 MySQL 或 SQL Server 就是数据库本身,而工资管理系统就是数据库的应用。虽然工资管理系统的软件核心逻辑、数据全部保存在数据库里,但企业管理者、员工、财会人员是完全不需要也不应该去接触数据库的。其实,用户并不需要掌握任何数据库的知识,就可以使用这些数据库应用,数据库应用作为一个重要角色来为用户提供友好的界面、正确的应用逻辑,而把与数据库如何打交道的技术细节完全对最终用户隐藏。区块链应用也是同理。未来,一个合格的区块链应用应该为用户提供非常友好的界面和使用体验,但并不需要用户去了解区块链的技术细节。

不少接触过区块链现有应用的用户可能会困惑,为什么现在使用这些区块链数字钱包、交易所和矿机需要学习很多知识?因为这些处于区块链早期的应用还处于原始状态,有些根本不是为最终用户设计的，所以无比难用。不过，早期的计算机、数据库和互联网无一例外都很难用，当时也只有专业人员才有能力使用。

区块链应用和去中心化应用

接触区块链时，人们也常会听说"去中心化应用"（或"去中心应用"），它和区块链应用是什么关系呢？关于去中心化应用，本书第 5 章会进行详细介绍和讨论。

简单而言，区块链应用的定义更广，只要使用到区块链技术的应用就是区块链应用，无论这个应用是不是去中心化的。目前很多和区块链相关的应用，如 Web（万维网）版区块浏览器、数字货币交易所等都是典型的中心化部署的应用，并不是去中心化应用，但它们都和区块链相关，后台的数据来自区块链或者其业务逻辑需要区块链支持，因此都是区块链应用。

区块链将有助于构建真正的去中心化应用，但去中心化应用未必一定需要区块链，在区块链诞生之前繁荣的很多 P2P 应用都有非常好的去中心化特性，但它们并不是区块链，也没有使用区块链技术。

钱包

区块链钱包其实是个"钥匙包"，而不是钱包，因为它里面并没有保存任何数字货币、数字资产，这些东西都保存在区块链上。

区块链钱包里面保存的是一连串"钥匙",这些钥匙使得用户可以使用区块链上的资产,因此可以被认为是一个钥匙包。我们之所以称之为"钱包",是因为从比特币时代开始大家都这么称呼,并且沿袭到今天。但这种称呼常常让初次接触区块链的人感到困惑,甚至产生误解。

新一代区块链数字钱包保存的不仅仅是数字资产的钥匙,还会保存更多的东西,最典型的是数字身份。这样一来,区块链钱包其实越来越接近现实生活里的钱包——今天我们的钱包里放得最多的反倒不是钱,而是身份证、驾驶证、信用卡、银行卡(相当于银行账户的钥匙)等(见图1–8)。

图1–8 ArcBlock 开发的新一代区块链数字钱包

区块浏览器

同样，区块浏览器和我们常用的 Web 浏览器完全不同。由于区块链是一个密码学账本，为了高效地进行网络传输，都采用特定的二进制格式保存数据，因此区块链上的数据要查看起来就非常不直观。区块浏览器的作用首先是能把区块链上的数据解码出来，让用户看得明白，其次还会对区块链上的数据进行各种索引，从而让用户可以查询并交叉对照各种信息（见图 1-9 和图 1-10）。

其实，区块浏览器更多时候是一个开发者才需要使用的应用，最终用户本应不必使用。但由于区块链处于早期，很多应用和基础设施不完善，现在的区块链用户都习惯用区块浏览器去查看区块链上具体的数据信息。

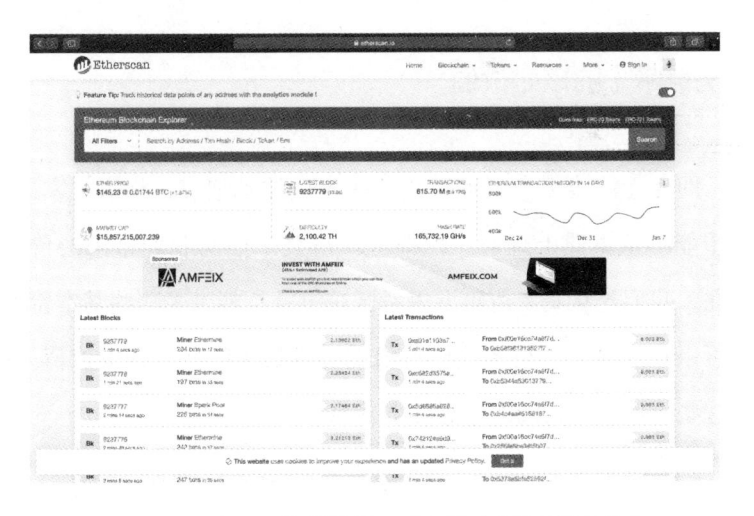

图 1-9　以太网区块浏览器，可查看以太坊区块链信息

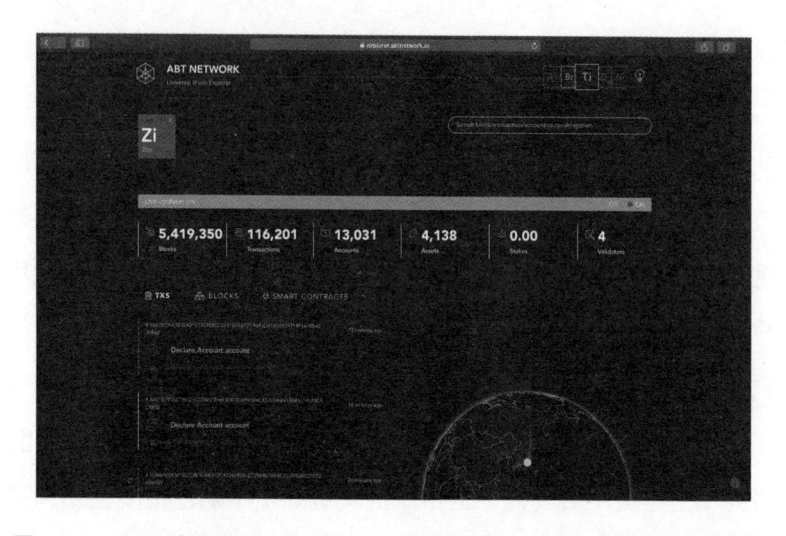

图 1–10　ABT 链网通用区块浏览器，可查看使用 ArcBlock 框架创建定制的区块链和互联互通、编织成网的区块链数据

区块链带来的核心价值

即使无法或无意了解区块链的各项技术细节，相信大家还是希望能够从本质上理解、把握区块链技术能为我们带来的价值。在此，我们先从基本逻辑上思考区块链究竟能带来哪些基本价值，你可以在此基础上思考这些价值能够延展出哪些其他的价值，以及这些价值对自己的业务意味着什么。

降低"信任"的成本

信任是世界上任何价值标的转移、交易、存储的基础。缺失信任，人类将无法完成任何价值交换和协作。回顾人类发展史，最初人们靠血缘、宗族等熟人关系来建立信任；随着社会的发展，人们创造并利用宗教和道德来建立信任；再后来，人类又发明并依靠法律、中心化组织机构来建立信任。今天，互联网将全世界近一半人口连接起来，人类社会逐渐数字化，互联网的作用也正在从传播信息、消除信息不对称，转移到传递价值、降低价值交换成本。区块链的出现恰逢其时——用数学算法来建立交易双方的信任关系，使得弱关系可以依靠算法达成强连接，进而进行价值交换活动。

其实，区块链行业有个著名的口号："不要相信，要验证！"意思就是，使用区块链技术时，你不能盲目地靠"相信"或"信任"来对待每条数据，而要时刻检查、校验这些数据。

区块链数据公开可验证、记录难以被篡改的技术特性，使得区块链网络的参与方对数据的验证成本大为降低，这种成本包括时间成本和直接的经济成本。举例而言，现在如果要彻底验证一张发票的真伪，要耗费很长时间。如果采用区块链技术，那么包括发票本身、发票交易本身、交易方、交易方的授权方，甚至交易方的身份登记信息、其行政管理方等，都可以在数秒内得到全面、完整、独立的验证。而且，你不需要依赖任何第三方，也不需要去找最初提供这些信息的人来校验，自己就能独立完成。

传统的信任是个成本极高的东西，而区块链技术让信息验证变得如此高效率且低成本，从而导致建立和维护信任的成本大大降低，这在任何商业体系里都极具价值。

把区块链描述为"信任机器"或者"制造信任"的说法始于2015年《经济学人》杂志的封面文章，后来这篇文章被大量引用。我认为，如今再继续沿用并扩展这一区块链早期布道的说法，容易让不了解技术的人对区块链产生"玄学"的印象或者不切实际的看法。准确的理解应该是，区块链通过降低验证成本来降低建立信任的成本。

减少对中间人的依赖

由于区块链的设计特点——采用P2P的网络结构，基于区块链的系统天生具有去中心化的特点，其应用的特点就是更少依赖中间人（见图1-11）。中间人是当今商业模式里的重要商业基础。在一本影响颇广的商业类图书《中间人经济》[①]中，作者玛丽娜·克拉科夫斯基指出，在互联网高度发达的今天，中间人已经成为我们经济生活中不可或缺的一部分。

---

① 《中间人经济》简体中文版已由中信出版集团于2018年出版。

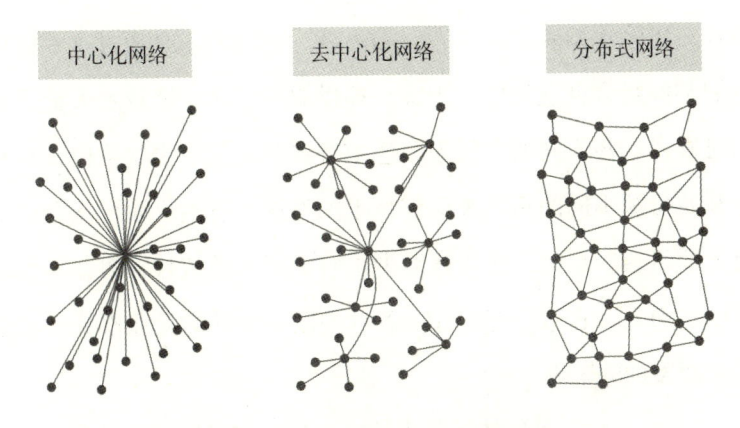

图 1-11　三种网络的不同结构比较

减少对中间人的依赖能够带来的价值很容易理解。例如，在区块链的金融类应用中，通过移除或减少中间人，用户能够减少中介费，降低基础设施复杂度，从而降低成本，除此之外还能加快结算速度，缩短结算周期。最初的区块链比特币的设计目标就是一个"点对点的电子现金系统"，就是想在不通过任何中间人（如银行、支付公司等）的条件下进行两人之间的安全转账。毫无疑问，过去10多年的时间已经证明了这类应用的可行性和价值。

减少对中间人的依赖并不是"消灭"中间人。实际上，在商业领域，中间人符合经济学专业分工合作理论，是有存在价值的，并非一无是处。在《中间人经济》中，作者通过大量经典案例研究，归纳总结了中间人所扮演的6种角色：搭桥者、认证者、强制者、风险承担者、礼宾者、隔离者。中间人正是通过这6种角色的不同组合创造价值，为客户提供服务。区块链技术大量普及的时候，这些不同的中间人角色中有些可能会失去其价值，有些会开始扮演不同的角色来适应技术的发展，有些反而可能会获得更大的机会。总之，区块链减少了对中间人的依赖，但并不会将其彻底消灭，它对现有的存在各种中间人弊端的商业模式必然会带来颠覆性的影响。

"去中心化"是区块链带来的一个更大的价值转移机会。过去几年里，很多打着"共享经济"旗号的公司经历了大起大落，例如优步、爱彼迎、WeWork等美国"独角兽"企业，以及国内的滴滴和共享单车企业。大多数这类公司实际上都是服务的聚合者，通过扮演中间人的角色汇聚服务并加以出售。实际上，这类共享经济公司的成功恰恰来自它们的不共享。

区块链通过减轻对中间人的依赖，可能会让这种披着"共享经济"外衣的分时租赁模式变得更高效，使其真正化身为共享经济。因为随着区块链的发展，可能出现的不仅仅是一批共享经济企业，而是一种共享经济"协议"，它能协调更多的角色，使其公平地加入竞争和合作。本书后面章节会详细介绍什么是去中心化，并解释去中心化应用等概念。

降低网络建设成本,加速产生"网络效应"

去中心化的区块链其实是一种"群众运动"。以比特币网络的形成为例,如果以公司和政府的形式来建成类似比特币这样一个网络的基础设施,即便抛开市场、法规、政策等因素,需要多少成本?运维这样的系统需要多少人力、物力?

更重要的一点在于,区块链的网络是"去信任"(Trustless)的。何为"去信任"?区块链的特点之一是每个节点都能独立验证,不依赖其他节点来形成全网共识,也就是说,区块链系统使得每个节点本身不需要是"可信任的",因为在这个体系下极其难以作恶。无须信任就能加入网络的建设,这大幅降低了准入门槛。相比之下,过去的银行、电信、政府,甚至互联网公司的网络全部都需要在可信任的基础上才能够组建,这个成本远远大于"去信任"的区块链节点。以上我们主要是以比特币网络举例,比特币网络是个不需要许可的公链,对于企业环境下的联盟链或私链这些需要许可的系统,出于相同的理由,网络构建成本同样会下降。

传统平台的网络建设成本很大程度上消耗在选择、审查、维护可靠的节点和网络上,而区块链平台的网络运行成本主要消耗在计算上,因此有人说,区块链的世界是因为大家的信仰建立在对数学(算法)的信任之上。以比特币为例,其基于工作量证明的共识算法非常消耗电力资源,但如果按同等规模与一个银行的系统比较，会发现实际上比特币的设备和耗电成本可能低于整个银行系统运行 IT 系统的成本。而且，如前所述，比特币网络的扩展是依靠"群众力量"形成的，大家在一起分摊成本，并且可以根据市场的需求扩展到每一个角落，具备传统网络不可比拟的优势。

除了网络建设本身，另一个重要价值来自"网络效应"（Network Effect）。在经济学或商业中，消费者选用某项商品或服务所获得的效用与使用该商品或服务的其他用户人数具有相关性时，此商品或服务即被称为具有网络效应，又称网络外部性。最常见的例子是电话通信或社交网络服务：用户人数越多，每一位用户获得的使用价值越高。"梅特卡夫定律"指出：一个网络的价值与联网的用户数的平方成正比，也就是每位用户所获得的效益并非常数，而是大约随着网络用户总人数的增多呈线性增长趋势（见图 1–12）。

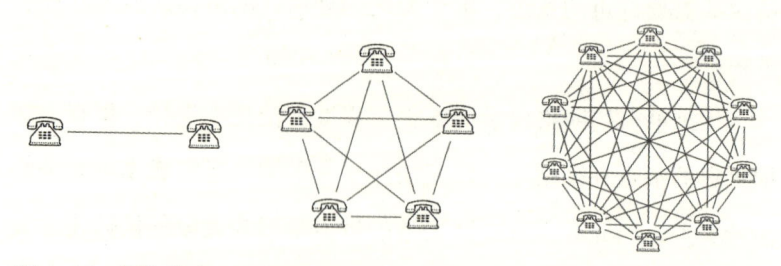

图 1–12　网络效应：以电话网络为例，使用电话的人越多，电话的价值就变得越大

在互联网时代，形成网络效应非常关键。许多公司的大量初期投入通常来自风险投资，都是为了能使自己的服务尽快形成网络效应。以比特币为例，虽然并没有任何风险投资或传统投资进入，但它在过去10多年时间里创造的价值和实现的增长足以令任何企业汗颜，其网络效应形成的一个重要原因就是比特币本身的激励机制，以及比特币基于区块链的特性让大众形成的对比特币的"共识"。

为什么比特币能更快形成网络效应？比特币本身对网络效应形成的贡献是很明显的。比特币系统里，获得比特币的规则其实很简单：第一，谁出块谁就能获得系统产生的比特币奖励，所有比特币都是靠出块产生的，出块奖励每4年减半，直到消失；第二，用于激励矿工节点的打包顺序的交易费多少由市场决定。这个简单的体系至今运转良好，究竟是中本聪（比特币的开发者兼创始者）深谋远虑，还是偶然的神来之笔，我们已经无法考证。但可以肯定的是，这是个非常简单的规则，无论懂不懂技术或经济，人们都很容易理解。在这种简单的规则下，比特币用户越多，网络中的交易越多，意味着矿工能够收到的交易费就越多，这会激励更多矿工加入网络。网络中的矿工越多，全网算力越大，网络就越安全、越坚不可摧、越难以篡改，这无形中增加了用户对于网络的长期信心。

为什么这么多人会对比特币这样一个凭空而来的数字货币奖

励有信心，而对存在很久的积分等类似的激励体系并不相信呢？一个重要的原因就是，区块链的去中心化、公开透明可验证的特点，让大家更容易理解和相信规则，从而提前形成生态，加速形成网络效应。人们不仅在比特币的发展中能够看到区块链加速和促进了网络效应的形成，在后来的以太坊、大量的区块链项目首次公开发行（Initial Coin Offering，缩写为 ICO）[①] 等活动中，人们可以一而再，再而三地看到这种价值。

通过对区块链技术设计的剖析，我们大致能得出这样一个结论：区块链是计算机、软件、互联网领域演进的产物，其诞生与发展融合了密码学、经济学等各学科的多项先进成果，但其技术主干仍属于计算机科学范畴，其发展仍然受网络、带宽、计算能力的限制，因此不必将区块链神秘化。作为计算机工程和科学领域取得的一项新进展，毫无疑问，区块链能带来前所未有的价值，但同样和其他新技术一样，区块链有其所能，也有其所不能，它并不是能适用于任何领域的灵丹妙药，不恰当的使用也许会适得其反。

[①] 区块链项目首次公开发行，意为"数字货币首次公开募资"，这一概念源自传统股票市场的首次公开募股（Initial Public Offering，缩写为 IPO），是指区块链初创项目发行项目通证，向投资人募集虚拟货币（一般为比特币、以太币）的融资活动。

第 2 章　区块链技术简史

以 2008 年 10 月 31 日比特币白皮书的发表为标志，区块链自诞生至今已有 12 个年头，其技术发展历程大致如何，其中有哪些对推动区块链技术发展至关重要的关键事件？本章以大事年表的形式帮助读者快速浏览，形成总体认知。

区块链诞生之前

区块链技术并非凭空产生。作为比特币应用的底层架构技术，区块链的孕育和诞生建立在过去 40 年计算机、密码学、经济学创新发展的基础之上。

1976 年，怀特菲尔德·迪菲与马丁·赫尔曼发表了论文《密码学的新方向》[①]，首次提出了公钥的概念以及通过公钥与私钥进行安全通信的方案，为当代密码学奠定了基础。

---

① https://ee.stanford.edu/~hellman/publications/24.pdf。

1976年，自由主义经济学家弗里德里希·哈耶克发表了经济学专著《货币的非国家化》，首次提出允许私人发行货币。将自由竞争引入货币领域的理念，激励着 eCash、B-money、BitGold 等各种形式的数字货币展开探索。

1977年，三位数学家罗纳德·L.里韦斯特、阿迪·沙米尔与伦纳德·M.阿德曼设计的 RSA 算法（以三人姓氏首字母组合命名）成功实现了非对称加密，这标志着公钥密码思想可以实现。RSA 算法基于一个简单的数论事实：将两个大质数相乘十分容易，但想要对其乘积进行因式分解极其困难，因此可以将乘积公开作为加密密钥。自诞生之日起，RSA 算法就成为最受欢迎的非对称加密算法，只要有计算机网络的地方就有它。2002年，三人因共同提出了 RSA 算法而获得图灵奖。

1980年，拉尔夫·默克尔提出了"默克尔树"数据结构和相应的算法，它可以用来校验分布式网络中数据同步的正确性，后来被比特币引入，成为区块同步校验的重要手段。

1982年，戴维·肖姆发表了论文《用于不可追踪支付系统的盲签名》[1]，提出了盲签名技术，该技术能在签名之前使消息的内容失明，签名者在无法看到原始内容的前提下对信息签名。1990年，他创建了数字现金公司，试验了一个数字化货币系统 eCash。

---

[1] https://sceweb.sce.uhcl.edu/yang/teaching/csci5234WebSecurityFall2011/Chaum-blind-signatures.PDF.

他被认为是数字货币的先驱，eCash 被认为是早于比特币 30 年的匿名数字货币。

1985 年，尼尔·科布利茨和维克多·米勒各自独立提出了著名的椭圆曲线加密算法，它是一种基于椭圆曲线的非对称加密算法，其安全性依赖于解决椭圆曲线离散对数问题的困难性。椭圆曲线加密算法的主要优势在于，某些情况下，它使用更小的密钥，提供与其他加密算法相当的或更高等级的安全。它的另一个优势是可以定义群之间的双线性映射，而双线性映射在密码学中有着大量应用。

1989 年的万维网超文本传输协议、1999 年的在线音乐服务 Napster，以及之后的 BitTorrent、Kademlia 点对点网络传输协议的诞生与发展，为比特币得以安全传递价值准备了 P2P 网络基础。

1991 年，斯图尔特·哈伯与 W. 斯科特·斯托尔内塔发表了论文《如何为数字文档加盖时间戳》[①]，提出了用时间戳的方式来保证数字文件安全的协议。该协议用时间戳表达文件创建的先后顺序，并要求在文件创建后其时间戳不能改动，从而使得文件被篡改的可能性为零。可信时间戳由算力时间源负责保障时间的授时和守时监测，包括时间戳中心在内的任何机构都不能对时间进行

---

① https://www.anf.es/pdf/Haber_Stornetta.pdf.

修改，中本聪在比特币设计中引入了该协议。两人也因此被业界誉为"区块链之父"。

1997年，亚当·巴克发明了哈希现金算法机制[①]。这是一种工作量证明机制，用于抵抗邮件的拒绝服务攻击及垃圾邮件网关滥用，如今被广泛应用于挖矿算法，戴伟的B-money、尼克·绍博的BitGold等比特币的先行者都是在哈希现金的框架下挖矿。哈希现金算法为工作量证明机制的提出奠定了基础。

1998年11月，美籍华人戴伟发表了B-money白皮书[②]。B-money是一种匿名的、分布式电子加密货币系统，强调点对点的交易和不可更改的交易记录。B-money是第一个真正意义上的数字加密货币，比特币的去中心化结算架构、匿名交易、点对点网络在B-money中已经全部出现，不过它没有真正进入应用领域。在比特币白皮书中，第一个被引用的资料是B-money。以太坊原生货币以太币（ETH）的最小单位被命名为Wei，以向戴伟致敬。

1998年，尼克·绍博发明了数字货币，使用了工作量证明机制。BitGold通过使用被称为"解题功能"、"工作功能证明"或"安全基准功能"的客户端，以一段字符串计算另一段字符串，计算结果就是它的工作量证明。不过，尼克·绍博更被大众知晓的身

---

① http://www.hashcash.org/papers/announce.txt.

② http://www.weidai.com/bmoney.txt.

份是"智能合约之父"。

2001 年，美国国家安全局（NSA）发布了 SHA 系列算法，这成为比特币后来采用的哈希算法。

2005 年，哈尔·芬尼设计出了可复用工作量证明（Reusable Proofs of Work，缩写为 RPoW）。它是工作量证明的前身。芬尼将哈希现金机制完善成一种可重复利用的工作量证明，并用于数字货币试验。中本聪提出比特币想法后，哈尔·芬尼是唯一一个立刻予以关注的密码学先锋，他在比特币发布的当天就下载了软件客户端，是除中本聪外第一个运行比特币的人。此外，芬尼也是第一笔比特币交易的收款人。

区块链时代

美国科技作家梅兰妮·斯万所著的《区块链：新经济蓝图》（*Blockchain: Blueprint for a New Economy*）一书将迄今发展 10 余年的区块链技术演进历程分为区块链 1.0、2.0 和 3.0 三个阶段，已为海内外业界广泛接受（见图 2–1）。

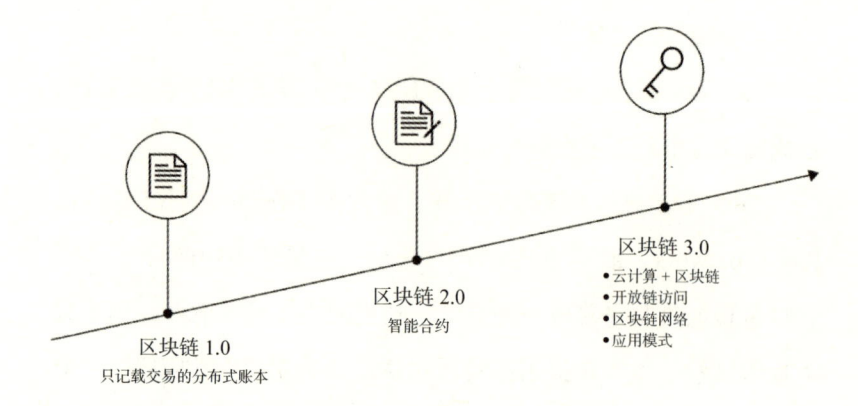

区块链 3.0
- 云计算 + 区块链
- 开放链访问
- 区块链网络
- 应用模式

区块链 2.0
智能合约

区块链 1.0
只记载交易的分布式账本

注：自 2009 年区块链技术依托比特币而生以来，其技术演进路线可大致划分如下。

区块链 1.0：以比特币为代表，它既是独立的区块链网络，又是单一的协议和应用，集三者于一身，本质上就是一个保存基本交易记录的分布式账本，承载的是加密货币应用。

区块链 2.0：以以太坊为代表，区块链网络除了分布式账本之外，增加了可以执行智能合约的程序代码，承载的应用场景从加密货币延展至加密资产。

区块链 3.0：自 2017 年起，业界涌现出了大量区块链 3.0 项目，目的是以链上与链下结合的设计构建基础设施、平台、工具及去中心化应用，推动区块链技术普及应用于各行各业，为广大用户所接受并使用。

图 2-1　区块链技术演进路线图

区块链 1.0 时代

　　从比特币诞生到以太坊诞生前夕，区块链作为底层数据架构，蛰伏在比特币及其分叉的山寨币背后，其技术研发、应用场景仅限于加密货币，被一小群密码学爱好者、技术极客研究尝试。

2008年10月31日：比特币白皮书发表

2008年10月31日美国东部夏令时下午2点10分，中本聪在metzdowd.com网站的"密码学邮件组"发表了一份名为《比特币：一种点对点的电子现金系统》[①]的白皮书（见图2-2），文中详细描述了如何使用P2P网络来创造一种"不需依赖信任的电子交易系统"，并为这种数字货币取名"比特币"（见图2-3）。

比特币的一项重要创新是首次解决了双重花费问题。双重花费问题是指有人尝试进行两次都花费相同账户余额的交易，这种情况可能是由于重复发送某笔看起来似乎没有被处理的交易，或者尝试花费已经不存在的资金所致。简单来说，双重花费就是同一笔钱（数字货币）被重复支付两次。

2009年1月3日：中本聪挖出创世区块，比特币诞生

2009年1月，比特币网络上线，推出了第一个开源的比特币客户端软件。1月3日，中本聪挖出了第一个比特币创世区块（见图2-4），获得首批50枚比特币挖矿奖励，比特币系统正式启动。

2010年5月22日：比特币比萨日

2010年5月18日，美国佛罗里达州一个网名为拉斯洛·豪涅

[①] https://nakamotoinstitute.org/bitcoin/.

```
Satoshi Nakamoto satoshi at vistomail.com
Fri Oct 31 14:10:00 EDT 2008

   • Previous message: Fw: SHA-3 lounge
   • Messages sorted by: [ date ] [ thread ] [ subject ] [ author ]

I've been working on a new electronic cash system that's fully
peer-to-peer, with no trusted third party.

The paper is available at:
http://www.bitcoin.org/bitcoin.pdf

The main properties:
 Double-spending is prevented with a peer-to-peer network.
 No mint or other trusted parties.
 Participants can be anonymous.
 New coins are made from Hashcash style proof-of-work.
 The proof-of-work for new coin generation also powers the
    network to prevent double-spending.

Bitcoin: A Peer-to-Peer Electronic Cash System
```

注:"密码朋克"是一个信奉自由与关注互联网未来发展的电邮组,由英特尔早期资深科学家蒂莫西·梅于1992年建立,成员大约有1 400人,全世界的密码学家、程序员、极客在这里通过加密电子邮件进行交流。其中知名人物包括蒂姆·伯纳斯-李(万维网发明者)、菲利普·希默曼(PGP技术的开发者)、斯蒂文·贝洛文(美国贝尔实验室研究员,哥伦比亚大学计算机科学教授)、布拉姆·科恩(BitTorrent协议发明者)、朱利安·阿桑奇(维基解密创始人)、哈尔·芬尼(密码学大师,PGP技术的发明人之一)、戴维·肖姆(eCash之父)、亚当·巴克(哈希现金算法机制的发明者)、戴伟、尼克·绍博(智能合约之父)、中本聪等。

图2-2 中本聪首次在邮件组里发布比特币白皮书

> **Bitcoin: A Peer-to-Peer Electronic Cash System**
>
> Satoshi Nakamoto
> satoshin@gmx.com
> www.bitcoin.org
>
> **Abstract.** A purely peer-to-peer version of electronic cash would allow online payments to be sent directly from one party to another without going through a financial institution. Digital signatures provide part of the solution, but the main benefits are lost if a trusted third party is still required to prevent double-spending. We propose a solution to the double-spending problem using a peer-to-peer network. The network timestamps transactions by hashing them into an ongoing chain of hash-based proof-of-work, forming a record that cannot be changed without redoing the proof-of-work. The longest chain not only serves as proof of the sequence of events witnessed, but proof that it came from the largest pool of CPU power. As long as a majority of CPU power is controlled by nodes that are not cooperating to attack the network, they'll generate the longest chain and outpace attackers. The network itself requires minimal structure. Messages are broadcast on a best effort basis, and nodes can leave and rejoin the network at will, accepting the longest proof-of-work chain as proof of what happened while they were gone.
>
> **1. Introduction**
>
> Commerce on the Internet has come to rely almost exclusively on financial institutions serving as trusted third parties to process electronic payments. While the system works well enough for most transactions, it still suffers from the inherent weaknesses of the trust based model. Completely non-reversible transactions are not really possible, since financial institutions cannot avoid mediating disputes. The cost of mediation increases transaction costs, limiting the minimum practical transaction size and cutting off the possibility for small casual transactions, and there is a broader cost in the loss of ability to make non-reversible payments for non-reversible services. With the possibility of reversal, the need for trust spreads. Merchants must be wary of their customers, hassling them for more information than they would otherwise need. A certain percentage of fraud is accepted as unavoidable. These costs and payment uncertainties can be avoided in person by using physical currency, but no mechanism exists to make payments over a communications channel without a trusted party.
>
> What is needed is an electronic payment system based on cryptographic proof instead of trust, allowing any two willing parties to transact directly with each other without the need for a trusted third party. Transactions that are computationally impractical to reverse would protect sellers from fraud, and routine escrow mechanisms could easily be implemented to protect buyers. In this paper, we propose a solution to the double-spending problem using a peer-to-peer distributed timestamp server to generate computational proof of the chronological order of transactions. The system is secure as long as honest nodes collectively control more CPU power than any cooperating group of attacker nodes.

注：比特币白皮书是一篇很简单的论文，一共只有 9 页。读者有兴趣的话可以前往 https://bitcoin.org/bitcoin.pdf 下载原始的版本。

图 2-3　中本聪发表的比特币白皮书第一页

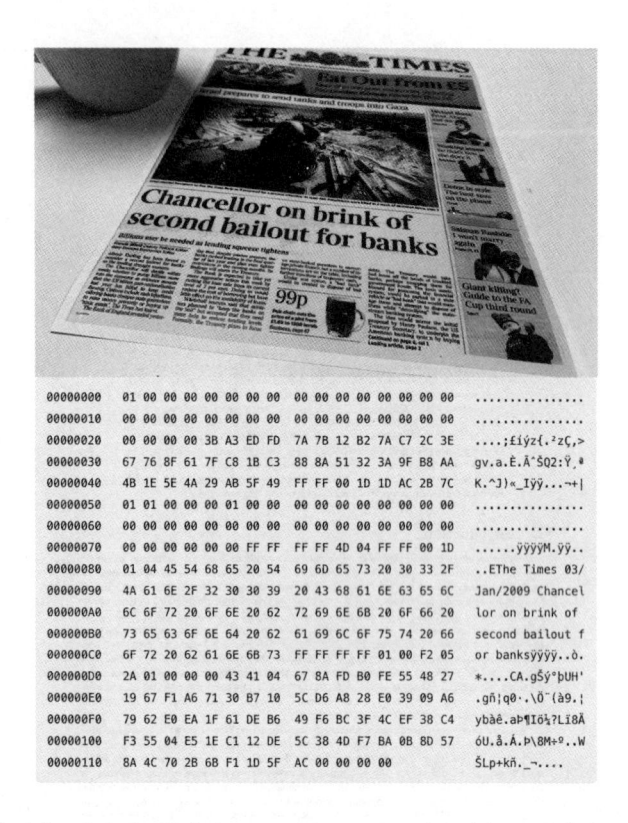

```
00000000  01 00 00 00 00 00 00 00  00 00 00 00 00 00 00 00  ................
00000010  00 00 00 00 00 00 00 00  00 00 00 00 00 00 00 00  ................
00000020  00 00 00 00 00 3B A3 ED  FD 7A 7B 12 B2 7A C7 2C 3E  .....;£íýz{.²zÇ,>
00000030  67 76 8F 61 7F C8 1B C3  88 8A 51 32 3A 9F B8 AA  gv.a.È.Ã^SQ2:Ÿ.¸ª
00000040  4B 1E 5E 4A 29 AB 5F 49  FF FF 00 1D 1D AC 2B 7C  K.^J)«_Iÿÿ..¬+|
00000050  01 01 00 00 00 01 00 00  00 00 00 00 00 00 00 00  ................
00000060  00 00 00 00 00 00 00 00  00 00 00 00 00 00 00 00  ................
00000070  00 00 00 00 00 00 FF FF  FF FF 4D 04 FF FF 00 1D  ......ÿÿÿÿM.ÿÿ..
00000080  01 04 45 54 68 65 20 54  69 6D 65 73 20 30 33 2F  ..EThe Times 03/
00000090  4A 61 6E 2F 32 30 30 39  20 43 68 61 6E 63 65 6C  Jan/2009 Chancel
000000A0  6C 6F 72 20 6F 6E 20 62  72 69 6E 6B 20 6F 66 20  lor on brink of
000000B0  73 65 63 6F 6E 64 20 62  61 69 6C 6F 75 74 20 66  second bailout f
000000C0  6F 72 20 62 61 6E 6B 73  FF FF FF FF 01 00 F2 05  or banksÿÿÿÿ..ò.
000000D0  2A 01 00 00 00 43 41 04  67 8A FD B0 FE 55 48 27  *....CA.gŠý°þUH'
000000E0  19 67 F1 A6 71 30 B7 10  5C D6 A8 28 E0 39 09 A6  .gñ¦q0·.\Ö¨(à9.¦
000000F0  79 62 E0 EA 1F 61 DE B0  6D EC BC 3F 4C EF 38 CA  ybàê.aÞ°mì¼?Lï8Ê
00000100  F3 55 04 E5 1E C1 12 DE  5C 38 4D F7 BA 0B BD 57  óU.å.Á.Þ\8M÷º.½W
00000110  8A 4C 70 2B 6B F1 1D 5F  AC 00 00 00 00 00       ŠLp+kñ._¬.....
```

注：中本聪在他挖出的比特币创世区块中写下了当天英国《泰晤士报》的头版标题："The Times 03/Jan/2009 Chancellor on brink of second bailout for banks"（财政大臣站在第二次救助银行的边缘）。这句话不仅记录了比特币的诞生时间，而且对旧有金融体系的崩溃与被拯救发出一种极客特有的嘲讽：当时，由美国带头，世界各国政府和央行对"大而不倒"的大型金融机构纷纷进行紧急援助，并采取史无前例的扩张性货币政策和财政刺激方案以应对危机。这些措施不仅在当时引发广泛质疑，直到今天，仍然对各国经济、社会、民生遗患甚多，影响深远。

图2-4 比特币创世区块留下的信息

茨的程序员在比特币论坛 BitcoinTalk 上发帖表示，他愿意用挖矿所得的 1 万枚比特币购买两个比萨。

刚开始的两天，论坛上大部分用户讨论的都是用 1 万枚比特币换两个比萨值不值，或者是如何将比萨送到豪涅茨的住处，甚至有人出主意让豪涅茨以 41 美元的价格在市场上出售这些比特币，而不是去买两个比萨。然而，4 天之后，豪涅茨宣布他已经成功用比特币向论坛用户杰克斯"购买"了两个价值约 25 美元的大号比萨，当时 1 万枚比特币的价值仅约 41 美元。

为纪念这笔交易第一次让比特币拥有了交易支付的"价值"，每年 5 月 22 日被加密货币及区块链爱好者作为"比特币比萨日"来庆祝。

> **比特币协议如何更新**
>
> 自比特币诞生以来，有很多开发者在对这个精妙的系统赞叹不已的同时，想把比特币改造成更具应用价值的系统，但比特币作为一个连创始人的真实身份都不为人知的系统，很难进行升级改造。经过发展，比特币形成了一套独特的更新方式：先由开发者把在社区里被提出来并有多人赞同的想法写成名为"比特币改进协议"（BIP）的草案，然后提交 BIP 到比特币网络开源的"知识库"（repository）中，社区再对较重要或者认可的人较多的 BIP 草案分配序号，以方便大家在讨论时区分这些草案，有序号的草案算是正式提案。一些开发者会依据 BIP 正式提案的思路写代码并且在测试网络上进行严格的测试，代码

> 测试通过后，会根据"BIP9 升级规范"设定激活门槛，分配激活标记位，缓冲时间，等等。等待达到 BIP9 设的激活门槛后，提案正式激活生效。

2013 年：染色币的诞生及尝试

2013 年，有人在比特币社区提出"染色币"（Colored Coin）的概念，允许人们对小额比特币染色，即利用比特币区块链的特点，把比特币空余的字段定义成数据的格式，用以代表自己所持有的其他资产，这样使得比特币区块链不仅可支持比特币交易，还可以支持其他更广泛的应用。

微软前工程师弗拉维安·沙隆率先为染色币制定了实施标准"开放资产协议"[①]，并创办了染色币钱包项目 Coinprism，让用户可以高效可控地对比特币进行染色，让其成为映射资产的凭证，由资产发行方认证，面向投资者发行。

2013 年：各种分叉币盛行

比特币不是为开发新应用设计的，要扩展它，早期最简单的方法就是复制并进行修改。因此，大量的虚拟币复制并修改了比特币的代码自己来运行，这就产生了莱特币、狗狗币等比较知名的分叉币，以及其他数百种分叉币，这些分叉币大多复制后修改

---

① https://github.com/OpenAssets/open-assets-protocol.

很少，99% 的软件代码是雷同的。

"分叉"是在软件开发的源代码管理里常用的一个词语，其实它原来指的是软件版本的"分叉"，表现为复制并且进行修改。需要说明的是，这个分叉的概念和区块链本身说的链的"分叉"并不相同。

区块链 2.0 时代

尽管到现在仍有一部分人坚持比特币作为点对点加密货币的定位和设计，但更多的人希望在比特币协议和网络的基础上，或者利用比特币底层的区块链技术做更多的事情，染色币就是这样一种起源于比特币社区的尝试。

然而，比特币核心开发团队并不欢迎这一对比特币的改造，甚至推出补丁程序加以制止，因此染色币并未成功实现。但这启发了维塔利克·布特林设计并创建以太坊，推动区块链技术从 1.0 进入 2.0 阶段，即人人都可以在以太坊平台创建智能合约，发行、交易不同类型的数字资产，这不仅以更完善的方式实现了染色币的设想，而且开辟了更为广阔的空间。

2014 年 1 月 25 日：以太坊正式发布

2013 年 11 月，受比特币及染色币的启发，19 岁的俄裔加拿大程序员维塔利克·布特林发表了白皮书《以太坊：下一代智能合约与去中心化应用的平台》[1]，提出创建一个全新的分布式计算开源平台，用户可以在其上构建部署各种智能合约，以太坊网络上的任何人都可以通过执行该代码或程序来完成发行通证、金融合约等特定"交易"。这个设想能运行任何移动应用的像智能手机一样的通用区块链平台[2]，于2014年1月25日在美国迈阿密举行的北美比特币大会上正式宣布启动创建。

在以太坊诞生之初，开发团队就提出了一个为期3~5年的发展计划（见表2–1），一共分为4个阶段，分别为：前沿（Frontier）、家园（Homestead）、大都会（Metropolis）、宁静（Serenity）。在最后阶段"宁静"中，以太坊将正式从工作量证明共识机制转化为权益证明共识机制（见图2–5）。每个阶段的转换，都会通过硬分叉实现。

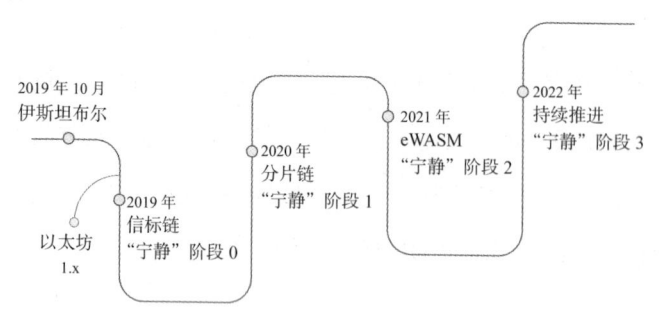

图2–5　以太坊"宁静"阶段路线图

---

[1] http://blockchainlab.com/pdf/Ethereum_white_paper-a_next_generation_smart_contract_and_decentralized_application_platform-vitalik-buterin.pdf.

[2] https://blog.ethereum.org/2016/02/09/cut-and-try-building-a-dream/.

表 2-1　以太坊的发展历程

发展阶段	里程碑事件	升级、解决的具体问题
诞生 2013 年年末至 2015 年 5 月	• 2013 年 11 月，以太坊白皮书发布，提出平台构想 • 2014 年 4 月，以太坊黄皮书[1]发布，确定以太虚拟机标准和运作流程 • 2014 年 6 月，以太坊基金会在瑞士楚格成立 • 2014 年 7 月，以太坊开始首次众筹融资[2]	• 提出想法，发布白皮书 • 建立以太坊社区 • 编写代码和维基内容 • 构思商业基础结构，形成法律策略 • 发布概念验证版 1 到 6 的测试网络，缩短出块时间
前沿 2015 年 5 月至 2016 年 3 月	• 2015 年 5 月，以太坊正式版上线前的最后一个测试网发布 • 2015 年 7 月 30 日，以太坊主网上线	• 开发者开始编写智能合约和去中心化应用以部署在以太坊网络上 • 命令行界面实现了挖矿、交易功能 • 可以进行去中心化应用的开发测试
家园 2016 年 3 月至 2017 年 10 月	• 2016 年 3 月，稳定版以太坊发布	• 以太坊网络运行更加平稳，安全性和可靠性得到提升 • 图形界面的发布让以太坊更易开发与应用，以太坊图形界面的钱包发布 • 以太坊受到了广泛的认同，矿工人数也不断增加 • 此版本中加入了"难度炸弹"的设定

---

[1] http://gavwood.com/Paper.pdf.
[2] 2014 年 7 月 24 日起，以太坊进行了为期 42 天的以太币预售，一共募集到 31 531 枚比特币，根据当时的比特币价格折合 1 843 万美元，是当时排名第二的众筹项目。

（续表）

发展阶段	里程碑事件	升级、解决的具体问题
大都会 2017年10月至今	• 2017年10月16日，拜占庭升级 • 2019年1月16日，君士坦丁堡硬分叉 • 2019年12月，伊斯坦布尔升级 • 2020年1月1日，缪尔冰川升级	• 拜占庭升级：开发新的隐私工具——在链上高效验证zk-SNARK（零知识证明之一）的能力；同时增加了可预测Gas①收费的功能，提高了挖矿的难度，并且将每次出块的以太币数量从5枚降为3枚 • 君士坦丁堡升级：对Gas费用进行了优化，提升了以太坊网络的可扩展性，出块奖励进一步减少，由3枚以太币变为2枚以太币，"难度炸弹"延期12个月生效，在以太坊虚拟机中新增了移位指令等 • 伊斯坦布尔升级：除了零知识证明、第二层可扩展性解决方案外，最让社区期待的则是其Gas价格的调整，让以太坊网络更快速、更便宜、更高效 • 缪尔冰川升级：拆除再次触发的"难度炸弹"，使以太坊的区块间隔时间恢复到14.3秒的正常水平。这也是以太坊最后一次"难度炸弹"拆除计划
宁静	目前尚未进入该阶段	• 以太坊将从工作量证明共识机制转变为权益证明机制 • 可能通过分片和子母链等方式增强网络的可扩展性

---

① Gas是以太坊衡量执行某些操作所需的计算量的单位，用来计算为了执行操作而需要支付给以太坊网络的费用数额。Gas可以和以太币进行兑换，以太币的价格是波动的，但运行智能合约的费用可以是固定的，可以通过设定Gas价格等来进行调节。

难度炸弹

以太坊工作量证明共识算法中内置的一种难度重定向机制,通过控制挖掘新块时的挖掘难度来维持平均出块时间。如果出块时间太短(少于10秒)或者太长(大于20秒),则会相应地增加难度,以保持挖矿出块速度稳定在15秒左右。每过10万个区块,以太坊的挖矿难度将呈指数级增长。通过此举,以太坊的挖矿成本会逐渐提升,导致以太坊矿工将不断离开,直到以太坊的共识机制成功转变为权益证明。

零知识证明、zk-SNARK

莎菲·戈德瓦塞尔、西尔维奥·米卡利和查尔斯·拉考夫在1985年的论文《交互证明系统的知识复杂性》[1]中首次提出了零知识证明,它是一种特殊的交互式证明,意为证明者可以向验证者证明自己知道X的值,但不需要向验证者透露除了"自己知道X的值"外的任何信息。

zk-SNARK 意为零知识、简洁、非交互的知识论证,是零知识证明的一种,使证明者能够简洁地使任何验证者相信其给定论断有效,并且实现计算零知识,不显示验证内容,不需要证明者与验证者之间进行交互。zk-SNARK 可以在加密货币网络中让矿工知道一笔交易是有效的,但不知道这笔交易的发起者、接收者以及转账金额等隐私信息。

---

[1] http://citeseerx.ist.psu.edu/viewdoc/download?doi=10.1.1.419.8132&rep=rep1&type=pdf.

2014 年 5 月 11 日：Tendermint 共识白皮书发布

2014 年 5 月 11 日，毕业于美国康奈尔大学的宰权发布了 Tendermint 白皮书[①]，并成立了 Tendermint 公司，这家区块链共识算法及 P2P 网络协议服务提供商主要为用户提供去中心化应用构建和维护基础设施，如开源工具 Tendermint Core 和 Cosmos SDK 等。

Tendermint 的重大突破是将拜占庭容错算法引入权益证明机制，利用权益质押（Staking）、验证、轮流选举，以改善工作量证明的局限性。Cosmos 是以 Tendermint 共识机制为核心开发的跨链项目，之后如 ArcBlock、Polkadot 等新一代区块链项目也使用或借鉴了 Tendermint 共识。

2015 年 1 月：IPFS 发布

IPFS 全名为"星际文件系统"，是一种点对点的分布式文件系统，由胡安·贝内特设计。由他创立的协议实验室于 2015 年 1 月正式发布。IPFS 是一种文件系统，同时也是一种存储技术，更确切地说，它是一种传输协议。

IPFS 的最大优势在于将公有的活跃度高的文件统一存储和分发，这样既节省存储空间，又节省带宽，并且能提供一个稳定、

[①] https://github.com/tendermint/tendermint.

高速的分发途径。基于 IPFS 的诸多优势，它未来很有可能在网络通信底层技术方面掀起革命，取代 HTTP（超文本传输协议）成为网络基础协议（见图 2–6）。

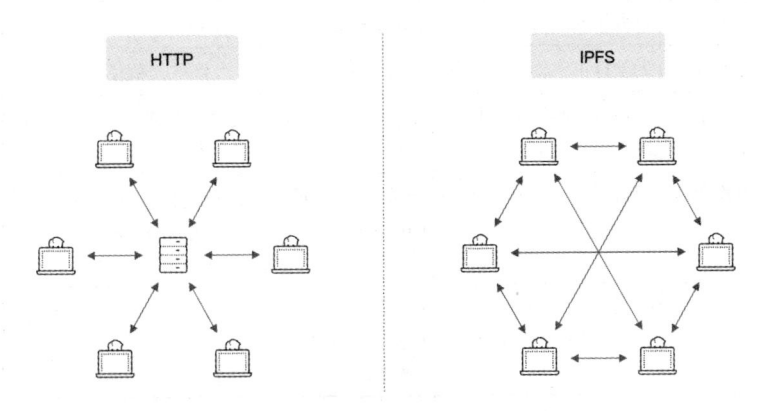

图 2–6　HTTP 协议与 IPFS 协议的结构对比

Filecoin 作为基于 IPFS 的去中心化存储项目，于 2015 年 7 月发布白皮书。Filecoin 之于 IPFS，犹如比特币之于区块链，Filecoin 的诞生和发展能更好地支持 IPFS 的发展，IPFS 也需要 Filecoin 为其丰富生态。

2015 年：联盟链的兴起与发展

联盟链于 2015 年兴起，标志着区块链技术进入金融、IT 等主流领域。如今著名的 Hyperledger（超级账本）与 R3 联盟都在那一年诞生，成为联盟链行业最早的探索者（见表 2–2）。

表 2–2　以太坊、Hyperledger Fabric、R3 Corda 的简要比较

	以太坊	Hyperledger Fabric	R3 Corda
平台描述	通用区块链平台	模块化区块链平台	针对金融行业的专业分布式账本平台
治理	以太坊开发者	Linux 基金会	R3
操作方式	无须许可，公有或私有	许可，私有	许可，私有
共识	工作量证明挖矿机制，账本层	支持多种方法的广泛共识，交易层	特定共识（例如公证人节点），交易层
智能合约	智能合约代码（例如 Solidity）	智能合约代码（例如 Go、Java）	• 智能合约代码（例如 Kotlin、Java） • 智能法律合约
货币	• 以太币 • 基于智能合约的通证	• 无 • 基于链码的加密货币和通证	无

Hyperledger 基金会：Hyperledger 是 Linux 基金会于 2015 年发起并推进的区块链开源项目，由 IBM（国际商业机器公司）、英特尔、埃森哲、JP 摩根等公司领衔参与，目标是让成员共同合作，共建开放平台，满足来自多个不同行业的各种用户案例，并简化业务流程。该项目通过创建分布式账本的公开标准，实现虚拟和数字形式的价值交换，例如资产合约、能源交易、证书执照，能够安全、高效、低成本地进行追踪和交易。

目前 Hyperledger 的成员中，科技公司和金融机构约各占 30%，另有超过 20% 是区块链公司，其核心成员有 60% 以上是科技公司。Hyperledger 基金会里孵化了很多区块链项目，Hyperledger Fabric

是其中最为著名的一个。现在人们提起 Hyperledger，常常指的是 Hyperledger Fabric。

Hyperledger Fabric 区块链：由 IBM 和 Digital Asset 创建的第一个模块化设计的区块链平台，旨在打造一个提供分布式账本解决方案的联盟链平台。Hyperledger Fabric 利用了和比特币相同的 UTXO 加脚本语言的交易处理模式，并根据金融服务所需要的功能进行了扩展，提供了一种替代工作量证明、基于投票的许可共识机制，是一个带有可插拔各种功能模块架构的区块链实施方案。有鉴于此，Hyperledger Fabric 无须匿名矿工来验证交易，也无须用加密货币进行激励。所有用户必须经过身份验证才能参与该区块链进行交易。

Hyperledger Fabric 支持的一种智能合约被称为"链上代码"，这些合约描述并执行系统的应用程序逻辑。Hyperledger Fabric 还提供了创建通道的功能，可以通过通道隔离数据，通道可以理解为一个隔离的账本。虽然所有参与者都在一个区块链网络里，但可以在不同的通道中。所以，通过建立不同的通道可以达到按需共享的目的。

Hyperledger Fabric 于 2017 年 11 月发布 1.0 版，近期又发布了 2.0 Beta（公测）版。

R3 区块链联盟：2015 年 9 月 1 日，R3 区块链联盟成立，致力于研究推广区块链技术在金融行业的应用。目前，全球已有 80

多家银行[1]加入其中,它被称为"全球顶级区块链联盟"。

2016年4月,R3区块链联盟发布Corda平台。R3的Corda平台是为金融行业量身定制,主张将现有的业务系统进行结合,而非重新打造,尝试有针对性的以企业间协作为主要的应用场景。按照R3内部人士的话说,Corda是一个"受区块链启发的"的分布式账本技术平台,Corda的开发者发现,现有的区块链技术无法达到金融机构严谨的合规标准,只能设计采用自己的技术架构。

由于R3组织内部的一些矛盾,高盛、摩根士丹利、摩根大通、桑坦德银行等金融巨头先后退出R3区块链联盟,甚至转投其竞争对手,例如企业以太坊联盟。2019年12月,欧洲央行在其官方网站发布分布式账本技术概念验证项目EUROchain的报告示例[2],该项目概念基于R3的Corda平台,旨在研究如何在反洗钱规则等合规程序下平衡隐私,并使用分布式账本技术降低交易成本。

企业以太坊联盟:2017年2月28日成立,其成员包括以英国石油公司、摩根大通、微软、印度IT咨询公司Wipro为首的能

---

[1] 根据金融稳定委员会(FSB)于2018年发布的数据,全球系统重要性银行(G-SIBs),也就是俗称的"大而不倒"的银行一共有29家,R3区块链联盟的成员中有22家。如果排除掉G-SIBs中中国的四大行,那么全球88%的"大而不倒"的银行都已经加入R3区块链联盟。

[2] Exploring anonymity in central bank digital currencies. https://www.ecb.europa.eu/paym/intro/publications/pdf/ecb.mipinfocus191217.en.pdf.

源、金融和 IT 界的全球性企业。企业以太坊联盟致力于将以太坊开发成企业级区块链平台，拥抱开源理念，同时让大型公司和小型初创公司在投资技术的时候担负更强的责任感。企业以太坊联盟的研发以隐私性、保密性、可扩展性和安全性为重点，探索能够跨越以太坊公链、以太坊许可链以及行业特定应用层工作组的混合架构。2018 年，企业以太坊联盟宣布和 Hyperledger 基金会结为合作伙伴关系。

2017—2018 年，各联盟链企业投入大量资源进行区块链技术研发与路径探索，并开始尝试在部分业务场景寻找外部合作伙伴，但由于外界对早期的区块链技术普遍存在质疑、不理解的心态，这个过程并不容易。在这个阶段，阿里巴巴、腾讯等大型互联网企业由于自身场景丰富，逐步开始在公益、溯源等业务领域探索区块链技术的应用。同时，受基于区块链的加密货币冲击最为明显的金融业也意识到区块链技术的潜在前景，开始独立探索或联合区块链初创公司探索联盟链在金融领域的应用。

2015 年 11 月：微软 Windows Azure 启动 BaaS 计划

2015 年 11 月，微软在 Windows Azure（后更名为 Microsoft Azure）平台上启动 BaaS（"区块链即服务"）计划。该计划将区块链技术引入其 Azure 公有云平台，并为使用 Azure 云服务的金融行业客户提供 BaaS 服务，让他们可以迅速创建私有、公有及混合的区块链环境。2015—2016 年,从知名区块链技术企业到区块链应用创业公司,不断有新成员加入这一计划,Azure BaaS 平台扩展成一个"认证的区块链市场"。

2016 年 2 月:IBM 发布 BaaS 服务

2016 年 2 月,IBM 宣布推出基于 Hyperledger Fabric 部署的区块链服务平台 BaaS。使用 IBM 在 Bluemix 上的区块链服务,开发者就可以访问完全集成的开发运维工具,用于在 IBM 云上创建、部署、运行和监控区块链应用。BaaS 其实是一种新型的云服务,由区块链与云计算紧密结合,在 IaaS("基础设施即服务")、PaaS("平台即服务")、SaaS("软件即服务")的基础上创造出来。在云上搭建区块链技术,可以帮助企业简化运营流程,企业无须专门建设自己的基础设施,服务购买即用,削减了部署成本。

2016 年 6 月:The DAO 攻击事件、以太坊分叉

The DAO(去中心化自治组织)是迄今为止基于以太坊平台的全球最大的众筹项目,其目的是让持有该项目通证的参与者通过投票的方式共同决定被投资项目,整个社区完全自治,并且通过代码编写的智能合约来实现。它于 2016 年 5 月 28 日完成众筹,共募集 1 150 万枚以太币,当时的价值达到 1.49 亿美元。

2016 年 6 月上旬,The DAO 被发现存在漏洞,可以不断重

复向外转出个人账户内的以太币。6月中旬，有攻击者利用此漏洞总计向外转出了 360 万枚以太币，几乎占据了项目众筹总量的 1/3。虽然通过软分叉发送大量垃圾交易阻塞交易验证以减缓黑客继续偷盗等解决方案被相继采用，但都不能有效解决这一问题。6月底，以太坊创始人维塔利克·布特林提出硬分叉设想，通过硬分叉使得黑客利用漏洞转出交易的区块失效。7月中旬，超过 85% 的以太坊算力投票支持硬分叉，以太坊硬分叉成功，形成了以太坊和坚持原来协议的以太坊经典。

The DAO 事件对整个区块链行业产生了很大影响。首先，黑客的行为证实了所谓的由机器自动公平执行的智能合约存在重大漏洞，而根据 The DAO 的条款和项目代码，黑客的行为更接近发现并利用法律漏洞的规避行为，是在"合法"的框架内完成了资金转移。其次，以太坊社区投票后将以太坊进行硬分叉，使得链上数据回滚撤销，作为某种人为治理行为，与区块链行业极为推崇的去中心化理念有所背离，有观点认为这一行为在现实生活中可以被视作拒绝执行并撕毁合同。

2017 年 7 月 19 日：Parity 钱包漏洞事件

以太坊的联合创始人加文·伍德在完成了以太坊黄皮书的写作和早期核心代码的开发后，成立了区块链技术公司 Parity Technologies，开发了 Parity 钱包应用。

2017 年 7 月 19 日，Parity 因为安全漏洞造成以太币损失。Parity 1.5 版本及之后的版本存在由一个多重签名合约的代码错误导致的漏洞。据 Parity 报告，确认有 15 万枚以太币（当时价值大约 3 000 万美元）被盗。后来，白帽黑客找回了大约 37.7 万枚受影响的以太币。不幸的是，Parity 团队的漏洞修复和测试并不彻底。同年 11 月 7 日，Parity 因为合约中的一个新漏洞致使大约 50 万枚以太币因被锁死在多重签名智能合约里而丢失，当时价值大约 1.5 亿美元，其中包括加文·伍德创立的新项目 Polkadot 公募获得的 9 000 万美元，单就涉及的美元金额而言，此次攻击造成的损失是 The DAO 攻击事件的三倍。

基于以太坊的应用接二连三发生黑客攻击事件，这本来并非以太坊区块链技术本身的问题所致，而是项目智能合约的技术安全问题。不过，这些事件客观上动摇了人们对区块链技术和以太坊的信心，也证明了智能合约无法保证百分百安全，毕竟它是由人编写的，跟操作系统一样，智能合约也会有漏洞。一系列智能合约安全事故之后，业界出现了专门对区块链项目代码进行安全审计的审计公司。

2017 年 10 月 15 日：Polkadot 项目发布

Polkadot 是由 Web3 基金会支持的跨链协议开源项目，主要目的是将目前各自独立、互相之间无法直接联通的区块链连接起来，通过使用 Polkadot 协议，不同区块链之间可以进行高效安全的数据通信和传递。

Polkadot 强调解决当前区块链技术存在的三大问题——拓展性、交互性和共享安全性，在保证区块链本身全部功能的同时，允许不同属性的区块链在一个安全的条件下交互。为了达此目的，Polkadot 提供多条平行中继链来串联各类孤岛般的区块链，该中继链可以进行不同链的签名验证和数据同步。不同区块链也可以按照各自需求调整，使用极为简单的编程语言就能适应中继链的验证和同步算法，各类底层链均可以通过 Polkadot 与以太坊公链连接，最终达到跨链间的高效交互拓展。

2017 年 11 月 28 日：加密猫游戏造成以太坊网络严重堵塞

2017 年 11 月 28 日，基于以太坊平台开发的加密猫游戏（CryptoKitties）应用上线（见图 2-7）。游戏玩家必须花费以太币购买基于 ERC721 标准生成的虚拟猫，不同猫的性格、品种和价格不同，越稀有就越昂贵。玩家拥有猫咪之后就是日常喂养以及配种的猫咪养成游戏。此游戏上市后在一周内迅速爆红，成为当时以太坊生态单日使用率最高的应用，一度占据以太坊网络 13% 以上的交易流量。但也因为这一游戏太受欢迎，导致以太坊网络不堪重负，出现严重拥堵，从而导致转账交易延迟，无法到账，几近崩溃，并且使得以太坊交易 Gas 费增加。

图 2-7 加密猫游戏

加密猫游戏暴露了以太坊交易量增加时就会出现网络拥堵的问题。由于以太坊的区块链几乎已被填满，它的可扩展性将面临重大瓶颈，如果为了解决交易而提高 Gas 上限，则这一举动又会成为人为治理，从而被人诟病。以太坊为了解决扩展问题，决定将"分片"作为扩展该网络的一种方式。

2017 年：麻省理工学院发出首个区块链上的学历证书

2017 年起，麻省理工学院开始选择向获得学士、硕士和博士学位的毕业生发放在比特币网络上链存证的数字学历证书[1]（见图 2-8），成为全球第一家颁发区块链文凭的教育机构[2]。

自 2016 年起，麻省理工学院媒体实验室与名为 Learning Machine 的软件公司合作研发了 Blockcerts 标准，保证麻省理工学院的学历证书真实防篡改，可以点对点共享，并且可以独立便捷地验证。Blockcerts 最初是基于比特币建立的，它提供了一套去中心化验证系统，适用于学术、专业与劳动力等认证场景。

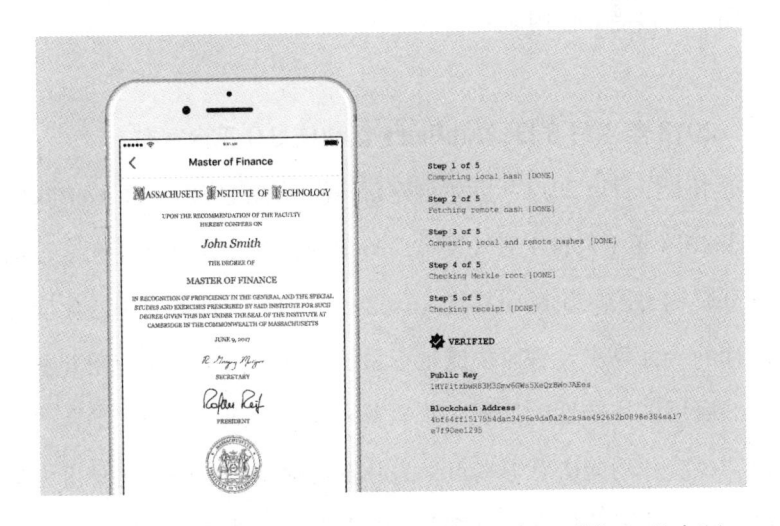

注：使用麻省理工学院的数字文凭系统 Blockcerts，雇主和学校可以快速验证毕业生的学历证书。

图 2-8　手机上的 Blockcerts 学历证书

---

[1] http://certificates.media.mit.edu/.
[2] https://www.learningmachine.com/customer-story-mit/.

区块链 3.0 时代

从加密货币起步，区块链技术应用在 2.0 时代被以太坊扩展至加密资产，造就了以太坊最为成功的加密资产发行流通平台。自 2017 年起，区块链行业迎来百花齐放的盛况，区块链技术发展进入围绕应用来构建基础设施、平台、工具及去中心化应用的 3.0 阶段，业界涌现了大量以 ArcBlock、Cosmos、Polkadot 为代表的区块链 3.0 平台和项目，推动区块链技术应用于各行各业，为广大用户所接受并使用。

2018 年 1 月 6 日：ArcBlock 区块链 3.0 平台宣布

本书作者自 2017 年开始创建新一代区块链应用平台 ArcBlock，并在 2018 年 1 月首次对外发布，ArcBlock 成为 2018 年年初全球最具有影响力的区块链项目之一。这一专为开发部署去中心化应用设计的云计算平台暨区块链生态系统，针对去中心化应用开发面临的底层区块链性能低下、非消费者友好、成本高昂、平台"锁定"风险和功能匮乏等痛点，为开发者提供以去中心化身份为基础、与云计算融合的 ABT 链网和区块链开发框架，一键发链、跨链相通、多链互联、织链为网，让去中心化应用按需运行在不同的区块链上，帮助各行各业将已有系统和服务与区块链进行无缝连接，充分发挥区块链技术对现有业务数据、用户与流程的改造赋能作用，推动形成新的信息社会基础架构。

2018年4月26日：亚马逊AWS开始提供BaaS服务

亚马逊AWS（网络服务）正式发布AWS区块链模板，该服务旨在让开发者更轻松地创建基于以太坊和Hyperledger Fabric的项目。在使用以太坊模板时，AWS用户可以选择两种不同的启动选项，将区块链网络作为容器部署在亚马逊的弹性容器服务上，或直接部署到运行Docker软件的EC2（弹性计算云）上。

AWS之后相继提供的BaaS产品还包括以下两种。

亚马逊量子账本数据库（Amazon Quantum Ledger Database，缩写为QLDB），旨在提供透明的、不可变的、加密的、可验证的交易日志，据称所有的信息更改都将被记录在区块链上。亚马逊量子账本数据库适用于想要享受基于区块链数据存储的优势，但又不想要自己创建或管理区块链的企业和用户。

亚马逊托管区块链（Amazon Managed Blockchain，缩写为AMB），可以与亚马逊量子账本数据库一起运行并允许用户调整和管理一个可扩展的区块链网络。亚马逊托管区块链允许用户使用Hyperledger Fabric或以太坊创建托管在AWS基础架构上的新区块链，适用于想要创建、运行自己区块链的企业和用户。

2019年2月14日：摩根大通稳定币白皮书发布

2019年2月14日，美国摩根大通宣布计划发行加密货币JPM Coin。据介绍，JPM Coin是稳定币，与美元一对一挂钩，由摩根大通银行自身提供担保，技术上使用摩根大通基于以太坊开源代码改进开发的 Quorum 联盟链系统。JPM Coin 主要用于实现批发支付（银行间或者国家间的大额支付）业务客户之间的即时交易结算。

2019 年 3 月 14 日：Cosmos 主网上线

Cosmos 为实施验证 Tendermint 共识的区块链项目，其理念是跨链技术。该项目主张未来的价值互联网不可能由一条公链承载所有应用，一定会是多链、多通证共存。Cosmos 希望连接作为"信息孤岛"的区块链，整合成一个统一的生态系统。Cosmos 项目并不直接拥有开发团队，由 Tendermint 创始人宰权创立的跨链基金会签约 Tendermint 公司来开发 Cosmos。

2019 年 3 月 14 日，Cosmos 启动主网上线。Cosmos 网络由许多独立的并行区块链组成，网络中第一个区块链是 Cosmos Hub，其他的并行链被称为 Zone，通过跨链协议与 Hub 进行跨链操作。

2019 年 3 月 30 日：ABT 链网上线

2019 年 3 月 30 日，ABT 链网公测版发布上线。这个由 ArcBlock 搭建的区块链网络是全球第一个以完全去中心化方式连接、编织多条区块链形成的网络，采用了三维稀疏矩阵的独特设计，所有的链都是平行对等的，用去中心化身份技术来实现链与链的互联和通信。

ArcBlock、Cosmos 和 Polkadot 都为开发者提供框架，可按需创建各条区块链，并可互联互通、编织成网，从而解决了现有许多区块链面临的可扩展性问题。Cosmos 主网和 ABT 链网，以及计划于 2020 年上线的 Polkadot 标志着链网架构正在成为区块链技术发展的主流。

2019 年 5 月 13 日：微软发布去中心化身份网络早期预览版

2019 年 5 月 13 日，微软发布了一个名为身份覆盖网络（Identity Overlay Network，缩写为 ION）的去中心化身份网络的早期预览版[①]，任何人都可以使用这个运行在比特币区块链之上的专用公网创建去中心化身份标识（Decentralized Identifiers，缩写为 DID），管理其公钥基础设施（Public Key Infrastructure，缩写为 PKI）状态，初步实现了继承比特币完全去中心化属性，且能够满足去中心化身份管理所需的规模、性能要求的设计目的。微软此举可能会影响整个科技行业，因为很多企业的信息基础设施都在使用微软的产品，如果把去中心化身份功能集成到微软的任何一款基础设施产品中，对去中心化身份技术的普及作用很有可能堪

---

① https://github.com/decentralized-identity/ion.

比当年 Windows 95 操作系统对大众广泛使用互联网的促进作用。

2019 年 5 月 20 日：ArcBlock 推出第一个支持去中心化身份技术的去中心钱包

ArcBlock 研发推出的钱包，与现有的数字货币加密钱包不同，是第一个采用万维网联盟[①]去中心化身份标识（W3C DID）标准的去中心化加密钱包应用，不仅能够让用户将自己的数字身份和数据安全存储在其个人设备上，而且创造了一系列全新易用的用户体验：将钱包作为用户 ID 安全方便地登录各种网站应用，例如参加活动、接收证书、签署文件等一系列应用。

2019 年 6 月 18 日：脸书发布 Libra 白皮书

2019 年 6 月 18 日，全球最大的社交平台脸书发布了其加密货币 Libra 项目白皮书，引发全球广泛关注。据介绍，Libra 计划通过锚定美元、英镑、日元等法定货币的价格推出一款主要用于跨境支付的稳定币，其使命是建立一套简单的、无国界的货币和为数十亿人服务的金融基础设施。在技术层面，Libra 属于联盟链设计，共识引擎采用 HotStuff 这一改进型拜占庭容错协议，性能

[①] 万维网联盟创建于 1994 年，是万维网技术领域最具权威和影响力的国际中立性技术标准机构。

理论上优于 Tendermint，TPS[①] 性能指标计划 1 000，较为务实。

由于加密货币领域骗局层出不穷，Libra 的发布引发了公众的广泛质疑以及各国监管部门的高度关注，美国参众两院为 Libra 专门举行了两场听证会。截至当年 10 月，合作伙伴 PayPal、Visa、Mastercard 和支付服务商 Stripe 纷纷退出 Libra 协会，又为尚未主网上线的 Libra 增添了不确定性。

2019 年 8 月 10 日：中国央行宣布即将发行数字货币

中国人民银行支付结算司副司长穆长春在于 2019 年 8 月 10 日举办的中国金融四十人论坛上表示，中国央行数字货币（Central Bank Digital Currency，缩写为 CBDC）即将推出。据透露，央行早在 2014 年就开启了对加密货币的研究工作，可能比脸书的 Libra 更早发行。

中国人民银行行长易纲于 2019 年 9 月 24 日在庆祝新中国成立 70 周年活动新闻中心举行的新闻发布会上谈及央行数字货币问题时表示，央行坚持中心化管理，在研发工作上不预设技术路线，可以在市场上公平竞争选优，既可以考虑区块链技术，又可采取在现有电子支付基础上演变出来的新技术，充分调动市场的积极性和创造性。

---

① TPS（Transaction Per Second，即每秒交易吞吐量）原指数据每秒操作次数。区块链兴起后，它被用来描述区块链的交易速度及网络吞吐性能。

2019 年 11 月 9 日：W3C DID1.0 公开工作稿发布

2019 年 11 月 9 日，万维网联盟去中心化身份工作组发布 W3C DID1.0 版的第一个公开工作稿本[①]。去中心化身份是万维网联盟于 2019 年 1 月开始制定的用户自主身份的数字身份技术标准。

---

① https://www.w3.org/TR/did-core/.

第3章 区块链的未来形态——互联链网

相信很多人刚接触区块链时，常常能看到"公链""私链""联盟链"这些字眼。这些区块链类型是按照什么标准来分类？这对我们考察和应用区块链技术有何帮助？为什么区块链经历了第一个10年的发展，打破公链、私链、联盟链的界限，织链为网，打造互联互通的链网（区块链网络）成为区块链技术发展的主流？

区块链如何分类

公链、私链、联盟链是最常见的区块链类型划分方式。

如前章所述，首度将区块链技术带入世人视野的比特币和在分布式账本上加载代码执行智能合约的以太坊，都是大家耳熟能详的公链，即任何人都能自由加入或离开这一完全开放的网络，任何用户都可以匿名读取链上数据或发布交易，这些采用工作量证明共识机制的公链往往通过挖矿奖励比特币、以太币之类的原生加密货币来吸引和激励参与者维护网络的稳定和去中心化。

随着 IT 界、金融界、大型商业机构乃至政府日益重视区块链技术，希望将其从火热的数字货币应用中抽离出来，应用于更广泛的行业场景，私链、联盟链兴起。与公链相对应，一个人或一群人控制的私链或联盟链只对身份经验证的受邀参与者开放，且控制谁可以参与、读写区块链数据的权限大小，以及执行共识协议（包括挖矿奖励）和维护共享账本。虽然与公链相比，私链的去中心化程度有所减弱，但作为加密算法保障的分布式账本在多方参与的商业流程环境中能够发挥信任验证的降本增效作用，而且 TPS 性能大大提高，更符合技术应用的实际需求。

在实际应用中，私有链和联盟链有时界限并不是非常清晰。就区块链的应用价值而言，我们认为纯粹的私链可能是没有意义的，如果一个区块链始终不需要任何其他的参与方，那么它也就没有被使用的必要。然而，在开发测试阶段、概念原型验证阶段，或者多方参与的联盟链真正形成之前，甚至一些公链在"真正"成为公链之前，的确有可能在一个阶段里实际上处于私链的状态。

公链和联盟链/私链是根据区块链网络参与者访问数据、写入交易的主体资格来分类，而许可链和无许可链则是根据成为发布区块的节点是否需要获得许可来区分。由于公链、私链、联盟链这种约定俗成的划分方式有些模糊和争议，根据"许可"程度来划分可能是更严谨的分类方式。据美国国家标准和技术研究院白皮书《区块链技术概述》描述：如果任何人都可以发布一个新的区块，则它是无许可链；如果只有特定用户可以出块，则它就是许可链。简单来说，许可区块链网络就像是受控的企业内部网，而无须许可的区块链网络就像公共互联网，任何人都可以参与。

无许可链和许可链，公链和联盟链/私链，这两大分类有何概念交集？业界大部分人把公链与无许可链、把联盟链/私链与许可链画上等号。但工作量证明类公链才应是真正意义上的无许可链，是无须任何权威的许可、对任何人开放的分布式账本平台，任何人都有权且能够读取区块链数据，发布交易并发布区块。

权益证明类公链和联盟链/私链则属于许可链的范畴。联盟链/私链是许可链，这个好理解：从读取数据、发布交易到出块，用户是否能够参与、其权限有多大，完全需要经链的所有者许可和授权。而权益证明类公链，其区块链数据读写是对任何人开放的，但要成为验证者出块，则需要质押该网络的通证来获得成为验证者的资格，尤其像 EOS 这种采用委托权益证明共识机制、全网设置 21 个超级节点的公链，验证出块的许可门槛很高，并不符合无许可链的定义。因此，EOS 以及未来共识机制由从工作量证明转向权益证明的以太坊 2.0 等知名公链更准确的分类，或许应该为"公开许可链"。

我们在前面之所以花些篇幅介绍区块链的分类定义，是希望消除公链和联盟链/私链之间的"门户之见"。

有不少公链拥趸诟病联盟链/私链不是真正的区块链，而是分布式数据库。其实，联盟链/私链和公链一样，拥有相同的分布式、富有弹性的冗余数据存储系统，同样可在链上追溯数字资产的流通，也同样使用共识机制来出块，只是这些网络达成共识的方法无须像公链那么耗费资源。这是因为用户身份的确立和验证是其参与联盟链/私链的前提条件，由于参与者是被授权出块，只要行为不端，其授权即可被撤销，这些人彼此之间存在一定程度的信任，因此其达成共识通常更快并且计算成本更低。

而且，公链与联盟链/私链并不是非此即彼的直接竞争关系，而是有各自的应用场景。显然，联盟链/私链以其用户身份可验证、性能更高、更易扩展、更快达成共识、更易合规监管的特性适用于更多商业需求场景。

有人认为，以太坊等公链平台无法用来创建许可区块链方案或控制对数据的访问。事实上，这些公链可以做到，只是没有提供可以在联盟链/私链平台上找到的所有内置工具。你只需要明白，是否创建许可链方案完全取决于用户，可以由用户的软件架构师和开发者来完成，并且所有操作都始于某种身份管理系统。

区块链之间如何联通

随着区块链技术的发展，各种目标定位不同、设计架构各异的公链和联盟链相继诞生，形成了一座座信息和价值孤岛，链和链之间如何联通、如何跨链，成为业界探索的一大课题（见图3-1）。

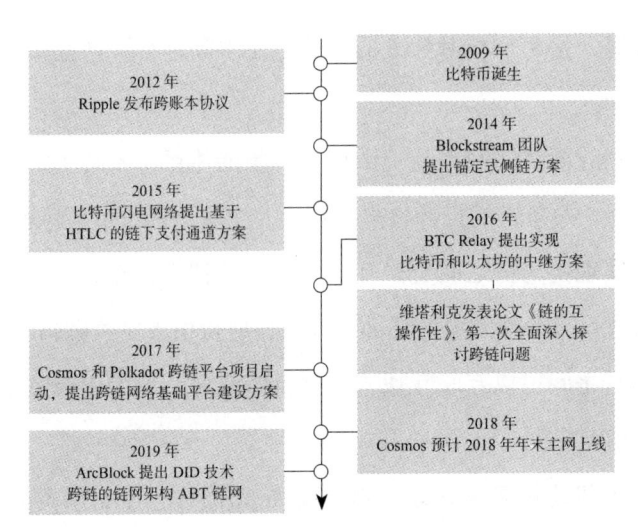

跨链技术发展时间表

```
2012 年
Ripple 发布跨账本协议

2009 年
比特币诞生

2014 年
Blockstream 团队
提出锚定式侧链方案

2015 年
比特币闪电网络提出基于
HTLC 的链下支付通道方案

2016 年
BTC Relay 提出实现
比特币和以太坊的中继方案

维塔利克发表论文《链的互
操作性》,第一次全面深入探
讨跨链问题

2017 年
Cosmos 和 Polkadot 跨链平台项目启
动,提出跨链网络基础平台建设方案

2018 年
Cosmos 预计 2018 年年末主网上线

2019 年
ArcBlock 提出 DID 技术
跨链的链网架构 ABT 链网
```

注:2012 年,Ripple 发布跨账本协议(Interledger Protocol),通过第三方公证人的方式实现了跨账本转账,在区块链领域首次提出了跨账本互操作方案。

2014 年,比特币核心开发者组成立的 Blockstream 团队首次提出锚定式侧链(Pegged Sidechain)跨链交互方案,引入一条与主链双向锚定的侧链,可实现跨链资产转移。

2015 年,比特币闪电网络(Lightning Network)采用哈希时间锁机制,实现了比特币链下快速交易通道。

2016 年,BTC Relay 方案发表,基于中继跨链方案实现了比特币到以太坊的单向跨链连通。

2016 年,维塔利克·布特林发表论文《链的互操作性》(Chain Interoperability),对区块链互操作问题做了全面和深度的分析。

2017 年,Polkadot 和 Cosmos 第一次提出了建设跨链网络基础平台的方案,目前这两个项目正在开发过程中。

2019 年,ArcBlock 提出去中心化身份技术跨链的链网架构 ABT 链网。

图 3-1 跨链技术发展时间表

所谓跨链，是两个相对独立的区块链账本间进行资产互操作[1]的过程。

单一的区块链网络是一个相对封闭的体系，不会主动与外界发生交互，每条链的资产也都是作为一个独立的价值体系而存在。致力于实现链与链之间资产互操作的跨链技术，能终结各个区块链自成体系、分裂割据的局面，在一座座价值孤岛之间搭建桥梁，使链与链之间可以互联互通，实现价值流通，从而形成整个区块链的价值互联网。

在阐述跨链意义之前，我们不妨先回顾一下计算机网络的发展历程，这也许会对我们有重要启示。1969年投入运行的ARPANET[2]是计算机网络的鼻祖，当时由于大部分计算机互不兼容，且传输速度极慢，计算机网络多以局域网的形式独立存在，彼此难以联通。直到20世纪80年代去中心化的TCP/IP协议逐渐成熟，计算机网络才逐渐被建立起来。到20世纪90年代，超文本传输协议、万维网协议为互联网奠定基础，网络浏览器的出现让互联网走向大众，这才带来了现在互联网的繁荣。

---

[1] 互操作原指不同系统或模块之间进行信息交互和使用的能力，在区块链领域是指两条区块链之间进行资产转移、支付或者信息交互的能力，而这些通过引入第三方并且在不改变原生链的前提下是可以做到的。

[2] ARPANET，全称为Advanced Research Projects Agency Network，即高级研究计划局网络，通称阿帕网，是美国国防高级研究计划局开发的世界上第一个运营的数据包交换网络，是全球互联网的鼻祖。

目前的区块链世界就好比20世纪60年代的单机时代，链与链之间高度异构化，彼此难以互通，所有的数据和服务都局限于孤岛般的区块链中。在未来，所有的区块链系统能通过某一标准化跨链协议链接起来，那时众多的区块链系统就能协同工作，为更多的用户、更多的服务提供支撑（见图3-2）。跨链技术的成熟与普及或将引爆区块链网络的繁荣。不同的是，互联网是信息自由流通的网络，而区块链跨链形成的则是价值自由流通的网络。

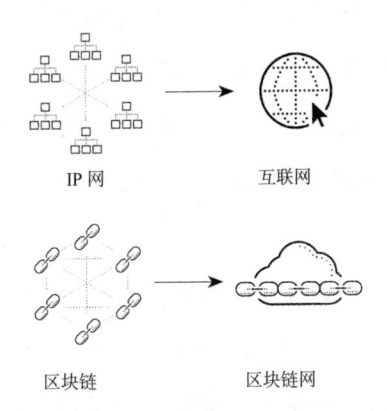

图3-2 IP网、区块链都会最终编织成网

早在2016年9月，以太坊创始人维塔利克·布特林为R3区块链联盟撰写了《链的互操作性》报告[①]，首次系统阐述了当时跨

---

① https://www.r3.com/wp-content/uploads/2018/04/Chain_Interoperability_R3.pdf.

链技术的状况,并列举了 5 种典型的应用场景。

数字资产跨链转移。数字资产"真正"实现跨链转移的可能性几乎为零。以比特币和以太坊为例,比特币是基于 UTXO 的交易模式,而以太坊是账户模式,根本不可能把一枚比特币转移到以太坊的网络上。

这种跨链资产转移需要采用锚定资产的方式,例如,现有 A、B 两条链,需要把资产 X 从 A 转到 B,如果 X 是 A 链的资产单位,那么它在 B 链上是不可能存在的,为此 B 链需要为资产 X 定义一个特殊的锚定资产,姑且称之为 tX。每当 A 链需要转移一定数量的 X,就需要把这些数量的 X 冻结或销毁(取决于技术设计),同时在 B 链解冻或产生相对应数量的 tX。比如,包装比特币(WBTC)这种跨异构链的资产转移实际上都是通过这种设计实现的。

跨链资产原子交换。跨链资产原子交换就是,在两条链上交易的双方各自拥有两条链的账户,并且同时在两条链上各自完成资产的转移,但原子交换保证两条链的资产转移要么全部按计划成功,要么全部不成功,相当于资产没有任何变化(见图 3-3)。

这看起来是件很简单的事情,但实际上要实现跨链的原子交换并不是那么容易,尤其在异构的区块链之间更为困难。但这常常是一种切实的需求。中心化的数字货币交易所实现的不同币种

图 3-3　比特币和莱特币跨链原子互换的设想

交易并不是原子交换，原子交换要求没有任何中间人。

跨链状态读取。这个问题有时候会被轻视，但实际上这是一个相当困难的技术问题，并且常常是实现其他几种应用的基础。区块链的共识算法费这么大力气，本质上就是要实现区块链上各个节点状态的确定性，也就是在任何一个节点上读取某个状态（例如一个账户的余额），结果都是确定的。但一条链上的共识算法只能对该链范围内的节点有效，而获取其他链上的节点状态时就会出现新的问题。

问题的关键是，如何能信任数据的提供者。这里存在很多难题，另一个链上的节点可能是不安全的，或者处于未形成共识的状态，或者通信被篡改等。这里可以看到，区块链设计和传统的计算机系统设计有一个根本的区别：传统计算机系统首先默认环境是安全的，其他部件是可靠的；区块链应用中，首先默认其他部件是不可靠的，环境可能是恶劣的。

侧链技术其实就是这样一种能获取另一条链上状态的技术。由于"侧链"这个名字显得不够重要,有很多人会误认为这是一种不够重要的技术,这也在一定程度上体现了名字的重要性。就某种角度而言,以太坊和其他能编程扩展的区块链在理论上可以成为各种其他链的侧链。当两条链互为侧链时,这两条链就能有效地跨链。

跨链资产抵押锁定。它其实和"数字资产跨链转移"以及"跨链状态读取"这两种场景相关。跨链资产抵押是要求一些资产在 A 链上被"冻结"抵押,这样才能在 B 链上完成特定的动作。例如,在"数字资产跨链转移"的场景中,采用冻结方式来实现的时候,B 链就需要能完成以下两点:第一,跨链冻结或解冻 A 链上的资产;第二,跨链读取 A 链上的冻结状态。

跨链智能合约调用。跨链智能合约可能是目前看来最具有难度的一种应用,我们迄今为止还没有看到过真正意义上的跨链智能合约得到实现。

理想丰满,现实骨感。迄今为止,维塔利克·布特林划分的五大类跨链应用中,大部分依然没有得以实现与普及。

2019 年 8 月,专注于跨链技术的 Cosmos 项目发布了行业期待已久的 IBC 规范(V1.0.0-rc3)[①]。IBC(Inter-Blockchain

---

① https://github.com/cosmos/ics。

Communication）是指 Cosmos 的"链间通信协议"。顾名思义，Cosmos 希望像当年 TCP/IP 协议栈一样能构建一组标准化协议来统一解决跨链的问题。这是一个非常美好的愿望，但正是因为其目标是设计一个相当底层的协议，其进展远低于预期。此次发布的是一个规格需求说明书，即使是第一个测试版本，目前来看要实现仍需时日。

另一个被业内关注的是 Polkadot 项目。Polkadot 创始人加文·伍德是以太坊黄皮书的作者，也是以太坊虚拟机以及 Solidity 语言的创建者，据说他也是将以太坊的原初"可编程货币"愿景扩展至"世界计算机"的推动者。当再次创业时，他选择创建了跨链项目 Polkadot，而没有去再做一个"更好的以太坊"，这从一个侧面反映出跨链方向的前瞻性和重要性。

ArcBlock 本身并非定位为跨链技术的项目，但在 ArcBlock 的愿景中，能产生大量独立又互联的区块链是一个基础，因此能支持高性能、高可用性、去中心化的跨链是一个基本需求。不同于 Cosmos、Polkadot 的通用异构跨链的宏伟目标，ArcBlock 的链网和跨链采用了更为"实用主义"的简化设计策略。ArcBlock 支持的跨链实际包以下两部分。

开放链访问协议（Open Chain Access Protocal，缩写 OCAP），即采用相同的接口去访问不同的区块链。在过去的媒体报道中，业界常常把开放链访问协议误认为是跨链。严格而言，这并不是一种跨链协议，因为链和链之间并没有交互，而是在应用层可以通过统一的接口去访问不同的区块链。这样的统一设计极大便利了应用开发者。

跨链资产原子交换协议，这是一个真正意义上的跨链协议，但有两个前提。首先，任何参与跨链的链都必须是基于 ArcBlock 区块链框架创建的区块链，虽然这些链本身可能不是完全同构的，但必须支持相同的底层协议。其次，这种跨链协议所支持的仅限于符合特定协议的数字资产，而不是任意的数据，也不支持智能合约的跨链执行。

三种主要的跨链实现方法

1. 公证人机制：中心化或多重签名的见证人模式，见证人是链 A 的合法用户，负责监听链 B 的事件和状态，进而操作链 A。其本质特点是完全不用关注所跨链的结构和共识特性等。假设 A 和 B 是不能互相信任的，那就引入 A 和 B 能够共同信任的第三方充当公证人，作为中介。这样的话，A 和 B 就可以间接互相信任。具有代表性的方案是 Interledger，它本身不是一个账本，不寻求任何的共识，相反它提供了一个顶层加密托管系统，并称之为"连接者"，在这个中介机构的帮助下，资金在各账本间流动。

2. 侧链/中继：区块链系统本身可以读取链 B 的事件和状态，即支持简化支付验证（Simple Payment Verification，缩写为 SPV），能够验证区块头、默克尔树上的信息。其本质特点是必须关注所跨链的结构和共识特性等。一般来说，主链不知道侧链的存在，而侧链必须要知道主链的存在；双链不知道中继的存在，而中继必须要知道两条链。

3. 哈希锁定：在链 A 和链 B 间设定相互操作的触发器，通常是个待披露明文的随机数的哈希值。其本质特点是哈希时间锁定合约（Hashed TimeLock Contract，缩写为 HTLC），即通过锁定一段时间猜哈希原值来兑换支付的机制。哈希锁定起源于比特币闪电网络，闪电网络本身是一种小额的快速支付手段，后来它的关键技术哈希时间锁合约被应用到跨链技术上来。虽然哈希锁定实现了跨链资产的交换，但它没有实现跨链资产的转移，更不能实现这种跨链合约，其应用场景相对受限。

链网崛起，与公链思维分道扬镳

自 2017 年起，区块链发展进入以技术落地为方向、以去中心化应用（详见第 5 章）为核心的 3.0 阶段，涌现了大量新的区块链项目和方案。它们中绝大多数都定位于公链，沿着以太坊在区块链 2.0 时代开辟的"世界计算机"方向，聚焦单条区块链以 TPS 为主要指标的性能提升，进行各种设计探索。这些新生的公链性能并未获得实质性提升，其技术架构各异，互不联通，让有意选择底层区块链平台进行应用开发的开发者和企业无所适从。

EOS 过度宣传导致的公链 TPS 大战

区块链进入 3.0 时代，针对比特币每秒 7 笔、以太坊每秒几十笔的 TPS 无法支撑更丰富多样的应用的瓶颈，业界涌现了大量公链项目，提出了各种提升 TPS、改善区块链网络性能的设计方案，其中以 EOS 提出的达到百万级 TPS 目标最为醒目。

EOS 在白皮书[①]中表示能达到百万级的 TPS，为此引入了借鉴股权制度的授权权益证明共识机制，通过投票选出 21 个超级节点来开展 EOS 网络治理。EOS 把出块速度缩短到 0.5 秒/块的同时，还将原先的随机出块顺序改为由超级节点商议后确定的固定出块顺序，以便连接延迟较低的超级节点之间可以相邻出块，并且每个超级节点连续生产 6 个区块，使得 6 个区块能够有足够的时间传递给下一个超级节点。

然而，即使在如此中心化的规则下，EOS 从未达到百万级 TPS 的目标。目前，EOS 主网经确认最快 TPS 为 3 996，而在 2019 年天猫双十一狂欢节，支付宝自主研发的分布式数据库 OceanBase 每秒处理峰值达到 6 100 万次。自 2018 年 6 月 15 日主网上线以来，EOS 出现了超级节点互相投票、抱团竞选的勾结现象，频发安全漏洞、治理问题，让业界对"EOS 成为中心化倾向严重的伪公链"的预言成真。由 EOS 开启的一味追求高 TPS 的公链竞赛，为区块链技术和行业的健康发展带来了一定的消极影响。

[①] https://github.com/EOSIO/Documentation/blob/master/TechnicalWhitePaper.md/.

其实，今天真正制约区块链应用繁荣的主要问题并不是链本身 TPS 性能低下。就应用开发运营的实际情况来看，目前只需几千或上万的 TPS 便足以支撑起几百万甚至上千万的日活用户。只要架构设计合理，当前的区块链性能还是能够满足去中心化应用目前的需求的。

目前，我们看到的大部分公链的主流设计，好比全世界只通过修一条公路来解决各种交通运输问题，比起只能跑马车的路，可以跑各种车辆的公路无疑是很大的进步，但车辆多了，公路很快就拥堵不堪。业界提出的很多性能提升/分片技术、跨链/侧链等所谓的"第二层"设计仍未摆脱单链的思路。提高性能的思路相当于给汽车提速，把公路修得更好、更宽，这样车速更快、车流量更大，但这会碰到"天花板"。分片的扩容思路就相当于修更多条路，辟更多个车道，但车道不可能无限拓宽，而且多车道仍然会堵塞，产生的问题比单车道更复杂，因为要协调多条路与多个车道的问题。我们观察现代大都市复杂的立体交通网络，就能理解为什么以太坊的分片技术迟迟难以推出，因为仅仅是分片技术无法解决复杂的立体交通状况。

因此，要解决效率问题，不能只靠公链，必须发展立体的网络。公链是需要的，但绝不可能仅此一条，倘若所有应用都在这条链上跑，那么路再宽、车道再多也不行。要形成立体交通网络：既需要高速公路网，又需要本地的交通网络；既需要免费的公路，又需要收费的高速和私家车道。最重要的是，这些交通网络必须有一个综合平台来协调指挥，才能有效利用路网资源，发挥最好的综合性能。未来的信息社会发展也是如此，必然会和"公链为王"的单链思维分道扬镳，采纳跨链互联、织链为网的区块链网络——链网，即通过跨链技术来链接不同的公链、私链/联盟链、公开许可链或者应用链等各类区块链，实现价值互通。

不少刚刚接触区块链的用户常常会纠结：应用区块链技术解决自己的业务需求痛点时，究竟选择公链还是联盟链？其实不妨想一下，我们现在上网是只能上企业或行业内部局域网，还是只能上互联网？我们现在的交通出行是只能走高速，还是只能走本地小道？答案不言而喻：我们上网时上的是由海量采用相同协议互联互通的小网络接入形成的互联网；我们出行时，只要是能到达目的地，什么路都可以走。所以，答案很简单：两者都需要，但我们需要所采用的区块链技术能够互联互通，形成链网。

链网——区块链技术发展的主流

区块链发展到今天，形成了公链、联盟链/私链、链网这三大架构流派。仍以计算机发展史来类比：公链相当于当年的大型计算机，直到今天，IBM 大型机已更新换代，充满科技感，仍然在特定行业为满足特定需要而运转，难怪当年 IBM 董事长曾断言全世界只需要 5 台计算机；联盟链和私链如同蓬勃发展的个人电脑产业带来的局域网、专用网系统。政府、大企业等拥有充分资源的机构更是组建起自己的专有网络，连接多个大楼甚至城市。

今天的区块链行业，如同当年互联网尚未降临的计算机领域，几乎所有公链都指望"赢者通吃"，所有联盟链都打算"占山为王"。然而，借鉴从电信网到互联网的发展历史，我们相信新生的链网架构代表着区块链技术的发展方向和主流（见图 3-4）。

进入 2019 年，链网架构在行业崭露头角，并且越来越受关注。目前，ArcBlock、Cosmos（原 Tendermint）和 Polkadot 是在全力研发链网架构领域技术全球领先的三个项目（见表 3-1）。

在如何实现跨链互联互通方面，目前各家的技术解决方案可谓八仙过海、各显神通，但基本的设计和目的是类似的。而且，这些不同的跨链技术本身都体现出对其他技术的互联互通性，理论上它们互相兼容、可联通——这与传统公链的"各自为政"形成鲜明对比。

以 Tendermint 团队为核心团队开发的跨链项目 Cosmos 定义

```
        ┌─────────────┐              ┌─────────────┐
        │   电信网    │              │   互联网    │
        │   互联网    │  ──→         │   电信网    │
        └─────────────┘              └─────────────┘

        ┌─────────────┐              ┌─────────────┐
        │   互联网    │              │  区块链网   │
        │   区块链    │  ──→         │   互联网    │
        └─────────────┘              └─────────────┘
```

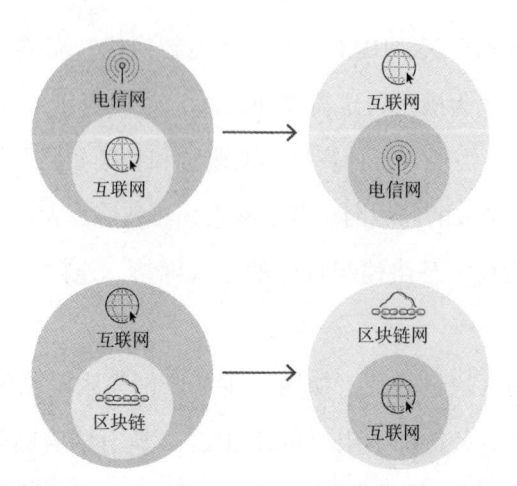

注：直到今天，互联网并没有完全取代电信网，但其价值已远大于电信网。然而，在 20 年前，互联网在电信运营商眼里不过是一项"增值数据业务"。电信网、广电网、互联网"三网合一"的"融合通信"曾经是业界热议 10 多年的目标，如今却以互联网融合一切悄然成为现实。今天的区块链网络基于 P2P 协议基础，因此在很多人眼中，它只是互联网承载的一块"小业务"，正如过去互联网长于电信网并将其包容一般，我们相信未来区块链网络将大于并包容互联网。

图 3-4　电信网—互联网—链网

了 IBC，允许使用 Cosmos SDK 开发的相同结构的区块链以及代理链（遵守原链和 IBC 通信标准），以 Zone 的形式与 Hub 这一中间枢纽连接通信，实现链与链的互联互通，最终形成宇宙星云式链网结构。

ArcBlock 链网中所有的链都是平行空间的设计，用去中心化身

表 3–1　ArcBlock、Cosmos 与 Polkadot 技术对比

	ArcBlock	Cosmos	Polkadot
框架	ArcBlock Framework	Cosmos SDK	Substrate
协议	OCAP	IBC	Polkadot
共识	工作量证明	权益证明	权益证明
通证	ABT	ATOM	DOT
发布时间	2019 年 3 月 30 日	2019 年 3 月 14 日	2020 年（预计）
实现语言	Erlang/Elixir	Go	Rust
SDK 语言	Javascript/Node.js、Python、Erlang/Elixir、Swift/Objective-C/IOS、Java/Android	Go	Rust、Javascript
RPC 协议	gRPC、GraphQL	JSON RPC	JSON RPC
支持异构链	可支持	可支持	可支持
异构链	比特币、以太坊	以太坊	暂无
链网支持数量	理论上没有限制	理论上没有限制	数百条（1.0 版，计划未来可支持更多）

注：三家平台最大的共同特点是"织链成网"。ArcBlock 的 ABT 链网和 Cosmos 主网相继在 2019 年第一季度发布，均已宣布可以支持无限条链的自由组网，Polkadot 计划第一版能支持高达约 100 条链的链网（而之前的白皮书表示支持数百条链），并在 2020 年发布第二版后才能支持更多的链加入。

份来实现链与链的互联和通信（见图 3-5）。ArcBlock 链网中，链和链之间的通信没有采用必须通过中间人的"中继"或 Hub 进行的设计，更为去中心化，组网更为自由。链网的每条链专注于唯一功能，各司其职又互相配合，并且能与比特币、以太坊公链等通过 GraphQL API 查询交互。多个"应用链"结合若干"服务链"和"资产链"组成的链网是主流，也是 ArcBlock 所看到的前景所在。

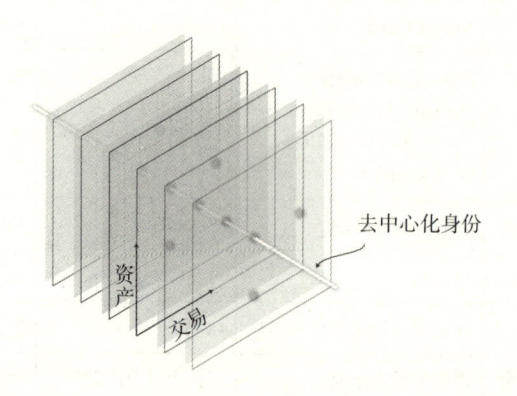

注：通过去中心化身份技术，用户可以统一控制一组在不同链之上的数字身份。去中心化身份的特性使得每条链上的去中心化身份地址都是独特的，因此不会暴露这些去中心化身份来自同一个用户，而数字钱包技术能方便地管理这一连串的地址和其对应的密钥。在逻辑上相当于用户的身份跨越了多条链。

图 3-5　去中心化身份在链网结构中的作用

Polkadot 采用平行链 + 中继链来实现跨链，与以太坊 2.0 设计有一定的相近之处。Polkadot 的设计特点是其中继链相当于一种类型的公链，中继链上的验证节点会提供接入中继链的平行链上交易的验证，这样相当于这些平行链的安全性是由节点更多、更去中心化的中继链来保障的，这种设计被称为"共享安全性"模式。相比之下，ArcBlock 和 Cosmos 的设计要求每个应用链（相当于"平行链"）自己维护自己的安全性。

值得一提的是，企业联盟链 Hyperledger Fabric 在类似链网架构方面的设计思路相当超前。当各家公链还在"你方唱罢我登场"之时，Hyperledger Fabric 从其 Fabric 这一取名上就体现了多链交织设计的特色。Fabric 的设计目标是联盟链环境，类似多链，这主要体现在其一个应用中采用通道的方式切分出多个互相隔离的账本的设计，但 Fabric 的通道的实现完全基于同一个区块链，并没有真正实现跨链通信。据我们了解，企业在使用 Fabric 开发应用时，通道是一个非常受欢迎的特性，正因为它提供了这种类似多账本多链跨链的能力。然而，当系统采用多个 Fabric 系统或者多个基于 Fabric 开发的系统需要互联互通的时候，目前的通道设计对此是无能为力的。

多链互联设计的另一个好处就是，不再需要去区分公链、私链和联盟链，不必陷入许可链和无许可链这些"名词之争"。当各条链可以有效互联，必然有一部分是公共的，而有一部分是私有或者联盟的，必然有需要许可的，也有不需要许可的，正如今天的互联网一般。

无论上述哪一种技术，其基本思路都和现在的一条公链搞定一切的单链设计思路截然不同。无论从技术发展趋势来看，还是从去中心化程度本身来分析，我们都有理由相信，链网是未来去中心化世界的趋势，2019 年正是这一共识形成的分水岭。

第 4 章 区块链时代的标志——去中心化身份

随着区块链相关的解决方案层出不穷，人们开始意识到，如果真的要让区块链项目商业可用，身份是一个不得不解决的问题。如果没有一个安全可行的用户身份管理方案，区块链应用将是空中楼阁。

什么是"身份"

提到身份，我们自然会想到身份证、户口本、驾照等一系列证明"你是你"的文件。确实，在当今世界，一个人没有身份就无法拥有银行账户，无法获得社会福利，无法行使受教育的权利，更谈不上参与政治生活。据世界银行 2018 年数据统计，全球有 10 多亿人口没有合法身份，[①] 基本与现代社会正常生活绝缘。

按照国际标准组织的定义，身份是"与某一实体相关的属性

---

① https://id4d.worldbank.org/global-dataset.

集"，而这一实体可以指人、机构、应用或设备。本文讨论的以人和机构为主的身份，其信息主要由属性、关系和代理三个方面构成。

- 属性包括生理属性和社会属性，例如你的出生情况、教育背景、金融借贷历史、医疗记录等。
- 关系往往指社会关系，比如你是哪国公民，受雇于什么公司，亲属朋友是谁。
- 代理指的是受你委托的民事代理，如律师、房地产经纪人等，以及你使用的手机应用、云计算服务等互联网服务。

同时，身份也是由不同参与方的声明和可验证声明等动态行为形成的。

- 声明往往是个人或机构对自己身份的声称和主张，例如，"我是比特币，2009年1月3日出生"。
- 可验证声明包括证明和认证。证明是指为声明提供证据的某种形式的文件，通常对个人来说是护照、出生证和公用事业账单的复印件，对于公司来说则是一堆公司章程、营业执照等注册文件。认证是指第三方根据其记录来确认声明是真实的。例如，一所大学可以证明某人在那里学习并获得了学位。来自权威第三方的认证要比能够伪造的证明更有说服力。

数字身份的演变

时至今日，全球有近 2/3 的人连接上网，各种丰富的互联网应用和服务通过各种计算机设备将我们的数字生活和现实生活融合在一起，并让我们用以前无法想象的方式与数以百计的企业与机构、数以千计的其他个人用户时时刻刻进行互动。在这种互动当中，连接映射线下本体到线上，并由计算机自动验证和处理的数字身份的便捷性和重要性日益凸显。麦肯锡 2019 年 1 月发布的一份关于数字身份的研究报告披露：如果普及并正确实施数字身份，将有 78% 的低收入国家的非正规从业人员受益，通过政府服务、社会保障的精简，将能节省 1 100 亿小时的时间，产生的经济价值相当于一个典型新兴经济体 GDP 的 6% 或一个成熟经济体 GDP 的 3%。

不过，在 30 年前万维网诞生之初，并没有在其底层协议进行数字身份的设计，所以有了一幅著名的漫画，题为"在互联网上，没人知道你是一条狗"，它非常生动地描画出 20 多年前互联网刚刚走入寻常百姓家时，人们尽享在网上冲浪的快乐。

你可能从来没有拥有过你的"账户"

最早的数字身份就是大家耳熟能详的互联网传统账户模式。

当你使用论坛、社区、电商、游戏等各种不同的应用和服务时，你必须向这个系统注册申请一个账户，然后用用户名和密码来登录使用（见图4-1）。实际上，这个过程是你把自己的身份信息提供给每个服务商，由服务商创建了账户，然后把这个账户借给你用，你所有的数据都存储在服务商的服务器上，根据你签署的用户协议，你的账户和数据在法律上也归属于服务商。

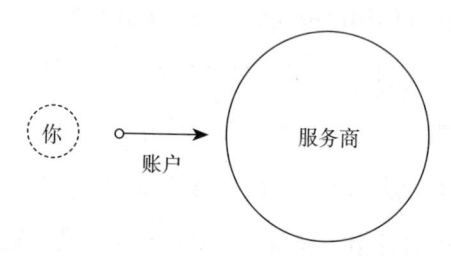

图4-1　用户向中心化服务商注册申请账户

但计划赶不上变化，有时是惯用的用户名在某个网站不可用，有时是密码的设置要求发生改变，导致不能使用同一个密码。这一身份模式带来了用户体验问题：每个应用服务都要创建账户，账户越来越多，管理起来实在是太麻烦了。

与此同时，在每一个网站上，我们都有一个账户ID。我们之所以把这个账户ID称作"中心化"，是因为对应的网站掌握了验证用户名和密码的权力。换句话说，你必须在网站上输入自己对应的用户名和密码，通过验证，才能享受用户的权利。

登录服务提供商

面对上述问题，人们创建了第二种数字身份的模式——登录服务提供商，又被称为单点登录。

与前一种模式不同的是，单点登录是你把数据上传至某一个登录服务提供商的中心系统，经你授权，由它把你的数据提供给第三方（见图4-2）。目前，大家都普遍接受微信、脸书等大平台提供的账户单点登录各种不同的应用服务，使用起来非常方便。这看起来是一个不错的解决方案，我们登录新网站的时候再也不用重复输入用户名、密码等，只需要轻轻一点或扫描二维码，就可以通过一个第三方账户登录（见图4-3）。

图4-2 登录服务提供商提供一键登录其他平台的便利

但这个方案不过是将验证用户名和密码的过程从之前的网站转移到了登录平台上，也就是说，离开了登录平台，我们就无法登录目标服务商。而且，单点登录使我们在各个网站留下的记录通过一个共同的登录平台被串联在了一起。根据这些数据记录，第三方可以生成更详细的用户画像，甚至利用机器学习和大数据分析挖掘出更多隐含的信息，由此带来的数据隐私泄露和滥用的风险日益增加。

图 4-3　单点登录示例

实践中，这一数字身份模式出现的问题大致有以下两种。

第一，隐私泄露。全球第一大社交平台脸书的日活跃用户占世界人口的 1/5，许多用户通过脸书账户单点登录许多外部服务的时候，脸书并没有保护好用户隐私，而是把各种各样的社交信息全部提供出去，导致脸书仅在 2018 年一年就泄露了 8 700 万用户信息，英国剑桥分析公司未获授权搜集 5 000 万脸书用户信息用于精准投放政治竞选广告，只是其中的一例。

第二，限制封锁。与上述例子相比，微信登录似乎刚好相反。当你使用微信账户登录任何一个第三方应用时，不论你怎么授权，微信提供的信息都极为有限，极端的例子则是彻底封锁，例如用户无法使用微信或 QQ 账户登录使用今日头条旗下的抖音。

无论是互联网传统账户还是单点登录，这两种数字身份从技术和法律上从来都不属于用户自己。随着用户数据被泄露和滥用的痛点日益凸显，让每个人在数字世界都有权拥有并控制自己的身份，数字身份信息能够被安全存储，隐私能够得到保护，已成为人们日益强烈的刚需。

去中心化身份

一般来说，我们需要一个第三方来验证用户名和密码互相匹配，从而证明我们是账户的持有人。去中心化身份的特别之处在于，它让账户持有人可以自证身份，不需要任何登录平台或第三方（见图4-4）。去中心化身份利用区块链技术实现让数字身份真正为用户所拥有并支配，就像我们把身份证、护照、户口本这些纸质文件放在自己家里小心保存，只有在需要的时候才拿出来一样，不再有任何中间人（即使是去中心化身份技术供应商）接触、拥有、控制用户的身份和数据。

图 4-4　去中心化身份是用户通过点对点的连接建立维护身份

去中心化身份技术实现的去中心化身份的体验和用途与传统的数字身份截然不同。首先，你将不止有一个去中心化身份，而是依据身份场合需要的不同拥有无数不同的去中心化身份，每一个去中心化身份都给你一个单独的、终生加密的私密渠道与其他个人、组织或事物交互沟通，因此你能更好地选择自己的身份来交流，更好地保护自己的隐私，传统互联网的"人肉"现象将不会再发生。其次，去中心化身份将不仅可以用来证明身份，而且可用来交换可验证的数字证书。最后，最棒的是，每个去中心化身份直接登记在区块链或分布式网络上，无须向中心化注册机构申请（见图 4–5）。

图 4–5　使用 ArcBlock 的去中心化身份登录服务

以上三种方式，我们用一张表来比较可以一目了然（见表4–1）。

表4–1 三代数字身份技术特性对照表

身份模型			
技术	• 身份、密码 • 多重身份验证 • 登录服务提供商	• OAuth • OpenID • SAML	• 分布式账本技术 • 密码学
特性	• 身份分散在许多平台中 • 企业掌握用户数据 • 中心化数据使网络攻击易如反掌	• 减少登录凭证碎片 • 用户数据分散在许多平台中 • 平台掌握用户数据 • 中心化数据使网络攻击易如反掌	• 身份可以轻松地跨平台 • 用户信息存在用户钱包或安全的云端 • 对于网络攻击，去中心化数据限制了数据曝光 • 用户控制自己的数据

去中心化身份的技术实现

去中心化身份强调身份的持有者对身份及其相关的数据信息拥有自主控制权，而关于技术上怎么实现，万维网联盟2019年1月起开始制定相关数字身份技术标准（见表4–2）。

表 4-2　W3C DID 的目标

目标	陈述
去中心化	消除身份标识管理中对中心权威或单点故障的需求，包括注册全局唯一标识、公共验证密钥、服务端点和其他元数据等
控制	赋予实体（包括人类和非人类实体）直接控制数字身份标识的权力，而无须依赖外部机构
隐私	使实体能够控制其信息的隐私，包括对其属性或其他数据的最小化、有选择性的、逐步的披露公开
安全	为依赖方提供足够的安全性，以使其依赖去中心化身份标识文档获得所需的安全保证级别
以证明为基础的	与其他实体进行交互时，让去中心化身份标识主体能够提供加密证明
可发现性	让实体可以发现其他实体的去中心化身份标识，以更多了解它们或与它们进行交互
互操作性	使用可互操作的标准，以便去中心化身份标识基础结构可以利用现有为互操作性设计的工具和软件库
可迁移性	确保独立于任何系统和网络，让实体能够在支持去中心化身份标识和去中心化身份标识方法的任何系统上使用其数字身份标识
简单性	支持一组数量较少的简单功能，使该技术更易于理解、实施和部署
可扩展性	在可能的情况下，启用可扩展性，前提是它不会极大地妨碍互操作性、可迁移性或简单性

注：万维网联盟去中心化身份工作组发布去中心化身份 1.0 版的第一个公开工作稿本中提出实现去中心化身份的明确目标。

去中心化身份标识包括两个部分：地址和密钥。地址对应的是用户名，密钥对应的是密码。正是地址和密钥使得让账户持有人自证身份成为可能，其关键在于地址是通过某种加密算法从密钥中算出来的。本书在此不详细展开加密算法的具体实现。简单来说，加密算法使得地址和密钥有以下两个特点。

- 通过密钥算出地址很简单，但通过地址几乎不可能反推出密钥。所以，只要我们保管好自己的密钥，别人就无法通过地址获得我们的密钥。
- 加密算法还有配套的验证算法：我们用密钥进行某种计算，然后把结果展示出来，这样别人可以通过这个运算结果判断我们的地址与密钥是否匹配，却无法通过运算结果反推密钥。

我们用 DNA（脱氧核糖核酸）、指纹、护照号码来区分每个人，去中心化身份让数字世界里的每样事物都有了自己的身份、自己的"指纹"。

另外，任何事物都可拥有去中心化身份。是的，凡是能抽象成数据的事物都可以有自己的去中心化身份，不光是人，证书、证件、电影票、农产品等都可以有。甚至抽象的关系也可以有去中心化身份，比如你对房子的所有权或者你和朋友的关系。如果是这样，去中心化身份会不够用吗？理论上来说不会。原因很简单：去中心化身份太多了。多到什么程度呢？假设你有 10 亿个朋友，每个人每秒钟可以生成 10 亿个地址，需要比整个宇宙寿命还长的时间才会有重复的地址出现。

去中心化身份和区块链

实现一个用户能自主创建、完全去中心化的身份管理，是远在区块链诞生之前，坚持互联网"去中心化"初心的极客和专家一直追求的目标。然而，OpenID 等多个解决方案之所以未能奏效，是因为它们在技术上永远绕不开认证中心。一旦需要这个认证中心，就说明方案背离了初衷，而且因为涉及中心的认证，不仅存在隐私和安全问题，多个主体间的去中心化身份也是互相隔断的。

区块链的出现恰恰解决了中心化身份最大的问题。区块链技术难以篡改、哈希加密的特性，让建立标识唯一、人皆可信、去中心化运维的身份系统得以实现。今天，无处不在的移动网络服务能够让人们一直保持在线状态，智能手机的普及使得几乎人人都像是随身携有一台计算能力强大的电脑，近两年 O2O（线上到线下）的成熟让扫描二维码成为最常见易行的用户行为。这些互联网技术进步和模式演变又让去中心化身份能够实现流畅良好的用户体验。

2019 年 5 月 13 日，微软发布了一个名为身份覆盖网络的去中心化身份网络的早期预览版。这并不是巨头公司第一次涉足去中心化身份领域。早在 2018 年，IBM 就在官网上发表了有关去中心化身份将取代现有用户验证方式的博文。[①]迄今为止，市场上 ArcBlock 发布的 ABT 钱包、Civic 以及 uPort 都包含此类产品。

> **去中心化身份探路有先锋**
>
> 截至目前，万维网联盟已经开始制定去中心化身份的规范，业内的一些先锋，如 ArcBlock、uPort、Civic、Sovrin 等都已经围绕 W3C DID 规范的草案各自推出了去中心化身份方案，探索迎接独立数字新世界的曙光降临。
>
> 曾引发区块链项目首次公开发行热潮的 ERC20 通证标准的提出者法比亚·福格尔斯特勒提出了 ERC725 以太坊链上身份标准。该合约中包含一个加密签名，证明该合约所有者控制对其身份的特定声明，例如电子邮件或电话号码。
>
> uPort 是 ConsenSys 团队开发的、构建在 ERC725 标准之上去的去中心化身份钱包。通过 uPort，用户可以在以太坊上创建身份，安全登录去中心化应用，管理个人信息和认证、签署以太坊交易以及数字签名文件。uPort 已经与瑞士楚格州合作，为当地居民提供数字身份证，通过区块链将真实世界的身份与互联网世界的身份联系起来。
>
> Civic 项目由连续创业者文尼·林厄姆领导，是一个基于以太坊的身份验证去中心化应用。用户需要在 Civic 平台验证自己的身份，之后请求接收方（例如销售服务的公司）接受该用户为客户。为此，验证者通过交叉引用政府数据库的文档验证用户的声明。一旦验证者证

---

① https://www.ibm.com/blogs/blockchain/2018/10/decentralized-identity-an-alternative-to-password-based-authentication/.

实了用户的身份，他们就用默克尔树根值来认证这段信息，而默克尔树就将用户的声明作为默克尔树的叶子节点。

基于 Hyperledger 联盟链开发的去中心化身份解决方案 Indy 为发布、保存和验证凭证提供了一个分布式的平台，由 Evernym 公司和 Sovrin 基金会共同贡献源代码。Sovrin 基金会组织了基于 Indy 的最大的生产网络，加拿大不列颠哥伦比亚省是第一个将生产用例部署到 Sovrin 网络的省份，Evernym 和 IBM 等其他公司正在向市场推出相关商业解决方案。

ArcBlock 则向万维网联盟提交了 DID:ABT 协议，在其专为去中心化应用开发部署服务的 ABT 链网，ArcBlock 区块链开发框架设计开发底层贯穿支持去中心化身份技术，更好地解决用户隐私保护、资产安全和用户数据主权问题。

虽然有很多第三方围绕去中心化身份展开研发，但它们的方案各有异同。如果未来 W3C DID 的规范形成标准，那就意味着这些不同厂商的去中心化身份互相之间是"互联互通"的，而不是像过去的身份方案各不相让、互相竞争，这就将为全世界的用户带来一个前所未有的福音。例如，用户在 ArcBlock 上的去中心化身份前缀为 did:abt，如果微软的服务遵循标准，那么 ArcBlock 平台上的所有用户无须额外注册登记，就可以直接访问微软的服务，并且可以把原来在 ArcBlock 平台上取得的基于去中心化身份的证书、票据等可验证证书直接用于微软的系统，反之亦然。这一愿景实现时，将真正出现"天下大同"的全新局面。

可验证证书

去中心化身份为用户提供了一个更好的自主身份，下面我们来介绍它可以被用来做什么。去中心化身份一个最直观的用途是登录，另一个用途就是实现更好的数字证书体系。

数字证书在互联网时代很常见，网页浏览器的安全连接 https 就依赖数字证书技术来保证用户安全访问互联网。

数字证书，又称身份证书或者公开密钥认证。维基百科对它的定义和解释是：数字证书是"用于公开密钥基础建设的电子文件，用来证明公开密钥拥有者的身份。此文件包含了公钥信息、拥有者身份信息（主体）以及数字证书认证机构（发行者）对这份文件的数字签名，以保证这份文件的整体内容正确无误。拥有者凭此文件，可向电脑系统或其他用户表明身份，从而获得对方信任并授权访问或使用某些敏感的电脑服务。电脑系统或其他用户可以透过一定的程序核实证书上的内容，包括证书是否过期，数字签名是否有效，如果你信任签发的机构，就可以信任证书上的密钥，凭公钥加密与拥有者进行可靠的通信"。

简而言之，认证机构用自己的私钥对需要认证的人（或组织机构）的公钥和相关信息进行数字签名并生成证书，即证书的本质就是对公钥施加数字签名。

这听起来是不是有些耳熟呢？当然，这不正是去中心化身份的实现方法吗！在去中心化身份之前，无论是中心化的身份系统，还是登录服务提供商的单点登录系统，一般而言，用户ID都只是其系统内部提供的一个编号，而在去中心化身份的实现中，公开密钥、数字签名体系直接被用于用户ID的产生和验证，这和数字证书的原理完全相同。

W3C DID 工作组对可验证数字证书提出了一个简单而有效的参考模型（见图 4-6）。

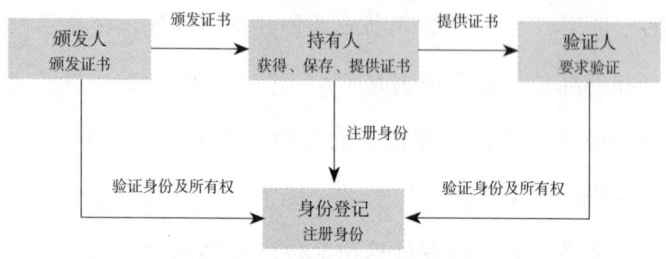

图 4-6 可验证数字证书参考模型

请注意，上述参考模型其实是一个比较抽象、通用的模型，并没有强调区块链本身，事实上也可以不必采用区块链技术来实现这个模型。

此模型里主要有三个用户角色。

证书颁发人。发出证书的人可以是个人或机构。证书颁发人实际上是对即将持有证书者的公钥发出证书，并用自己的私钥来进行数字签名。这样一来，证书持有人出示证书时，还需要采用数字签名的方法来证明自己的确是这个证书颁发对象的公钥的拥有者（这是一种很常见的数字签名验证方法）。

证书是证书颁发人进行了数字签名的，因此采用数字签名的校验方法，任何人都能瞬间验证这个证书是否有效，任何对证书的篡改都会导致数字签名的失效。由于证书颁发时需要知道持有人的公钥，因此一般情况下都是首先由证书持有人向颁发人申请，在申请时提供自己的公钥和拥有这个公钥的数字签名证明，以及颁发人需要的其他证据和数据。颁发人会验证这些数据，确认无误后就可以生成证书并发送给证书持有人。

这个过程其实非常接近现实生活中申请护照的过程。当你申请护照时，首先需要提供一些能证明自己身份的材料，如身份证，以及护照所需要的信息，如照片、职业，这样政府部门就会印制一本只属于你的护照并颁发给你。

证书持有人。经过上述过程申请获得了证书之后，证书持有人需要自己负责保管自己的证书。通常这些证书是以数字形式存在的，可以下载保存，一些先进的数字钱包系统具有完备的数字证书保管和管理功能。

大部分情况下，证书的保管责任在证书持有人身上，证书颁发人可以自己决定是否保留颁发证书的副本。如果证书持有人把证书弄丢了，或者把用于证明自己身份的私钥弄丢了，就只能重新去申请新的证书。需要验证证书时，证书持有人负责提供数字证书，并提供数字签名来证明自己拥有这个证书颁发对象的公钥。

以护照为例来理解上述过程：当你收到护照的时候，你自己负责保管好护照；当你需要用护照时，例如去申请他国的签证时，你需要出示护照。

证书验证人。证书的验证人只需要用数字签名算法验证证书持有人的身份，验证数字证书的正确性基本就可以确定证书的真伪和持有证书的合法性。通常证书内部还含有一些有意义的信息，例如有效期，这些信息也是用来判定证书真伪的依据。

同样以护照为例来理解：你的护照上有一系列关于你的信息，包括你的照片、姓名等，当你拿去申请他国签证的时候，对方使领馆签证处就是验证人。

和其他数字证书一样，真正实用的可验证数字证书是嵌套包含的（见图4-7），也就是一个数字证书往往可能需要引用甚至包含其他的数字证书。这乍一听有点令人费解，仍然以护照、签证

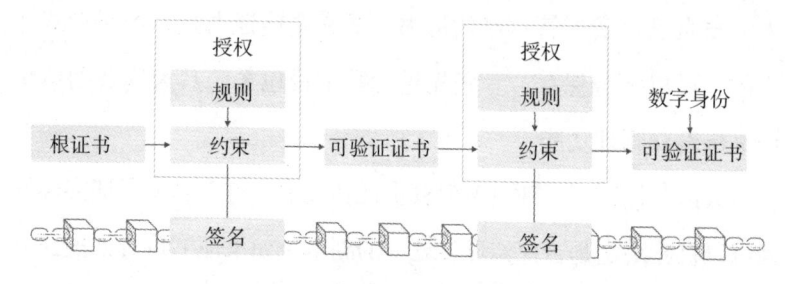

图4-7 可验证数字证书可以嵌套包含，从而形成一个验证链

为例：其实护照和签证都是一种证书，签证处给你颁发签证这个新证书时会需要首先验证你的护照这个证书，然后签证这个证书上通常都会包含你的个人信息和护照信息。当你使用签证入境的时候，入境处不但会验证你的签证，还会验证你的护照，只有它们都能通过验证并且信息吻合才能放行。

前面讲了可验证数字证书涉及的几种角色。采用区块链作为身份登记服务存在很多优点。区块链是一个天生就比较安全可靠的身份登记服务，其去中心化、数据难以被篡改等特点使得它优于由特定的认证机构来提供的服务。

实际上，可验证数字证书的验证是一个连环"刨根问底"的过程（见图4-8），与区块链技术结合，"不要相信，要验证"这一原则的实践无处不在，且非常迅速、高效。

可验证数字证书将带来大量新的商业应用机会。鉴于可验证数字证书和去中心化身份天然的结合关系，未来几年内可预见的是，去中心化身份和可验证数字证书将在各行各业迅速发展（见图4-9）。去中心化身份和可验证数字证书可能是继数字货币之后的另一个区块链主流应用，将在政府、企业的应用中扮演重要角色。去中心化身份和可验证数字证书还可以和金融所必需的KYC/AML结合，从而促使数字货币和金融业务更有序地发展，创造不可估量的巨大价值。

例如，数据上链是企业区块链应用的典型需求之一，大部分传

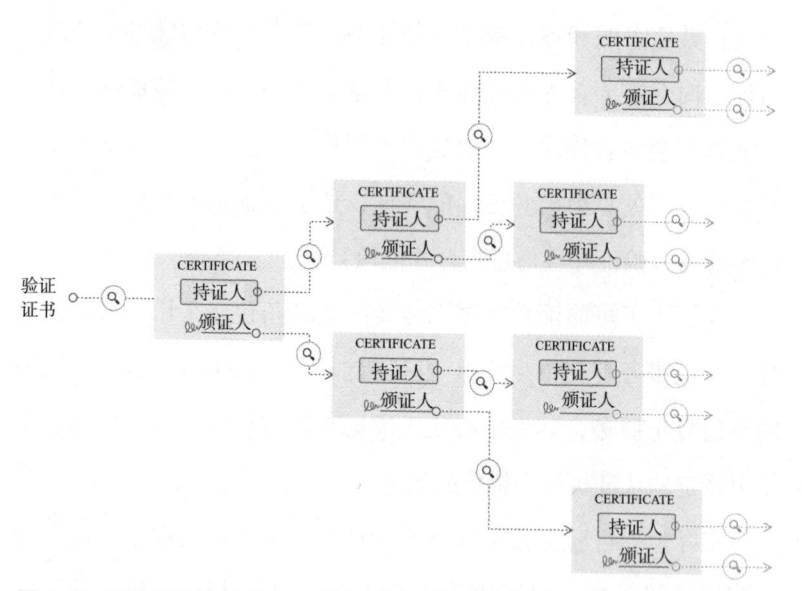

图 4-8　可验证数字证书可以嵌套包含复杂的信息内容，仍然可以高效验证

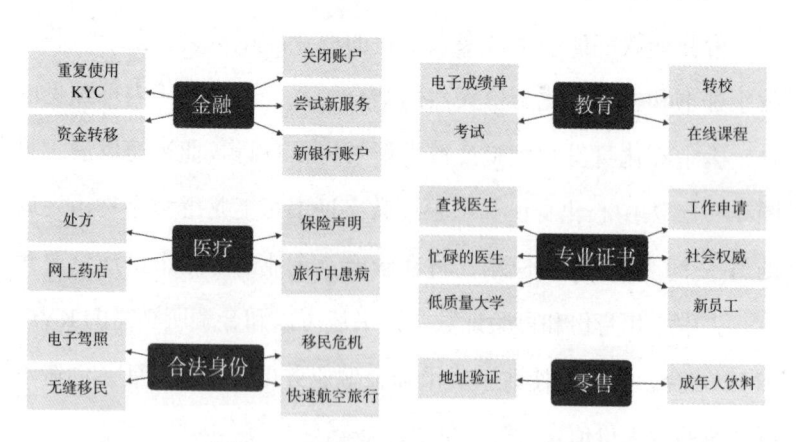

图 4-9　可验证数字证书的用户需求

统的数据上链形式是把数据的哈希结果保存在区块链上,日后通过对比哈希来验证数据的一致性。这是一种最简单且朴素的区块链使用方法,但仔细推敲其中的安全细节,就可以发现,大部分数据上链的应用需求实际上都可以使用可验证数字证书的模型得到更好的解决。本书第四部分将专门对这种类型的应用进行分析。

本书第 2 章介绍的麻省理工学院的 Blockcerts 项目,其最初的设计是通过改进 Open Badges[①] 协议来定义一个学历的证明,然后把哈希验证信息放在比特币网络上,实现公开可验证性。其最新的进展表明,它们也正朝可验证数字证书模型演进。在未来,不仅仅是学历、资格证书,甚至工作简历都可以使用去中心化身份和可验证证书技术(见图 4-10 和图 4-11)。

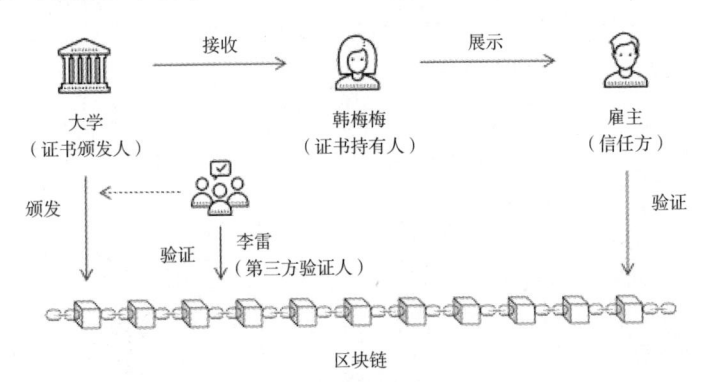

图 4-10 可验证数字证书的一个典型应用场景,体现了学校、毕业生和雇主之间的关系

---

① https://openbadges.org/.

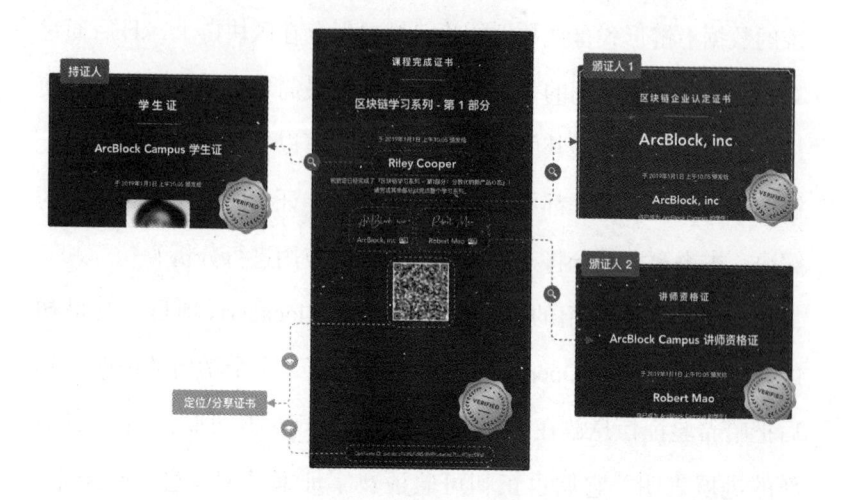

图 4-11 采用去中心化身份的培训证书，展现了其中数字证书的嵌套关系和验证过程

第 5 章 区块链应用和去中心化应用

去中心化应用一直是区块链技术落地应用的一大方向和讨论热点。然而，去中心化应用是继区块链之后又一个定义多变且不明的词汇。顾名思义，去中心化应用的最大特点应该就是去中心化，但什么是去中心化？这个概念本身就让人迷惑。如果连去中心化的概念都弄不清的话，讨论为什么要去中心化，去中心化有什么好处，以及怎么开发去中心化应用就非常困难。

区块链应用的定义比去中心化应用要宽泛。只要是使用了区块链技术的应用，就是区块链应用，无论其是否去中心化。目前很多和区块链相关的应用，Web 版区块浏览器等都是典型的中心化部署的应用，并不是去中心化应用，但其后台的数据来自区块链或者其业务逻辑需要区块链支持，因此都是区块链应用。

区块链将有助于构建真正的去中心化应用，但去中心化应用未必一定需要区块链。我们讲到在区块链诞生之前，很多成功的 P2P 类型应用都具有非常好的去中心化特性，但它们并不是区块链，也没有使用区块链技术。

区块链应用和 Web 应用的对比

互联网时代的 Web 应用和区块链应用在典型技术架构上非常相似（见图 5-1）。

```
Web 应用的架构简图                    链网和去中心化应用的架构简图

    Web 应用                              去中心化应用
  各种 Web 应用                     各种去中心化应用（包括可在浏
（包括浏览器、移动应用）              览器、移动设备上使用的应用）

   应用开发框架                         区块链应用框架
 例如 PHP、Ruby/Ruby on Rails、       例如 Forge Framework、
 Python/Django、Javascript/Nodejs    Cosmos SDK、Substrate

      CGI、FCGI                            ABI

    Web 服务器                           区块链节点
  例如 Apach、Nginx                   例如 ABT Node

      TCP/IP                              P2P

      互联网                            区块链网络
  支持 TCP/IP 协议                  例如 ABT Network、Cosmos Hub
```

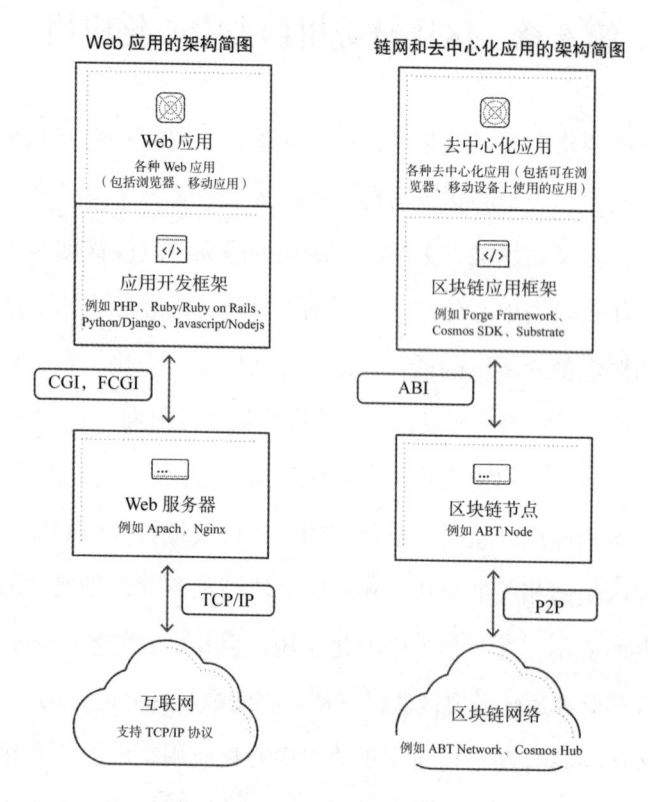

图 5-1 互联网与区块链网络（一）

左边的 Web 应用架构（互联网其他类型的应用架构基本与之

类似）我们非常熟悉，以至觉得"本来就应该这个样子"，但实际上互联网这一架构是历经将近 20 年的激烈竞争生存下来的。右边是去中心化应用的架构图，这一架构是我们在设计 ArcBlock 平台和服务的过程中摸索总结出来的，在 Cosmos、Polkadot 等同行推出的平台上发现原来"英雄所见略同"，这个架构的发展也是从比特币、以太坊时代逐渐演进而来的。

Web 应用和去中心化应用都需要相似的网络、节点到框架三层架构的支持和服务。参照 Web 应用的发展，我们就可以明白围绕着去中心化应用的是专业分工且选择多样的基础网络、节点服务器和开发框架。

互联网应用离不开数据库技术，后者比前者稍早一些诞生，而两者的发展相伴相生。早期的数据库发展曾出现"百花齐放"的状态，无数种数据库技术竞相争夺"王者"地位，最终只有少数存活下来，SQL 语言成为统一绝大多数数据库查询的通用语言，而采用 ODBC（开放数据库连接）、JDBC（Java 数据库连接）等连接中间件与应用开发层的 ORM（目标关系映射）等部件已经成为 Web 应用标准的设计模式。

如果我们把 Web 应用的数据库访问部分加上去，同时把区块链应用中访问上一代主流区块链更理想的一种方式"开放链访问协议"加进去，就会看到下面这样的图（见图 5–2）。

```
互联网应用的架构简图                    链网和去中心化应用的架构简图

  Web 应用                              去中心化应用
  各种 Web 应用（包括
  浏览器、移动应用）
  应用开发框架        ORM/JDBC    MySQL    Forge        OCAP      B
  例如 PHP、Ruby/Ruby                     应用框架
  on Rails                        Oracle
     CGI、FCGI                            ABI
  Web 服务器                              ABT 链节点
  例如 Apach、Nginx
     TCP/IP                               P2P
    互联网                              ABT 链网
  支持 TCP/IP 协议
```

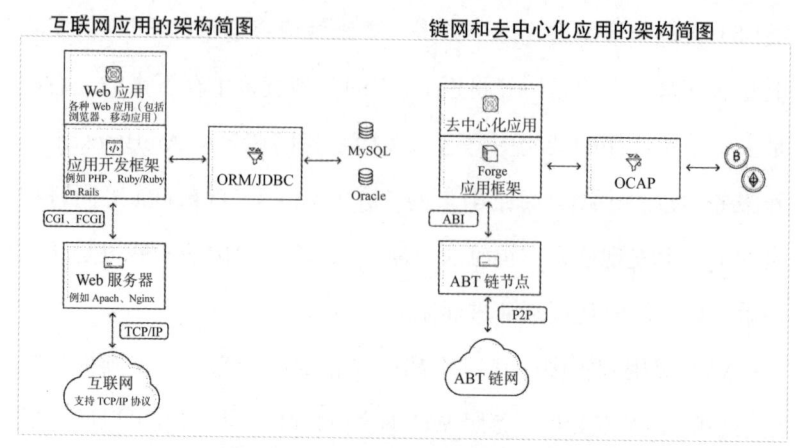

图 5–2　互联网和区块链网络（二）

两者何其相似。结合互联网的架构，相信很多人一下子就豁然开朗，理解了链网的架构应该是什么样的，以及去中心化应用在这个体系中的地位（见表 5–1）。

表 5–1　Web 应用与区块链应用的相似之处

	Web 应用	区块链应用
应用	各种 Web 应用，包括浏览器、移动应用	各种去中心化应用（包括可在浏览器、移动设备上使用的应用）
框架	应用开发框架，例如 PHP、Ruby/Ruby on Rails、Python/Django、Javascript / Nodejs	区块链应用开发框架，例如 ArcBlock 区块链应用框架、Cosmos SDK 和 Polkadot 的 Substrate 框架
节点	Web 服务器，例如 Apache、Nginx	区块链节点，例如 ABT 链节点
网络	支持 TCP/IP 协议的 Internet	区块链网络，例如 ABT 链网、Cosmos Hub

其实不必惊讶，这种相似性在计算机技术的发展过程中曾一而再，再而三地重复出现。今天互联网的架构和过去的电信网有着很多的相似之处，技术的发展总是螺旋曲折地稳步前进。

上文中区块链应用的架构是比较容易理解的，那么什么是去中心化应用呢？要解答这个问题，有必要从什么是"去中心化"谈起。

"中心化"与"去中心化"的相对关系

"中心化"和"去中心化"的关系是相对的，从不同角度观察可能会得出不同的结论。以比特币为例，"比特币是去中心化的"和"比特币是一种去中心化的加密货币应用"，可能是业内高度一致的共识。

从比特币的网络拓扑结构来看，比特币的节点非常多且分散，采用工作量证明共识的挖矿机制导致攻击比特币需要有超过全网 50% 的算力，少数节点被攻击、崩溃或被关闭，都不会影响整个比特币网络的安全和正常运行——这说明比特币网络是去中心化的。

然而，从比特币的软件开发和发行角度而言，只有 Bitcoin Core 团队发布的比特币新版本代码被公众认可并接受，虽然该团队公布了他们是如何采用系列措施确保代码发布的流程安全可靠的，并且采用开源的方式让人人可以参与贡献、人人可以分叉后修改，但从软件发行升级角度来看，这是比较中心化的。

从另一个角度看，比特币作为一个应用被设计为"点对点电子现金"，比特币的钱包地址由用户自主产生，不需要任何人发放和批准，没有私钥，任何人和组织都无法夺取用户的比特币。比特币的转账不需要任何第三方介入，其他任何人和组织都无法禁止或篡改交易。比特币的交易记录在比特币的区块链上永久保存，没有人能够篡改、删除和隐藏。这说明比特币本身是一个真正的去中心化应用。

耐人寻味的是，正是因为大众认可比特币的网络高度去中心化，其作为一个应用高度去中心化，所以大家都认可比特币这个网络服务——全世界只有一个比特币。从这个角度来看，比特币又是高度中心化的。这就非常有趣——一个系统在某些角度的高度去中心化，可能会导致该系统在另一个角度中心化。因此，任何中心化和去中心化的划分和定义都不是绝对的，而是相对的，甚至是不断演变的。从不同维度去审视，去中心化和中心化其实是错综交织的。从这个角度来观察我们人类社会的语言文字，就会发现它们整体上非常去中心化，但另一个角度又非常中心化，呈现出中心化与去中心化的此消彼长。

参照计算机软件应用的发展，其过程就是这样一个"中心化—去中心化—再中心化—再去中心化"的演变过程，一如辩证法所描述的事物要经历"肯定—否定—否定之否定"的螺旋曲折上升的发展变迁过程。

最早的计算机软件毫无疑问是"单机"软件。字符终端和分时系统的出现使得一台处理能力较强的计算机可以带着好多台字符终端，让多人同时操作。那时的软件应用方式相当中心化，那些字符终端被称为"哑终端"，它们离开主机什么也做不了，软件完全运行在中心计算机上。

随着个人计算机（PC）时代的降临，我们迎来了第一批真正意义上的去中心化应用。是的，不必惊讶，我们曾经熟悉的各种个人电脑"单机版"软件从某种意义而言全部是去中心化应用。在那个时代，最重要的协议是"文件"，这一最古老的计算机协议直到今天仍然深深植根于计算机文化之中。我们无法考证最初设计发明计算机文件的人是如何思考的，但可以感觉到他们一定是参考、类比现实世界来设计的。计算机的文件和文件系统在相当大程度上来自对现实世界的模仿。有了文件这样的协议，分散在无数个人计算机上的应用就有了共同的沟通"语言"，通过文件可以安装新的应用，而应用产生的结果也必须通过文件传播给其他的应用。

互联网的诞生源自美国五角大楼的研究项目ARPANET，其设计目的就是实现一个足够强大，甚至能够经受住核打击这样的灾难性后果的通信网络。为达此目的，互联网将去中心化思想根植于设计理念之中，很多早期的互联网协议，包括TCP/IP都是以去中心化思想为基础来设计的。有人曾总结出互联网的三个特点：没人拥有控制它，每个人都能使用它，任何人都能改善它。

互联网的早期应用体现出强烈的去中心化特点，不仅仅是因为互联网设计的去中心化理念，还在于当时大量的个人计算机软件本来就是"单机"的，其网络化的第一步，最现实不过的就是用网络可以更好地交换文件，这比通过磁盘、磁带要效率更高。最早一批使用网络的应用，有相当大比例建立在"网络文件交换"的基础之上，流行至今的HTTP协议也不例外。当用文件交换这种方式越来越不能满足需求的时候，一种被称为C/S架构（"客户机/服务器架构"）的网络应用模式开始流行，这出现在前互联网时代，以企业应用为主，而且这种架构至今仍然没有过时。C/S架构是从"去中心化"开始变得"中心化"一些的演进，但每个C/S架构的系统中，客户机和服务器之间基本都"讲"着不同的"语言"（协议）。浏览器诞生之后，人们开始意识到浏览器就是一种能理解、使用更普遍标准的"语言"（HTML）的通用客户机，这使得应用可以更加中心化，从而更容易开发、部署、维护，于是B/S架构（"浏览器/服务器架构"）这样一个更为中心化倾向的模式开始流行。形成这一趋势的一个重要原因是，网络带宽和计算机的处理能力不断增加，价格却在不断下降。

今天的互联网为何日益中心化

如同绝大多数的数字通信系统，互联网是基于层叠而上的"层级"设计发展起来的。互联网最底层是基础设施和信息交换协议，它使我们连接上路由器或输入 Wi-Fi（无线网络）密码就可以"上网"，这一层还称得上去中心化，尽管现实中可供选择的网络运营商不超过 5 家，但没有一家公司可以控制信息交换协议。

再往上的第二层，则是我们日常使用的搜索、社交、数据传递等互联网服务，如今已经变得非常中心化。而基于第二层延伸出的第三层则是现在越来越影响甚至垄断我们的数字生活的中心化互联网平台，包括两大手机操作系统——苹果的 iOS 系统和谷歌的安卓系统，以及由亚马逊、谷歌、微软"三驾马车"独占鳌头的云计算平台。

最早的互联网协议在设计的时候没有在协议层面考虑太多"价值"传递、分摊和"收费"机制，任何底层协议都是"免费"为上层协议提供无条件服务的。在互联网进入商用后，各种收费的服务开始出现，上层的应用层协议有的产生了巨大的商业价值，但这些商业价值的获得者不需要为下层的任何技术和协议付费，而且他们利用这些收益形成更加封闭的系统，让自己利益最大化。

互联网的高速成长使得市场没有时间对这种价值分配的不公

平进行调整，反而加剧了互联网行业越来越中心化的问题。凭借网络效应和连锁效应发展壮大的互联网平台对用户及应用数据的掌控和利用，略举如下。

封闭的用户体系。"互联网思维"的发展模式使得各大互联网平台都试图获得大量用户，搜集用户的各种资料信息，再利用这些用户数据进行广告推广，从而获益。这使得各家都以排他性的方式抢夺用户，都试图把用户尽可能长久地锁定在自己的系统平台之中。

重复造"轮子"，形成竞争壁垒。在互联网产品服务方面大量重复造"轮子"，并用这些互不兼容的"轮子"来形成所谓的竞争壁垒，这其实严重违背了互联网和万维网最初的精神，但如今已成为互联网公司最常用的竞争手段。这导致的结果是，我们手机上有数个不同的消息应用、数个不同的银行应用、数个不同的视频应用……而它们的作用其实几乎是一样的，只是服务商不同。

用户锁定、数据锁定。无偿或以极其廉价的成本占有本来属于用户的数据，不允许用户迁移数据，或者制造各种障碍使用户迁移不便，互联网公司常用这种方法来"锁定"用户。用免费作为获得用户的手段，出卖用户的数据，占用用户尽可能多的时间、注意力、带宽等来获得利益，这已成为互联网行业通用的商业套路。

"协议"锁定。它指的是平台不遵守协议,不开放协议,或只提供部分协议来制造"开放"的假象,从而利用这一假象获取用户,用"不开放"的实现增加用户迁移难度和成本,把用户锁定在自己的平台之中。

2005 年涌现的 Web 2.0 运动是桌面互联网时代离去中心化最接近的一次。博客是去中心化的出版和媒体,采用的是 RSS(简易信息聚合)这样一个简单而开放的协议。当时以个人为节点的社交网络蓬勃兴起,FOAF 协议、Microformat(微格式)、OpenID、OAuth 等都是在那个时代兴起的开发标准。

Web 2.0、RSS、FOAF 协议、Microformat、OpenID、OAuth

Web 2.0 指的是一个利用万维网的平台、一个由用户主导而生成内容的互联网产品模式,为了区别于传统由网站雇员主导生成的内容而被定义为 Web 2.0。Web 2.0 是网络应用的新时代,网络成为新的平台,内容因为每位用户的参与而产生,用户参与所产生的个人化内容借由人与人的分享,形成了现在 Web 2.0 的世界。

FOAF 的全称为 Friend-of-a-Friend("朋友的朋友")。FOAF 是一种 XML/RDF 词汇表,它以计算机可读的形式描述你通常可能放在主 Web 页面上的个人信息之类的信息。作为一种协议,它能连接不同系统的用户,从而形成社会网络。

RSS 是一种消息来源格式规范,用以聚合经常发布更新数据的网站,例如博客文章、新闻、音频或视频的网摘。

> Microformat 是建立在已有的、广泛使用的标准之上的一系列数据格式，其设计理念是：人优先，机器次之。
>
> OpenID 是一个以用户为中心的数字身份识别框架，它具有开放性和分散性。OpenID 的创建是基于这样一个概念：我们可以通过 URI（统一资源标识符）来认证一个网站的唯一身份，同理我们也可以通过这种方式来认证用户的身份。
>
> OAuth 协议为用户资源的授权提供了一个安全、开放而又简易的标准。任何第三方都可以使用 OAuth 认证服务，任何服务提供商都可以实现自身的 OAuth 认证服务。业界提供了 OAuth 的多种实现，如 PHP、JavaScript、Java、Ruby 等各种语言开发包，大大节约了时间。谷歌、微软等很多大公司都提供了 OAuth 认证服务。

不幸的是，当时和后来的行业巨头谷歌与脸书策略性地扑灭了这场去中心化运动，反而把互联网的中心化推向了极致。如果说微软在当年的浏览器大战中利用垄断地位击垮网景是天下皆知、昭然若揭的阳谋，那么后来由谷歌和脸书带头的这场"绞杀"则是被完美掩盖的阴谋——开发标准、去中心化皆亡于它们之手，大家却一直认为它们是创新、开放的贡献者。

当然，谷歌、脸书也贡献了不少开源产品，其中有很多在区块链时代反而成了可被用来反击它们的利器。比如，比特币用的 Level DB 是谷歌的作品，以太坊和 ArcBlock 采用的 RockDB 是脸书的作品。

如今，中心化的互联网平台通过牢牢控制所有用户及应用数据，从而掌控着用户及第三方开发者的"生杀"大权：用户在平台上的每一次使用和彼此互动，用户能否顺利离开该平台转投其他平台，用户发现、发布应用及应用的全部现金流，以及第三方应用和其用户的关系，等等，都无法摆脱中心化平台的控制。它们还掌控游戏规则，可以无须警告而随时任意改变，依据的标准几乎是一家之言，结果导致所谓的生态平台上很多玩家的合法权益可随时被剥夺。

当中心化平台的利益与其用户、开发者背道而驰时，上述问题则更加凸显。归根结底，这些平台的目的是从用户身上攫取利益，平台与第三方应用开发者的竞争关系随着时间的推移只会愈演愈烈。过去20年，这一中心化趋势成为创新的阻碍，因为创业者不再相信他们所依赖的平台的规则是中立、公平的。

因此，众多互联网创业者拥抱区块链，寄希望于去中心化应用，甚至在某种程度上陷入了唯"去中心化"马首是瞻的迷思，可以说是在情感和认知上对当今互联网中心化趋势严重、超级垄断平台横行的现象的抵抗和反动——可谓"天下苦秦久矣"。

去中心化应用定义的演变

区块链技术的出现，给了人们以开发去中心化应用打破现今互联网中心化垄断的希望。然而，什么是去中心化应用，其定义随着区块链技术的发展不断变化，甚至自相矛盾。

基于比特币的定义

网上很多关于去中心化应用的说明都源自戴维·约翰斯顿这位创业者在 2013 年 12 月提出的《去中心化应用的普遍规则》[①]。其中提出了一个去中心化应用应该满足 4 个条件。

1. 一个去中心化应用必须代码开源。
2. 链上数据必须加密后保存在公链上。
3. 该应用必须使用加密货币。
4. 必须有一套产生加密货币的算法。

而随着区块链技术的发展日新月异，这 4 个条件其实已不符合如今人们对区块链技术和去中心化应用的理解，这也是为什么许多对去中心化应用的描述令人迷惑。

第一个条件中提到的去中心化应用代码并不一定需要开源开放，但"协议"必须是开放的，而这些协议的实现以及协议以外的事情，开源与否其实并不那么敏感，一些场合可能适合开源，

---

① https://github.com/DavidJohnstonCEO/DecentralizedApplications.

而另外一些场合也许不开源更合适。

第二个条件中提到的数据必须保存在公链上也是不准确的说法。2013 年，主流的区块链项目只有比特币，连以太坊都还未诞生，因此数据的存储似乎只有公链一种选择。但随着区块链技术步入 3.0 时代，链的种类越来越多，人们可以选择更适合自己应用场景的链，而不一定是公链。

第三和第四个条件强调了加密货币或数字通证对去中心化应用的重要性，这也是基于 2013 年比特币是最成功的区块链项目而提出的。比特币使用的结构和算法要求必须有加密货币来激励矿工不断出块，但如今区块链已经发展出不少新的底层平台，比特币的结构并不是最好的解决方案。

现在广为流传的关于去中心化应用应该满足的 4 个条件实际上是基于比特币的形态提出的，受到当时条件和技术的限制，存在许多局限性。随着以太坊平台和智能合约概念的出现，人们对去中心化应用的定义和认知进一步复杂化。

基于以太坊的定义

以太坊创始人维塔利克·布特林于 2014 年发表了一篇文章[①]，将去中心化应用定义为"和智能合约类似，但交易双方参与者都

---

① https://blog.ethereum.org/2014/05/06/daos-dacs-das-and-more-an-incomplete-terminology-guide/.

无上限，并不一定要和金融相关"。

维塔利克在该文中明确提出去中心化应用不一定要有加密货币。根据他的定义，许多提供资源共享的平台，如 BitTorrent 和 Popcorn Time（一个开源电影播放器），也可被视作成功的去中心化应用。这和戴维·约翰斯顿基于比特币提出的去中心化应用定义的第三和第四个条件矛盾，也引出了我们之后将解释的一个问题：去中心化应用是否一定要使用加密货币或数字通证？

维塔利克对去中心化应用的定义基本是以以太坊的智能合约为基础的，这个定义衍生出一种流传广泛的误解：只要使用了智能合约的应用程序就是去中心化应用。智能合约是以太坊提出的一种可以部署在区块链上的程序代码。一旦部署在区块链系统中，系统中的每个节点都会有一份相同的代码，用户可以通过发送某些特定的交易触发代码的执行。

前章介绍过的加密猫游戏是迄今为止以太坊上最广为人知的智能合约应用。与其说加密猫是一个应用，不如说它是一种变相交易以太币的方式。大部分参与者使用这个应用的初衷并不是为了培育小猫，而是希望从交易中牟取暴利。一旦人们慢慢意识到，只有最先入场的人才能赚取到差价，便失去了对加密猫的兴趣。

检视上述基于比特币和以太坊的两种定义之后，不难看出，由于底层技术的发展，关于去中心化应用的认知和定义不断变化，甚至自相矛盾。

借鉴中心化应用的优点和痛点

区块链技术发展到现在已经有 10 个年头,人们需要更深入地思考去中心化应用是什么,我们为什么需要它。

我们为什么需要去中心化应用?因为它能创造中心化应用无法企及的功能和场景。去中心化应用不应该为去中心化而去中心化,有些应用天生需要中心化,其中心化解决方案无害而且性能更好,因此去中心化应用针对那些真正有去中心需求的场景。

对于普通用户来说,他们不会因为去中心化而使用一个应用,只会因为这个应用能解决他们的问题而使用它。因此,去中心化应用的关键是找到一个需要解决的问题,用去中心化的方法来解决这个问题要比其他方案好上数倍,或者因此而获得了不对称的、类似"碾压""降维打击"的竞争优势,或者因此而打破了原有的规则。如果能够做到上述场景,那么这个去中心化应用很难不受欢迎。

其实,今天的计算机应用、互联网应用离完美还有很远的距离。如果我们能用"打破一切规则"的角度来思考,会发现非常多切实可行的场景可以用去中心化的方法更好地加以解决。有些问题的解决其实一直是人们的梦想,但在区块链诞生之前这些梦想在技术上还没法实现,因此我们设计了各种妥协方案,有些妥协方案是如此成功,以至大家忘记了这其实是妥协的结果。然而,到了今天，技术可行，正是去解决这些问题的时机。

要让去中心化应用为大众所接受，首先我们需要了解今天常用的中心化应用的几大明显优势。

免费。人人都喜欢免费，尤其在一开始接触新应用的时候。目前基于区块链的去中心化应用往往要用户干的第一件事就是要有通证，例如以太坊的 Gas，几乎任何操作都需要一小笔费用。虽然这是一笔很少的钱，但它可能是妨碍用户进入的最大阻力，而且是最糟糕的用户体验之一。通过免费的方式让用户体验应用的价值，从而使其自然而然地转化为付费用户，这是传统软件及互联网行业过去几十年行之有效的方法。

快速。"天下武功，唯快不破。"自计算机和软件诞生以来，"更快""更方便"一直是用户默认的第一体验。没想到现在的区块链给用户带来的体验却是"缓慢"和"无尽的等待"。因此，去中心化应用要成为主流就必须提高性能，为用户带来更流畅的体验。值得注意的是，前一段时间区块链行业的"TPS 大跃进"看似要解决性能问题，但实际上只是试图解决一部分问题，而整个应用要想提供更快的用户体验则需要从多个维度同时提升。

用户体验好。早期的软件、网站在设计和使用体验上都很"反人类"，但最近 10 年来，尤其是移动互联网的普及使得软件应用开发越来越重视用户体验，让用户越来越依赖直觉反应动作来操作使用。而今天的去中心化应用由于技术的限制以及尚处于行业早期,其用户体验往往无法与传统应用相提并论。

用户端容易安装。软件应用商店虽然出现的时间并不长,但极大地推动了软件的普及。如今人们购买和安装软件无须求助专业人员,自己就能轻松搞定。而目前的区块链和去中心化应用,没有专业知识技能无法安装使用,这是导致去中心化应用无法普及的拦路石。

服务端容易部署。随着最近10年来云计算服务的发展,SaaS、PaaS让服务的部署变得前所未有地容易。服务端易于部署对企业用户、大规模应用的普及非常重要。去中心化应用如能得到大规模普及,必须和今天的云计算服务密切配合,让服务端的部署变得极为容易。目前各大云计算厂商的"可管理区块链"或BaaS基本都在试图解决这一问题。

上述中心化应用具备的优势,是去中心化应用必须迎头赶上的入门条件。但是,仅具备这些条件,去中心化应用还不足以取代并战胜中心化应用。我们得明白,去中心化应用存在的价值来自去中心化能给用户带来中心化所不具备的价值。在今天的技术架构上开发去中心化应用,会比中心化实现更难,因此开发者必须在开始投入之前就考虑清楚去中心化带来的价值,及其可以取胜的要素。

从这个角度来观察,去中心化应用还应解决传统中心化应用带来的以下用户痛点。

账户太多，需要记忆大量密码。"用户为王"是互联网思维的第一条军规，服务提供商以用户数量多而取胜，并且逐渐以获得尽可能多的用户资料为价值。互联网行业的投资收购常常以拥有多少用户账户和用户资料作为估值的重要依据，这导致每家互联网企业都更追求这样的产品和运营设计：尽可能掌控用户账户，攫取用户尽可能多的资料。这种设计给用户带来的最直接的麻烦就是，登录使用不同的应用服务就需要不同的账户，每个账户都需要记忆储存单独的用户名和密码。

大量数据失窃。为什么已成熟的数据加密方法体系在这些互联网应用服务中不能奏效呢？原因是用户数据在这些中心化平台的传统设计里并不属于用户。因此，一旦系统出现安全漏洞被攻击者突破，大量用户数据就会被黑客截取，相当于毫不设防。

如果用户数据可以真正属于用户，现在的加密算法完全可以被用来生成用户密钥，对这些数据加密。这样的话，即使系统被攻击，数据被泄露，黑客获得的也只是加密的数据；哪怕黑客截获系统本身的数据，这些数据也已经和用户的数据、身份隔离。

隐私危机。当每个应用都把应用的数据和用户建立了对应关系，并且尽量搜集到了详细的用户资料时，用户隐私保护的形势就会变得前所未有的严峻。一些服务的数据本来不存在太多的隐私问题，但目前互联网行业获取用户的作风和套路使得这些数据和用户数据相关联，因此才导致隐私问题越发严重。例如，搜索引擎会分析用户的搜索习惯，如果这些用户资料完全匿名，那么这些搜索可能就不会带来隐私问题。

审查和封锁。这可能是让今天的互联网用户越来越不满的问题。越来越处于垄断地位的部分互联网服务商出于竞争私利而进行封锁或越位的审查。例如，脸书曾经利用人工智能算法审查、封杀用户的各种照片和内容，连著名的二战新闻都被"误杀"。

运营者关闭服务。很多时候让用户感到伤感的是，因为运营方本身经营难以为继，用户只能眼睁睁看着自己喜欢的服务被关闭、消失。对于某些服务，用户的数据（例如照片、日志、生活中的回忆等）一夜之间就消失了，即便某些服务在关闭之前会给用户留一段时间保存自己的数据，往往用户也只是获得一些原始数据的备份，再也无法继续拥有原来的服务。

同质化、不互通的同类应用。移动设备让这些同质化应用的问题得到了一定程度的缓解，这主要是因为移动设备从用户体验上通过统一推送通知的形态，让应用切换变得足够轻量快速。苹果的一系列产品，从 News、TV 等 iOS 内置应用的理念，可以看到苹果公司试图在改进用户在互不相通的同类应用之间切换的体验。

真正掌控自己的数字生活

企业只有充分利用去中心化的特性和方式去解决中心化应用的上述用户痛点，才有机会在未来的竞争中在用户体验、隐私保护、安全性等方面取胜，超越传统的中心化应用。我们认为，去中心化应用应具备以下特点。

去中心化应用应支持去中心化的用户身份。如前章所述，去中心化身份是一种数字世界的自主身份，对应着现实世界中的"天赋人权"：我们每个人的存在和权益并不需要任何中心化机构的背书和证明。W3C建议的去中心化身份标准正是这样的一种个人自主数字身份。

而在越来越中心化的互联网世界里，本属于用户自己的身份和数据却被某些大公司垄断滥用，这些超级垄断平台泄露及滥用用户数据的丑闻使大众重新正视数字隐私和个人身份的使用和保护。因此，支持去中心化身份的去中心化应用，在个人隐私、自主身份等方面会引发大量用户的共鸣，从而被接受。

目前，业内也有一些平台声称采用去中心化身份，但用户使用时仍然需要向平台"申请"，这些平台采用的可能不是真正的去中心化身份。任何需要用户先注册一个用户ID、登记某个通行证之类的才可以使用的去中心化应用，采用的可能都不是真正的去中心化自主身份。

去中心化应用如果充分支持个人的去中心化自主身份，那么它不但对用户而言是一种价值，而且能够团结更多其他的去中心化应用形成联盟。在互联网思维影响下，每个应用都试图"争夺"用户，因此很难形成真正意义上的合作。而支持去中心化身份的各个去中心化应用都尊重用户 ID 属于用户这个基本原则，因此不存在抢夺用户的问题，更容易达成联盟和合作。

去中心化应用应充分支持用户的数据可迁移性。任何去中心化应用的用户数据都应该完全属于用户自己，因此用户可以自由地转移这些数据。而实现用户数据可迁移的前提是去中心化身份的普及。用户可以自主许可或撤销平台应用对自己数据的访问和使用，就不会被绑定在任何一家服务商上（见图 5-3）。

而用户的数据可以被用户自由授权给任何服务，这可以催生新服务的发展。创新的服务由于可以在用户授权下获得完善的数据，就不需要从头开始，反而有后发制人的优势（见图 5-4）。在这种情况下，竞争变成了服务能力和质量的比拼，而不是比谁锁定、套牢的用户数量更多。

数据可迁移在很长时间以来一直是用户所期待的功能，但在过去由于技术、法律、用户认知等诸多因素的限制而一直未能获得长足发展。去中心化应用恰恰可以借助目前大众普遍警惕大公司侵害用户数据权利的情势，乘势而起，在数据可迁移的基础上提供优质的服务，从理念到服务质量上战胜传统应用。

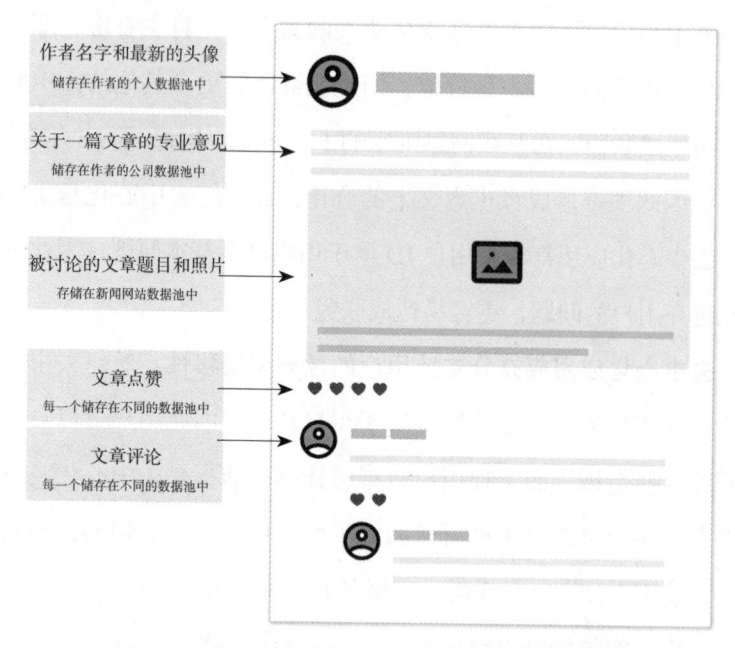

图 5-3 去中心化应用的每一层信息来自不同的地方

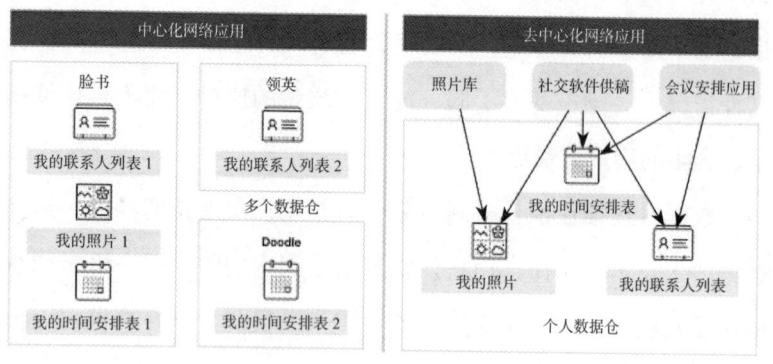

图 5-4 在获得用户批准的前提下，多个去中心化应用共享对用户个人数据的访问权限

去中心化应用应充分利用数字资产的优势。作为和区块链密切联系、共同成长的去中心化应用，充分利用数字资产的优势几乎是不言而喻的。但是，何为充分利用数字资产的优势？并不是发行一个数字通证就是充分利用数字资产的优势，现在很多区块链应用为发币而发币，发行了很多根本不必要的数字货币或通证，不但没有利用其优势，反而给用户体验造成负面影响。

除了作为支付手段，其实数字货币还有更多可以被去中心化应用利用的地方。例如，一个电商服务系统中，数字货币除了可用于支付，还可以被用来打造用户积分体系，数字资产可以被用来建立用户等级、信用等，还可以直接表征商品。当商品用数字资产来表征后，可以带来一系列优势，例如，可以更有效地和第三方物流系统集成。

去中心化应用必须建立在开放协议之下。去中心化应用最需要的是开放协议，但未必是开源。有时候开源是一种商业模式，开源不等于开放协议和标准，尤其是开源未必能对最终用户直接提供价值，有时反而会为恶意分叉和攻击留有缝隙。

开放协议意味着只要大家遵循相同的协议就可以互联互通。互联网的成功建立在一系列开放的标准协议基础之上，开源运动让技术发展高歌猛进，但是归根结底互联网的成功源于开放协议，它使得各种各样的设备、网络、服务和应用能够互相无缝连接起来。建立并遵循开放协议，也使得商业分工更容易完成。去中心化应用应该实现众多应用可以互相分工协作的情形，而不应像传统的应用一样，每一个都大而全，但彼此之间存在很大程度的雷同。

从苹果推出的一系列 iOS 产品，如 Wallet、TV、Home，以及最新推出的 News+，我们都可以看到这个趋势[1]。我们并不需要一大堆类似的应用，而是需要一个可供选择的、支持多个服务的最好的去中心化应用。我们有理由相信，未来的去中心化应用必然会出现一系列垂直细分领域，在每个垂直领域可能会有若干个选择，而每个选择都可以支持大部分甚至全部的服务。

去中心化应用必须非常易于安装部署。 去中心化应用的安装部署是否简单容易，其重要性经常被目前的业界人士忽视，而且这也是其用户体验一直无法与传统中心化应用匹敌的一个重要原因，毕竟简单快捷的东西才会更易赢得用户。

针对一些去中心化应用，例如去中心化社交网络 Mastodon（它可能是目前去中心化社交应用中用户数量最多的一个），用户如果想去安装自己的一个节点，会迅速发现其步骤非常复杂，没有基本的网络、系统管理甚至开发经验，根本没有办法成功安装。

去中心化应用不同于中心化服务，往往需要很多用户参与网络和节点的建设。因此，要想普及去中心化应用，就必须让其安

---

[1] 苹果产品的去中心化变迁，为 Dapps 带来什么启发？https://www.arcblock.io/zh/post/2019/03/26/dapps-trend-inspired-by-apple-products.

装部署起来非常快捷。通常一个好的去中心化应用平台应该提供 Saas 或极其便捷的区块链网络节点服务，以此帮助去中心化应用的开发，而不需要开发者来考虑这些问题。

总之，去中心化应用并不是要开创一片无人竞争的蓝海，而是必须首先和"旧世界"的中心化应用同场竞技，并战而胜之。用户是否使用一个应用并不取决于该应用是否去中心化，而是取决于这个应用对他而言是否有价值，去中心化是去中心化应用的手段而不是目的。

未来可能并不存在去中心化应用，因为所有的应用都会是去中心化应用或具有去中心化属性。去中心化应用的核心基础并不是区块链，虽然区块链技术对未来去中心化应用的实现非常重要。并不是用了区块链的应用就是去中心化应用，今天大多声称是去中心化应用的应用其实只是用了区块链，并不去中心化。

去中心化应用的核心基础到底是什么？首先是自主的个人身份，用户的身份、关系、数据、资产等都是由自己控制，而不是被其他任何人控制；其次是点对点的数字资产流动（加密货币以及其他通证），不需要中间人，不需要别人批准；最后是数据可迁移，用户的数据由用户做主，只有他们能决定谁可以用。这几个重要基础，只有当计算机技术发展到区块链阶段才有实现的可能，而在区块链出现前实际上是无解的。

第二部分
破除迷思,深入了解区块链的能力与局限

读完本部分,我们希望帮助你:
- 更好地了解区块链的能力和局限性。
- 了解大众对区块链的常见误解,获得更全面的认知。
- 深入了解数字货币、通证及它们与区块链的关系,消除偏见和迷信。
- 对智能合约、虚拟机等流行技术概念有更深的理解。
- 了解区块链和云计算之间的关系。

第6章 对区块链的常见误解

作为区块链技术先行者，我和我的团队过去两年多在全世界各地进行演讲布道，参加了为数众多的学术、技术和商业会议，加入了多个技术和行业组织。在我们的分享沟通中，发现人们对区块链的各种误解普遍存在，甚至那些身处区块链行业的个人和机构都难以避免。这些误解有的是源于对区块链概念望文生义，有的可能是受早期一些文章中过时观点的误导，有的受业内少数"原教旨主义者"刻舟求剑般的观点影响，还有的是因为某些区块链项目炒作夸大甚至不实宣传，从而遮蔽了人们对区块链的正确认知。

针对区块链领域最常见的一些误解，以及最容易发生两极化判断的一些概念，本书第二部分开展解释剖析，帮助你对区块链技术，甚至是对所有已知或未来的新技术，都能以更清晰的逻辑思维进行观察、思考，而非一知半解，人云亦云。"授人以鱼不如授人以渔"，如果说本书第一部分旨在让读者"开阔眼界"，第二部分则以促进正确的应用为目的，为读者从更高层次理解该技术提供了必需的信息，即"提高认知"。

误解一：区块链上的数据不可篡改。区块链上的数据有很强的防篡改能力，但并非绝对不可能被篡改。因此，本书中一直使用的表述是"难以篡改"，而不是"不可篡改"。很多公链会明确声称自己的账本是不可篡改的，然而严格意义上来说，这种说法不完全准确。一个去中心化程度高的公链的确具有非常强的防数据篡改能力，可以用在不少需要防数据篡改的场景下。

一些区块链，如比特币、以太坊都可能在链的最"尾部"的区块出现被系统撤回的情况，这是它们的共识算法导致的正常现象（见图6-1）。只有当区块到达最终确定状态时，才能认为这些数据已经相当难以被篡改，而在到达最终确定状态之前，都存在数据被修改的可能性。

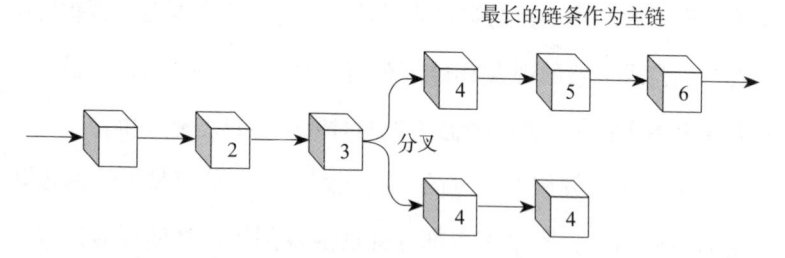

注：比特币使用的共识机制常被称为"中本聪共识"，简言之就是"最长链取胜"，也就是当出现临时数据不一致的链的分叉时，长的那条链会被选择为正确的链，短的会被抛弃。在图中，较短的那条链里的区块4和区块5最终会被抛弃。

图6-1 比特币区块链临时分叉时导致的链上数据改变

采用工作量证明共识机制的区块链存在一种称为"51%攻击"的攻击方式,恶意攻击者只要掌握全网超过50%的算力,就可以篡改区块链的数据。假设在一个以工作量证明为共识算法的区块链网络中有100个完全算力相同的节点,如果有51个节点都被恶意攻击者控制,那么这条链上的数据就会以攻击者写入的数据为准,其他用户写入的数据可能遭到篡改。恶意攻击者在拥有足够多的算力的情况下,甚至可能篡改历史记录。

对于需要许可的区块链,比如联盟链来说,"51%攻击"则不易发生。因为这种链的规则是由其所有者制定的,参与者需要由所有者事先进行身份资格审核,然后批准加入,一旦所有者发现有人在链上试图恶意篡改数据,所有者可以剔除恶意节点。

总之,准确的认知应该是:区块链数据非常难以篡改,但并非绝对不可篡改。

误解二:数据上链后,数据永远不会丢失。和误解一相同,有人认为数据上了链就再也不会丢失,从而获得"永生"了,这也是片面的理解。

区块链上的数据确实不易丢失。但是,仍然是因为链的分叉(无论是其算法导致的软分叉,还是治理导致的硬分叉),以及其他极个别情况,节点规模小、去中心化程度不够的区块链整体遭到破坏从而导致数据丢失的情况并非不可能发生。我们在误解一的例子中已经谈到,比特币的"最长链取胜"原则会偶尔导致短链尾部的数据被丢弃。

因其分布式设计,区块链网络会创建许多备份,所有备份都点对点更新并同步相同的数据。区块链技术的一个好处是,每个用户都可以维护自己的数据副本。新的完整节点加入网络时,它们会接触发现其他完整节点,并请求区块链网络数据的完整副本,这使得数据的丢失或破坏变得困难。

然而,区块链本身不能被认为是完全不可变的。The DAO 事件的结果是以太坊数据回滚,即回滚到丢失以太币之前的数据,所以区块链项目并不存在绝对的数据永不丢失。另外,区块链网络还可能被攻击,在工作量证明共识系统中,攻击者只需获得足够的资源来超过区块链网络其余部分的区块创建速度(即持有超过 50% 的资源用于生成新区块),即可发起攻击,只不过代价可能非常高昂。

误解三:区块链不可能被关闭或审查。如同任何计算机系统,区块链也是有可能被关闭和消亡的。

类似前述误解,尤其那些持有无政府主义观点的人们会存在夸大区块链能力的现象,认为由于具有去中心化特性,区块链不可能被封锁、关闭,甚至认为这是可以用来抗衡政府及执法部门的技术,其实这也是一种片面的理解。

首先,对于处于小规模测试阶段的公链或联盟链,只要其运行的全部节点被关闭,这些区块链就消失了;其次,区块链是一种网络应用，如果某个地区的网络被完全切断，或者有人通过技术手段阻拦了某些网络通信，即使整个区块链网络没有被关闭，但对这个地区而言其实已经被关闭了。因此，如果出现极端情况，即使是去中心化程度很高的公链也不能排除局部甚至整体被关闭的可能性。

区块链的特点让每个参与者都可以保有完整的区块链数据，那么一个已经不能正常运行的区块链的少数备份节点数据是不是可以长久存在，并始终具有公开可验证的价值呢？如果整个区块链被关闭，即使有全网备份数据，这些数据也失去了"可验证"的特性，因为无法验证这些数据备份是否真实、没有被篡改，这些数据因此也就失去了作为区块链上数据的价值。

误解四：只要采用区块链技术，系统必然会更安全。 由于区块链采用了很多加密算法技术，很多人认为只要采用区块链技术和方案，系统就更安全，一些区块链系统集成公司出于商业目的也会宣传强调这点，但这并不正确，系统的安全程度未必会因为区块链本身而提高多少。

事实上，这些年来，区块链网络系统被攻击、数字资产被盗等安全事故层出不穷。仅2019年，几乎每个月都有较大的安全事件爆发，价值超数百亿美元的链上资产被黑客或作恶者以不同的方式窃取，主要类型包括公链底层代码缺陷、智能合约代码缺陷、私钥被窃、携款跑路等。据媒体报道，2019年仅智能合约漏洞事件就发生超百起，总损失超 1 000 万美元。①

　　作为去中心化系统，区块链有许多天生的优势，但区块链系统始终是需要网络运行的系统，因此传统的网络安全策略和防攻击手段在区块链系统中同样必不可少。例如，在区块链系统中可能出现"粉尘攻击"，即如果发送交易的费用很低或免费的话，攻击者可能在区块链网络中发送大量无意义的交易，造成网络拥堵。现在的区块链系统交易会收一定的手续费，其中一个原因就是防范此类攻击。

区块链系统面临的主要攻击方式

　　51%攻击，是指在整个采用工作量证明共识机制的区块链中，一旦有人的算力超过了全网的50%，他就可以发起51%攻击。这就会破坏区块链去中心化的特性，更危险的是，这样攻击者就得到了整个网络的控制权，可以进行几种攻击，例如回滚数据、双重花费攻击以及随机分叉、私自挖矿等。

　　粉尘攻击，在区块链语境中，粉尘是指人们通常可以将其忽略的极少量的货币或通证。换句话说，粉尘就是金额很小的交易，通常情况下这些金额因为太小并不值得交易，因为它们的交易费用常常高于其本身价值。诈骗者通过向用户钱包地址中发送非常微小的交易来跟踪用户钱包中的资金和所有的交易，继而确定这些钱包地址所属的公司或个人，以威胁暴露用户信息来获取非法收入。粉尘攻击最初是针

---

① https://mp.weixin.qq.com/s/yMvhKR3tbopoFVMtlpxIuA.

对比特币进行的，但后来蔓延至其他流行的区块链。

女巫攻击（Sybil Attack），源自基于美国作家弗洛拉·丽塔·施莱伯 1973 年的小说《女巫》改编的同名电影，讲述的是一个化名西比尔·多塞特的女人进行心理治疗的故事。她被诊断患有分离性身份识别障碍，兼具 16 种人格。在区块链领域中，女巫攻击是指网络中单一节点具有多个身份标识，通过控制系统的大部分节点来削弱冗余备份的作用。简单来说，就是有人试图通过创建多个账户身份或多个节点来控制整个网络。

加密算法是区块链的核心之一，它保证了用户与链的正常互动。不同的区块链可能会使用不同的加密算法，但这些加密算法一般都是业已存在并被各行各业验证为安全可靠的，比如比特币和以太坊使用的椭圆曲线数字签名算法（ECDSA），并不是开发者自创的算法。但只要是人类设计的算法，就有可能存在漏洞。如果某天这些算法被证明不够安全，那所有使用这些算法的技术都将面临同样的安全隐患。当然，区块链系统也可以升级换代，更换成更安全、可靠的加密算法。

计算机系统的安全性其实取决于系统本身的安全性设计，和具体使用的某种技术并无必然联系。因此，当你听到"因为采用了区块链技术，所以我们的方案更安全"这样的说法时，需要格外警惕。

误解五：区块链必须要挖矿，矿工越多越安全。"挖矿"的概念是从比特币使用的工作量证明共识机制演变而来的。因为在工作量证明中，节点需要做大量的简单运算才能得到一个答案。挖矿的抽象意义其实就是节点对区块链网络的贡献，如果用户并没有为系统做出任何贡献，挖矿就只是制造虚假参与感的噱头。

由于任何人都可以随意加入无许可链，无许可链的任何参与者都有可能是恶意用户，因此无许可链的维护非常困难。这就是为什么比特币采用工作量证明，让大量节点参与计算。这样的话，如果有恶意节点想要篡改数据，需要控制整个系统51%的计算资源才能发起攻击。但对于许可链来说，参与者本身是经过额外审核的，是可信任的，所以不需要通过增加矿工来保障系统的安全。许可链可以通过加强审核机制、完善防火墙网络等基础网络安全措施，加强系统的稳定性与安全性。

事实上，区块链技术的使用并没有消除固有的网络安全风险，人们仍然需要深思熟虑、积极主动地进行风险管理。其中许多固有风险涉及人为因素，比如，如果用户丢失私钥，则与该私钥相关联的任何数字资产都将丢失，因为重新生成相同的私钥在计算上是不可行的。如果私钥被盗，攻击者将可以完全访问由该私钥控制的所有数字资产。因此，强大的网络安全计划对于保护网络和参与组织免受网络威胁至关重要，特别是当黑客拥有更多关于区块链网络及其漏洞的知识的时候。

误解六：区块链让用户自己保管私钥，因此更安全。 现在的区块链系统建基于加密算法和签名算法，已经使用区块链的用户都知道私钥的重要性。由用户自己控制私钥的方式和传统互联网的用户账户密码方式有很大不同，由于近年来互联网账户被盗事件频发，有人认为由用户自己控制私钥的系统会更安全，实际上这也是一种误解。

从整体系统角度来看，就安全性而言，由用户自己控制私钥的区块链系统和传统的用户账户密码设计的系统没有区别。然而，用户自己控制私钥的区块链系统实际上是把私钥保存的安全问题移交给了用户，系统不再对私钥丢失导致的问题承担责任。传统的用户账户密码设计的系统相当于是由系统承担私钥保存的安全问题，账户密码仅仅是一道防线而已。

从安全性角度而言，两种方式各有利弊。用户自己控制私钥方式的明显好处就是系统从外部或内部被攻击的难度加大了，但问题是用户从此多了要自己管理私钥的烦恼，而且私钥一旦泄露是无法修改的，甚至用户明知已经泄露也无法阻止攻击、挽回损失。另外，如果私钥丢失，系统运营者也无法为用户找回资产。相比之下，传统IT系统在这方面有更好的用户体验，用户保管私钥没有这么大的心理压力，还有很多密码管理的实践，例如定期滚动管理用户密码（每过一段时间，系统会要求用户必须修改密码以防止泄露），用户担心密码有泄露可能可以主动更换密码、转移账户。这些安全实践目前在大部分区块链系统上都还没有办法实现。

误解七：区块链上的智能合约是不受操控的，因此更安全、公平、可靠。普通合同是在两方或更多方之间达成协议，将他们与未来约定联系起来。智能合约是使用区块链网络上的加密签名交易部署的代码和数据（有时被称为功能和状态）的集合（例如，以太坊的智能合约、Hyperledger Fabric 的链上代码）。智能合约由区块链网络内的节点执行，执行智能合约的所有节点必须从执行中获得相同的结果，并且执行结果被记录在区块链中。

智能合约的"智能"之处在于，由计算机代码评估和执行，无须第三方介入，实现了去信任化的合约自动执行。智能合约会执行应该及时和客观发生的事情，而不是指望另一方兑现承诺。但真正的智能合约很难形成，因为真正智能的合约需要考虑到所有情况。换言之，要求合约去信任化，意味着合约完全不能有任何模棱两可的空间。

The DAO 的资金安全事故导致人们对以太坊智能合约以及其宣传的"代码即法律"产生怀疑。有人认为这个从 The DAO 钱包持续提取以太币的人是攻击者，这种行为属于盗窃。但也有人认为，从某种意义来说，这个人只不过是找到了一种虽违背编写者意图但完全合法使用代码的获益方式，如果"代码即法律"则无可厚非——利用智能合约的特性来为自己的利益服务，这与精明的注册会计师找到税收漏洞，从而为客户合理避税并无太大差别。此事发生之后，以太坊开发者对以太坊进行了回滚，产生了硬分叉，引发了更大的争议并直接导致以太坊社区分裂为两大群体。

误解八：采用区块链，用户的隐私问题就能得到解决。很多人以为，只要采用区块链技术，互联网时代存在的隐私问题就能得到解决，实际上这是对区块链存在一种不切实际的期望。

除了少数专注于隐私需求的区块链技术，包括比特币在内的大部分区块链并不实现真正的匿名。区块链上的数据基本完全公开，也就是与每笔交易相关的账户及其资金往来都很清晰，尽管不知道某个账户背后的主人是谁，但这个账户在区块链上的一举一动都是透明公开的，而且难以篡改。相比之下，传统互联网的业务数据往往不是全公开的，出现隐私问题常常是因为某些互联网企业出售或泄露了含有用户隐私的数据。

区块链存在"隐私"的地方是，区块链的账户和它背后的真实用户身份在区块链上不存在对应关系。由于区块链的"自主账户"不需要向任何人或机构申请，因此没有任何信息能将这些账户与个人信息关联起来。另外，很难从采用 P2P 通信方式的区块链本身的记录里发现使用者的网络 IP 地址。从这个角度来看，区块链的匿名性的确比传统互联网应用更好，因为区块链上虽然交易信息全公开，但毕竟没有任何敏感的个人信息，自然不存在泄露的问题。

正因为区块链并非匿名，而是具有数据公开可验证的特点，所以目前日益普及的"数据上链"这一区块链技术应用方式并不是把个人和组织的隐私或敏感数据放上区块链，而是把数据真实性和一致性的证明信息（例如数据的哈希验证值）或者加密后的数据放在区块链上。正如第4章所介绍，目前业界正在探索开发的去中心化身份技术能够更好地解决隐私问题，但并不是所有区块链解决方案都默认采用去中心化身份技术。

有部分区块链技术，例如ZCash、Mimblewimble等，主打彻底的隐私匿名功能，虽在技术上可以做到一定程度的匿名，但其存在和应用在法律和监管领域面临严峻挑战，其应用前途还难以预料。

误解九：区块链能控制用户的数据，不被非授权使用。区块链技术可用于更好地控制用户数据的访问范围，产生可审计的数据访问报告，但是区块链本身并不能控制受权方滥用已授权数据。要彻底解决用户隐私和数据滥用问题，仍然需要法律法规的支持。

用户数据的非法使用是现实生活中的常见问题，虽然所有人都同意个人应该拥有对自身数据的所有权，但如何去保护这样的权利一直难以落实。目前，很多国家关于数据搜集、使用的法律规定大都以用户的"知情—同意"为合法的基础。当我们注册使用某个服务，同意了企业给出的用户协议之后，其实就是把自己的数据授权给企业使用。但不得不说，很少有用户在签署用户协议时会认真查看协议的全部内容。

区块链可以用技术实现对个人数据的保管，的确能避免过去数据被中心化机构搜集并垄断可能产生的弊病，也能使用户自主选择个人数据的开放权限，当任何组织或机构在网络上发起对个人数据采集的需求时，数据的交换主动权完全取决于用户。

然而，这不代表用户的数据不会被非授权使用。比如，在区块链技术环境中，我们把信息授权给了某个机构，但我们无法保证这个机构不把信息非法授权给其他人，尤其是如果该机构不是由区块链技术构成的，那么用户数据很容易又回到中心化机构的控制之中。这跟目前生活中人们的联系方式被在网上贩卖，而买方往往使用之后把信息再次转卖是同样的道理。

总而言之，用户的数据能否安全、不被非法授权使用，取决于很多因素，需要技术与法治一起配合、共同推进。

误解十：量子计算实现后，区块链就不再有意义了。量子计算机①（见图 6-2）并非遥不可及，人们一般认为，10~20 年内，量子计算机就能投入使用。量子计算机的计算并行这一特性意味着，随着量子比特数的增加，其计算能力会呈现指数级增长。量子计

---

① 量子计算机是一种使用量子逻辑进行通用计算的设备。不同于电子计算机（又称传统计算机），量子计算用来存储数据的对象是量子比特，它使用量子算法来进行数据操作。

注：2020年1月7—10日，在美国拉斯韦加斯的国际消费类电子产品展览会（CES）上，IBM公开展出了其量子计算机IBM Q System One，这是全世界第一台基于电路的商业化量子计算机，这台计算机有20个量子位。

图6-2　IBM展示世界首台商业化量子计算机

算机可能会改变目前区块链挖矿行业，拥有量子计算能力的挖矿速度会高于现在的矿机，更利于进行哈希函数的运算。当然，区块链项目不全是基于工作量证明的共识机制，因此量子计算机对区块链项目的影响也是有限的。

更为严峻的是，量子计算直接威胁着现有的一些常用加密算法和签名算法，基于大数分解的密钥方案将被肖尔（Shor）算法破解，让区块链失去保密性。在这一方面，区块链项目可以引入其他用量子算法无法破解的密钥机制来升级替换。因为同样的非对称加密算法不仅被用在区块链上，而且被用在银行系统以及互联网等领域，所以说量子计算的影响是世界性的。银行、互联网这些领域的安全级别甚至不一定比区块链要高，如果说量子计算威胁到了区块链账户的安全，那么它也同样威胁到所有人的浏览器安全连接、银行账户、信用卡交易等。我们相信，在量子计算技术成熟之前，作为这个世界基础设施的密码体系会持续升级和创新，而区块链技术也会随之发展进步。

需要说明的是，目前量子计算技术还处于非常早期的阶段，据一篇标题颇为耸人听闻的文章《量子计算机能在 8 小时内破解 2048 位 RSA 加密》[①]指出，据有关专家估算，使用量子计算破解 2 048 位的 RSA 算法，考虑到必要的纠错等因素，量子计算机约需要 10 亿个量子位。IBM 在 2020 年公开展出的量子计算机 IBM Q System One 仅仅有 20 个量子位，而目前报道的最大量子位谷歌量子计算机也只有 57 个量子位。也就是说，量子计算技术还需要很长时间的发展才有可能撼动现代加密算法的基础。

因此，面对仍处于技术早期阶段的区块链，我们应该以"区块链技术如何使我们受益"的思维方式来思考和运用，而不应一味纠结于"如何才能使应用融入区块链技术范式"。我们应该像对

[①] 量子计算机能在 8 小时内破解 2048 位 RSA 加密。https://www.secrss.com/articles/11093.

待其他任何新技术一样,准确深入地理解区块链技术的能力和局限,并在适当的情况下运用它。在下面章节,我们选择了区块链技术领域存在的几个常见且重要的误解和迷思,拨云见日,逐步揭开区块链技术的本质。

第 7 章　加密货币、加密资产和通证

毋庸讳言，这几年来以比特币为主的各种加密资产及其带来的财富效应，才是吸引全世界的普通大众关注、了解区块链技术的最大动力，在此之前可能还从未有任何一种计算机技术让如此多的行外人士如此着迷。但不可否认的是，大众存在太多关于货币、资产等方面的误解。

误解一：区块链就是比特币或数字货币。这是因对区块链技术缺乏基本认识而产生的典型误解。比特币及其他各种加密数字货币只是区块链的一种应用，而区块链还能支持很多种其他的应用。

误解二：区块链的作用就是用来"发币"。与误解一类似，区块链除了用于"发币"、发通证之外还有很多种用途。"发币"的说法是炒作加密货币时代的产物。

误解三："币"或"通证"除了用于炒作没有别的作用。"通证"有相当多的用途，有非常广泛的应用场景，绝大部分区块链应用的设计都离不开某种形式的通证，即使这些应用不需要使用虚拟货币。虽然过去加密货币的主要用途可能是加密货币交易，

但已经有越来越多的实用项目采用区块链和通证技术。

误解四：政府要发国家数字货币就必须使用区块链。这也是一种误解，设计和实现一个通证并不是非需要区块链不可，完全可以不采用区块链技术。不过在技术发展的今天，采用区块链是一个比较有利的选择。

误解五：企业政府必须使用"无币区块链"。"无币区块链"只是一种"名词之争"，是一些人为了把"区块链技术"和"币"划清界限而炮制的一种不科学的说法，误导性较强。从某种角度而言，几乎不存在无币（通证）的区块链应用场景。"无币区块链"就像是"无数据的数据库"一样荒唐可笑。

区块链和"币"

比特币是世界上第一个区块链，毫无疑问，我们谈到区块链是无法回避数字货币的。为了能更好地理解区块链上的币、通证、数字资产的关系，我们有必要首先深入理解区块链的一些设计以及历史成因。

在目前流行的区块链设计里，有两类常见的设计：UTXO 模型和账户模型。无论是加密货币、通证，还是加密资产，都离不开一个核心问题——在区块链上它们归属于谁。而这两种设计模型就是回答这个问题的基础。

UTXO 模型

中本聪在比特币白皮书一开始就引入了"电子硬币"概念，并把它定义为"一连串的数字签名"，这就是比特币交易的基础，可能也是比特币之所以成为"币"的原因。

比特币采用了被称为 UTXO 的交易模型，你可能在前文中已经读到。作为一本非技术类读物，本书不打算仔细讲解这一交易模式，但可将它类比成日常使用的硬币、钞票等现金支付方式，以帮助理解。

假设买一杯奶茶需要支付 32 元，如果用微信钱包、支付宝或银联等电子支付的话，那么非常简单，直接扣除 32 元即可，完全不用担心零头的问题。但是，如果我们用现金支付，就有可能出现以下几种情形。

- 我们给店家 32 枚 1 元硬币，这时候正好不用找零，但大部分时候我们不会带这么多硬币在身上。
- 我们给店家 3 张 10 元钞票，外加 2 枚 1 元硬币，这样也不需要找零。
- 我们给店家 4 张 10 元钞票，店家找给我们 8 枚 1 元硬币。
- 我们给店家 1 张 100 元钞票，店家找给我们 1 张 50 元钞票、一张 10 元钞票，外加 8 枚 1 元硬币。

UTXO 就是类似上述现金支付找零的方式，只不过它并不是"零头"本身，而是一个"找零"记录。

　　比特币的这一设计思路是：只记录交易，不记录最终状态。这种设计的一个最大的好处就是比较容易验证，我们仍然用现金消费来类比：当我们要买一杯 32 元的奶茶时，我们看下钱包，如果发现所有钞票、硬币加起来也不足 32 元，我们马上就知道自己的钱不够，而要知道购买完东西后还剩多少钱，我们只需把钱包里没花掉的钱相加即可。

　　因此，比特币的交易并不是大家想象的转账方式——把 A 账户的余额减少一点，对应把 B 账户的余额增加一点。比特币的系统里面并没有一个"账户余额"的东西存在，用户每次在比特币钱包里看到的余额其实是数字钱包根据区块链上的数据（UTXO）计算出来的（见图 7-1）。从某种角度上来说，比特币的系统里并不存在真正意义上的"币"，而只存在 UTXO，"币"仅仅是计量上的概念。

　　UTXO 与账户余额的体系相比更复杂，可以表达的状态和附加信息更少，扩展性不足。但它对于比特币这样一个以点对点的电子现金为设计目标的系统来说已经足够，而其高效率、灵活、更容易防止双重花费攻击等优点更为重要。大量基于比特币代码分叉的区块链都采用了类似做法，而更关注应用和扩展能力的区块链，例如以太坊、Hyperledger Fabric、ArcBlock 等，都无一例外还是采用了账户模型的设计方式。

```
  0.2    1.0    0.5    1.1    2.5    8.5
```

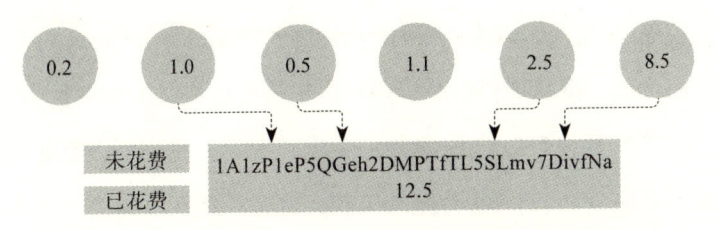

未花费 | 1A1zP1eP5QGeh2DMPTfTL5SLmv7DivfNa
已花费 | 12.5

图 7-1　比特币的"账户余额"是数字钱包根据区块链上的 UTXO 计算出来的

账户模型

　　账户模型和我们常用的互联网账户、银行账户这些账户模型非常接近，因此比较容易理解。你可以把一个用户的账户模型理解成一组通用"容器"，其中一种常见的容器叫"计数器"，它最容易被用来实现"账户余额"。在这种"账户余额"下的交易，就是我们常规理解中的转账——每次转账交易实际上就是多个参与账户之间的数额变化，当然区块链需要保证这些数额是正确的，不会出现双重花费攻击，以太坊里的以太币就是这样实现的。

　　账户就像一组通用"容器"，意味着账户模式非常灵活，一个账户可以包含多种不同的"容器"，用来保存不同的数据。这就意味着一个账户里完全可以有多种不同的"币种"，除了保存可以任意分拆、按"账户余额"计数的币，还可以保存那些不可分拆的币，也可以组合式地保存多种不同的币。这就不难理解，在以太坊之上，一个账户除了有以太币余额，还可以有各种各样 ERC20 Token 的余额，实际上还可以保存各种各样的数据形态。可编程的区块链系统，如以太坊、Hyperledger Fabric、ArcBlock 等账户系统都可以支持几乎可以被应用无限扩展的区块链上的数据。

账户模型和 UTXO 模型并不矛盾，实际上完全可以直接在账户模型下实现和 UTXO 类似的机制，也有一些区块链尝试把两者结合起来。不过，在 UTXO 模型下想实现类似账户模型的机制相当麻烦。

Token 命名考源

既然账户体系可以保存如此众多灵活的数据，开发者往往会按照用途做出一些约定（被称为协议、数据规范、数据格式等），用来表述各种各样的需求。最先出现的称呼当然是沿用习惯的 Coin（币），但由于 Coin 本身在比特币体系里已有特定含义，而且在实现机制上又有所不同，因此早期开发者采用了 Token 这个词。

早期还曾有人用 Asset 来指称，比较著名的有染色币时代的"开放资产协议"（Open Assets Protocol）中使用了 Asset 这个词。但由于 Asset 这个词本身表示的"资产"有特定含义，以太坊著名的 ERC20 标准出现时，其规范文档中使用了 Token 来描述这套标准定义。随着以太坊和 ERC20 标准的流行，Token 成为最为主流的命名。

其实 Token 在英文语境下，尤其在计算机领域里，是一个经常被拿来指代"一团不知道究竟该如何命名的数据"的"万金油"式名词，因此早期开发者用 Token 来命名一点也不奇怪（见图 7-2）。

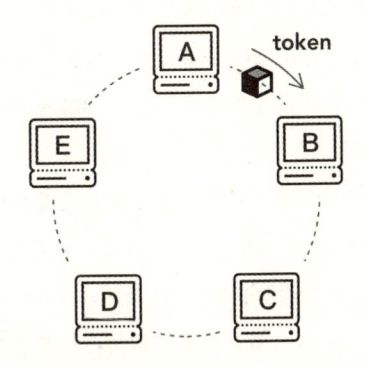

注：图中所示是一个早期著名的网络架构——令牌环网（Token Ring）里 Token 控制发送数据的权力。很多计算机应用场合都还会使用 Token，比如 Session Token、Security Token、Access Token、JSON Web Token、CSRF Token 等，它们其实都是不相关的概念，其共性就是表示一种"有特定用处的、独特不重复的、一小块的数据"。

图 7-2　Token 这个词在计算机领域常被用于不同的场合以表达不同含义

Token 这个词在中文世界首先被翻译成了"代币"，这基本抹杀了当初英文世界命名者称其为 Token 的"良苦用心"，不过后来有人建议将其翻译为"通证"，以避免和"币"有直接的字面联系。

> ### Token 翻译的"代币"与"通证"的之争
>
> 区块链语境中,这些权益的英语表达都是用 Token 一词。当需要将其翻译成中文时,显然"令牌"一词不能满足更丰富的含义,加之区块链项目投机蔚然成风,Token 被许多人翻译成了"代币",但显然这个翻译并没有反映出 Token 一词在区块链项目里所代表的准确含义。2018 年,经过国内区块链行业的热烈讨论,Token 开始在更多的文章中被翻译成"通证"。
>
> 2018 年,中关村区块链产业联盟理事长元道与 CSDN 副总裁孟岩认为,Token 被翻译成"通证"更为合适。他们认为 Token 就是一种"可流通的加密数字权益证明"。在一个可以运行 Token 的平台上发行加密数字货币是一件易如反掌的事情。但是直接把 Token 译为"代币",肯定是错误的,因为 Token 所代表的可以是一切权益证明,甚至是一切凭证,而不仅仅是货币。无论是"令牌"还是"代币"都不能很好地体现出区块链项目首次公开发行之后 Token 处于新阶段的角色转换,它拥有了更多的作用,所以人们创造了一个新词"通证"。

Token 在区块链语境下的中文翻译从"代币"改成"通证"其实也是"名词之争"。从 Token 究竟应该翻译成什么,我们也可以看出人们根据自身立场观察技术的心态。虽然 Token 这个英文单词没有变化,还是发挥那些作用,但如何称呼它,其实人们的看法各异。喜欢以"代币"来称呼它的,可能更认可、更强调 Token 作为数字货币的价值，而喜欢称其为"通证"的人，则可能认为这个词能更全面地反映 Token 实现的多样化功能。

我们完全可以认为区块链领域里的 Coin、Token、Asset、Cryptocurrency（加密货币）、Crypto Token（加密通证）、Crypto Asset（加密资产）是同一类东西，不必在此陷入"名词之争"。

比如，我们可以说比特币是一种 Coin、Token、Asset、Cryptocurrency、Crypto token 或 Crypto Asset，其中任何一种表述都是正确的。

在本文的后半部分，我们将用"通证"一词来表述上述所有概念。

通证与区块链的关系

绝大部分区块链应用的核心都围绕通证

一个数据库应用的核心是什么？毫无疑问是数据，虽然在极个别应用场景下，数据库会被用在和数据本身不相关的地方，例如，当年著名的互联网项目 Flickr 曾将数据库用作一个分布式序号计数器。一个电子表格应用，比如微软 Excel 的核心是什么？毫无疑问是电子表格，虽然有人用 Excel 来作画，并且在网上引起过小小的轰动。一个区块链应用的核心是什么？答案就是"通证"。

对于所有数字货币类型的区块链应用，例如比特币而言，毫无疑问作为币的通证就是其全部。而在著名的企业联盟链Hyperledger Fabric设计里，排在其"资产—参与方—交易"模型之首的就是数字资产，一种通证的典型形态。任何使用去中心化身份、可验证证书技术的应用，本质上都是在使用作为身份的通证和作为证书的通证。读完本书，你可能会发现通证技术有非常广泛的应用场景，绝大部分区块链应用设计都离不开某种形式的通证，即使这些应用不需要使用虚拟货币。

实际上，基于通证的各种应用是区块链未来最令人激动的地方。正如序言所述，未来10年里，区块链技术可能将释放巨大的威力，区块链网络将成为像今天的电信网和互联网一样的社会基础架构，基于区块链的各种数字通证会如同今天电子邮件一样无处不在，以区块链为基础的应用会如同今天的万维网站点和移动应用一样，成为每个人生活中不可缺少的一部分。

为什么设计实现通证需要使用区块链

首先，设计和实现一个通证并不是非需要区块链不可。

你没有看错，区块链并不是必要的。在区块链诞生和流行之前，人们已经用很多种方式实现了各种类似的数字货币或通证的各种功能，被成千上万人使用。看一看现在的网上银行，还有航空公司、酒店或商家的各种积分系统、游戏点卡等，这些业务在很多年前便已被开发使用,且已经发展得相当成熟,这就充分说明没有区块链也并不影响这些通证业务的成功开展。

那么,现在要设计一个使用通证的应用需不需要使用区块链技术呢?答案是:需要。为什么?因为用区块链技术来定义通证是最新的技术进展,比用传统数据库的方式更安全、高效、架构更成熟。

很多人因为比特币而知道加密货币和通证。在比特币之前,数字化的货币就是密码学的一个研究分支。密码学界一直有个梦想:手里的实物现金能否数字化——通过数字加密技术,像发电子邮件那样,直接从某一个数字身份转移到另外一个数字身份名下?第 2 章的"区块链诞生之前"一节中讲到密码学领域取得的各项创新突破,及其在 eCash、B-money、BitGold 等各种数字货币的探索中的应用。这些创新突破通过签名技术解决了数字货币发行者、持有者的身份问题,非对称加密技术则部分解决了数字货币的流通问题,留下的核心难题——双重花费问题则被 2009 年横空出世的比特币用点对点交易、全网记账和 UTXO 账户设计加以解决。

过去使用中心化的系统来实现数字货币或通证的功能,需要为安全性、可靠性、可审计性付出巨大的代价。那些小规模移动游戏里的积分、虚拟币系统之所以看上去并没有花费巨大,只是因为其本身价值还不够大。

区块链必须有通证吗

虽然大部分区块链系统都默认设计有通证，但它并不是必需的。区块链系统完全可以不设计通证。一些联盟链系统，比如 Hyperledger Fabric、R3 Corda 等，通常就没有包含默认通证。

通证其实只是用来表征链上某种实体的数据而已，那么区块链作为一种数据库，只要里面有数据存在，就一定表征某个实体，因此这个区块链系统即使不设计通证，应用如果需要的话也可以在此基础上再创建出通证。在数字货币概念比较受排斥的时候，有些人提出了所谓的"无币区块链"，这可以被视为另外一种"名词之争"。当你读完本章或本书，对区块链及其应用有更多了解后，你会发现绝大部分区块链应用设计都离不开某种形式的通证，即使这些应用不需要使用虚拟货币。因此，"无币区块链"纯属无稽之谈。

比特币设计时采用了一种有趣的激励机制，那就是给每轮里成功产生区块的矿工一定数量的比特币作为奖励。后来很多区块链的激励机制也采用了类似的挖矿奖励通证的形式，因此有人认为通证和激励机制存在必然的对应关系。其实，两者之间并不存在必然联系，只不过在一个区块链上采用链上通证作为奖惩机制比较容易实现。区块链上可以设计通证但不将其作为激励机制，也完全可以不采用激励机制，或者使用其他的方式作为激励机制而不使用通证。

通证的划分方式

按照通证是否同质、是否可拆分，我们可区分出两类不同的通证：同质通证和非同质通证。

所谓同质通证就是可以切分，只要数额相等就意义相同的通证。常见的加密货币，如以太币或者各种ERC20通证都属于同质通证。举例而言，我的以太坊账户里原来有10枚以太币，无论经过多少次转账，只要我账户里仍然还有10枚以太币，那么对我而言这个账户余额就没有任何变化。也就是任何进出的以太币都是同质的，用户在意的仅仅是数量。

非同质通证是独一无二的，也是不可替代的。例如一张证书或一张门票，尽管它们有同类，甚至非常类似，但每一个都是独一无二的，而且通常无法被切割或拆分。比如，著名的以太坊游戏加密猫就使用了ERC721标准在以太坊上发行的非同质通证，每只猫都对应着一个独一无二的非同质通证。

其实，如果对非同质通证再进行细分的话，还可以分出一些更有趣的类别。比如，有些通证虽然独一无二，但属于同一类型，因此可以为这些通证定义出一个"类"或"模版"，免得每个通证都需要包含相同的信息，从而浪费区块链资源。以电影票为例，大部分电影票的样子都差不多，因此可以定义一个电影票公用模版的通证，然后每张票只需要很少的独特信息（如场次、座位等)。以太坊上的 ERC1155 标准在 ERC721 的基础上做出延伸，就是解决这样的非同质但有"类"或"模版"的标准。

多个不同的非同质通证有时也许有组合成另外一个通证的需求。例如，有商家会在情人节时推出促销礼包，一个礼包的通证里包含两张电影票、一张停车券，还有一张餐厅消费卡。在以太坊上也有 ERC998 来提供这种组合型非同质通证的标准。

上述的 ERC 标准都是以太坊上的通证标准，需要注意的是，在不同的区块链上，通证的格式、协议等目前没有统一标准。例如，和非同质通证相关的协议在 ArcBlock 的区块链上被称为 ABBA 协议（ArcBlock Blockchain Assets Protocol，即 ArcBlock 区块链资产协议），而在 Algorand 区块链上被称为 ASA（Algorand Standard Assets，即 Algorand 标准资产）标准。可以预见，在未来，通证协议标准方面的不同会是一个挑战。

在这个定义下，比特币和其他使用 UTXO 的币应该属于哪一类别呢？我认为，从概念上看它们符合同质通证，但在具体实现上它们更接近非同质通证，因为每一个 UTXO 都是独一无二的。这其实也不难理解，想象一下现实中的钞票，每张钞票都有独一无二的编号，对钞票个体而言，它们是非同质的，而对大多数使用钞票的人而言，大家关心的只是钞票上的面值数字而已，因此它们又是同质的。

我们可以看到，很多概念并不是非黑即白、非此即彼，而是要看从哪一个角度去考虑,"中心化"还是"去中心化"、"同质"还是"非同质"都是如此。

通证的另外一种分类方式是按照其应用属性来划分,可分为应用通证和证券通证。

应用通证是设计赋予持有者某种使用权利的通证。例如,电影票可以被认为是一种典型的应用通证,持有某张电影票的人可以在特定的时间、特定的场次、特定的座位上观看电影。类似这种具有应用特性的通证的例子不胜枚举,除了门票之外,还有会员卡、礼品卡、身份证、学历证明等。

由于应用通证可以承载和应用相关的信息、规则甚至业务逻辑,使用应用通证可以大幅提高生产效率,甚至革新商业模式。还以电影票为例,读者可以思考一下,为什么电影院需要有卖票这个环节,而不是让人直接拿着等值的现金入场?原因非常简单,因为票上含有场次、座位等信息,有了这些信息,电影院可以更好地规划场次,更好地预测、管理自己的票房收入,而持票人可以更好地预期自己将获得什么样的体验,这是拿现金临时入场不可能具备的优势。正因如此,今天的电影院、飞机场、火车站等都采用票券这样的应用通证体系。

应用通证的形态和使用场合千变万化,并且可进行组合,因此应用通证是一种最常用的区块链应用开发形式。我们前面介绍去中心化身份的时候提到的可验证数字证书也可以被认为是一类典型的应用通证。

一些有可能被认为是数字货币的区块链通证实际上也是应用通证，因为这些通证被设计出来的目的就是作为使用特定区块链或网络服务的权利通证，但数字货币交易所的存在使得这些通证可以流转交易，从而具有了一些货币和证券的形态。正是因为这种复杂性，越来越多的有识之士呼吁各国政府应该对通证制定新的法律，因为证券是一个已经有百年历史的古老事物，很多国家的证券法的出现远远早于通证这样的新生事物。

证券通证可以被用作代表公司或项目收入的某种权益，如拥有权、股权、收益权等；还可以代表传统的证券，即作为任何一种可交易资产的广义分类，从房子等不动产、贵重金属到代币都算是可交易资产。

用通证技术来升级传统的证券有非常多优势，不仅更为安全、可靠，还可以结合智能合约等实现更多自动化和先进的功能。

由于各国政府的监管因素，通证一旦被认为属于证券，就往往面临更为严格的监管要求。因此，很多时候，区块链应用开发者在设计通证时需要仔细规划和考虑其属性。通证是否属于证券，目前还没有定论，本书不打算就这一法律问题展开讨论，而只专注于介绍通证在技术上的特性和功能。

第8章　对智能合约和虚拟机的误解

对很多具有计算机技术背景的人来说，智能合约可能是区块链技术里最令人感兴趣的部分。单听其名称，智能合约就会给人以无限的应用遐想。过去几年里，可以说智能合约是我们接触到的区块链领域最容易打动客户的理念，然而不幸的是，这往往也是客户最容易误解的概念。智能合约有着无限的可能性，但在今天它的实现还有很多局限，正确认识智能合约的能与不能、现状和未来，有助于我们思考和决策在自己的业务系统中应该如何定位和使用智能合约。

智能合约的声名鹊起主要得益于以太坊的成功，而以太坊是用虚拟机的方式来实现其智能合约的，这导致很多人认为以太坊的实现方式是唯一方式，从而引发了对区块链虚拟机的各种误解。

对智能合约和虚拟机的常见误解

误解一：区块链必须支持智能合约。区块链技术和智能合约的结合是非常好的形式，区块链具有去中心化、难以篡改、透明可追踪等优点，天然适用于智能合约。智能合约的确是一个令人激动的事物，因为区块链的普及而名声大噪。然而，智能合约与区块链是两个相互独立的事物，并不互相依存，区块链本身未必需要支持智能合约，也并非所有的应用场合都需要智能合约。

误解二：区块链应用就是智能合约本身。这一误解可能源于以太坊的"下一代智能合约与去中心化应用的平台"这一定位宣传过于成功，让很多人在智能合约和应用之间画上了等号。

真正了解智能合约之后，人们就会发现智能合约其实只是一个区块链应用中的一小部分，要构建一个让最终用户能够完整体验的应用，光靠智能合约本身通常是不够的，还需要其他业务逻辑、界面逻辑等的支持。

误解三：智能合约必须是程序代码。以太坊的智能合约概念成功让很多人以为智能合约必须是程序代码，但实际上这是一种误解。以太坊的智能合约引入了过程性代码，这一设计方式有很强的灵活性，但导致这种智能合约的使用只能由软件工程师来完成。其实，智能合约的实现可以有多种方式，把智能合约用程序代码来定义只是一种方式。未来的智能合约一定会出现更多种形态，例如表格方式、规则描述方式、可视化方式。

误解四：智能合约的实现必须实现专用的语言。很多区块链项目都为自己的智能合约设计了新语言，例如，以太坊使用的是 Solidity，脸书的 Libra 设计了 Move 这种专用智能合约语言。那么，是否实现专用的新智能合约语言会更好呢？这很可能是一种不好的风气，因为大部分新的程序设计语言并无必要，而且在今天的计算机科学基础上，要设计实现一门新语言本身并非难事，但要设计一门优秀的新语言则难上加难。很多区块链项目可能只是出于市场宣传或炫技而设计新语言。

未经时间考验的语言可能存在不完善之处，例如，以太坊智能合约暴露的安全问题就反映出 Solidity 作为新语言在设计上不够完善。某些新语言并不能带来功能实现上的突破，反倒是经历过很长一段时间考验、被多次优化的经典语言更加安全有效。

目前有不少区块链采用基于 WebAssembly（WASM）的虚拟机来实现智能合约。在 WASM 生态里，结合 LLVM 这种可以把实现语言和目标编译代码解耦合的成熟技术，理论上未来用任何语言进行开发都是可行的。

误解五：智能合约必须"图灵完备"。以太坊的智能合约是图灵完备的，这一直是以太坊的一个重要卖点，但并非所有的区块链智能合约都需要图灵完备。智能合约完全可以多样，例如，比特币脚本特意设计成非图灵完备。图灵完备与否只是一种设计需要,并不代表其优劣。

越来越多的区块链会考虑实现非图灵完备的领域专用语言（Domain Specific Language,缩写为 DSL）,来实现高效率、安全的智能合约开发。

> **图灵完备的极简搞笑语言**
>
> Brainfuck 是一种极简主义的编程语言,是图灵完备的最小语言之一。这个语言的设计应该就是为了开玩笑,这从某个角度说明了图灵完备本身并不是很高深复杂的事情。顾名思义,这个语言除了非常"烧脑"、搞笑之外,并没有实际意义。
>
> ++++++++[>++++[>++>+++>+++>+<<<<-]>+>+>->>+[<]<-]>>.>---.+++++++..+++.>>.<-.<.+++.------.--------.>>+.>++.
>
> 不要吃惊,上面就是用这种搞笑语言写出来的代码,输出的是"hello world"（你好,世界）。这种语言可以解释实现,也有好事者为其开发了虚拟机实现。

误解六:支持智能合约必须使用虚拟机。这也是人们目睹以太坊风靡之后产生的误解。区块链的共识机制要求所有参与者的计算结果保持一致,但各节点可能会因为各种原因输出不同的结果。以太坊为了让所有节点保持一致写了一个虚拟机,就是为了实现智能合约代码的一致性,并让以太坊的智能合约在这个容器里面运行。然而,理论上虚拟机并不是支持区块链运行智能合约的必要条件。

区块链的智能合约需要在一个资源隔离的环境中运行,但这个环境不局限于虚拟机。只要达到一个沙盒[①]执行环境标准(可以通过命名空间的隔离),保证合约和合约之间、合约和宿主系统之间进行了有效的资源隔离就可以实现(见图8-1)。而智能合约是用户编写的,需要防备恶意或故障智能合约的不良影响。

注:沙盒就是一个限制应用程序对系统资源的访问的运行环境,沙盒很多情况下都是实现在虚拟机之中。以太坊虚拟机是一个相对封闭的环境,不支持对网络和文件系统的直接访问。

图8-1 以太坊虚拟机的沙盒机制

从传统合约到智能合约

合约,又称合同,指两方或多方当事人之间达成的协议,约定在未来某个事件发生时或满足某种条件时,各方如何履行各自

[①] 沙盒是一种计算机安全机制,为运行中的程序提供隔离的环境,通常是作为一些来源不可信、具有破坏力或无法判定程序意图的程序提供实验之用。

的责任义务，享有各自的权益。买卖、租赁、借贷……大部分涉及当事人之间的协议合约，无不是一方付出金钱或等价物，另一方提供产品、服务或对方需要的东西，这样的合约不胜枚举。

入职、买房、银行开户等，现实生活中我们经常和各种各样的合约打交道。除了少数情况下我们需要从头开始逐条协商合约条款，很多时候我们签署执行的其实是"格式合同"，又称"标准合同"，指合同当事人一方预先拟好合同条款，按照固定的模板填写或更改具体条件和参数，另一方只能表示接受或不接受。对于非拟定条款的当事人一方而言，要订立格式合同，就必须全部接受合同条件，否则就不订立合同。格式合同的出现，一般是因为拟定条款的一方是处于卖方市场的供给方，而可以反复使用的格式合同也为需求方提供了便利，车票、船票、机票、保险单等都是格式合同。

智能合约概念的出现最早可以追溯到 1994 年，尼克·绍博将其定义为"执行合同条款的计算机化交易协议"（见图 8-2）。智能合约设计的总体目标是满足常见的合同条件（例如支付条款、留置权、保密性，甚至执行），最大限度地减少恶意和偶然异常的情况发生，并最大限度地减少对可信中介的需求。据说，尼克·绍博发明智能合约这个概念，是受到自动售货机的启发。智能合约诞生在区块链之前，也就是说这个概念最初和区块链并没有必然的联系。

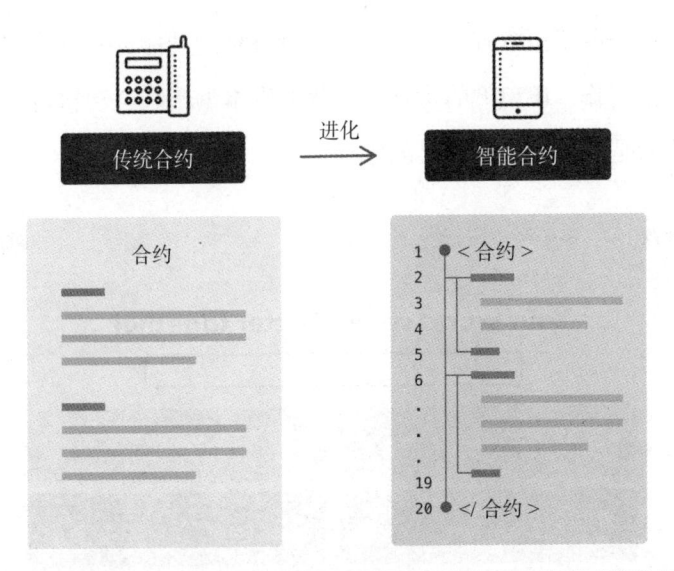

图 8-2 智能合约可以被认为是传统合约的数字化定义和自动化执行

很多互联网服务都已经有了智能合约的影子。例如，很多银行提供了"自动还款"业务，用户会把自己的电话费、家庭的水电气费等公用事业费用与自己的银行账户绑定，不同服务商按事先的"约定"，按期自动将款项从指定账户划走，这可以算是一种智能合约。

IFTTT 是 If This Then That（如果这个……则那个……）的缩写，是一个流行且实用的互联网服务，在移动互联网和物联网普及后更为流行。IFTTT 定义如果"这个"网络服务满足条件，就会自动触发"那个"网络服务去执行下一个动作，且条件和动作都可以由用户根据自身需求设置（见图 8-3）。IFTTT 能将前后两个不同的网络服务连通,以实现各种各样的功能,并且为用户不间断地工作。IFTTT 的这种可视化的脚本编辑和自动执行,可以被认为是一种广义的智能合约。

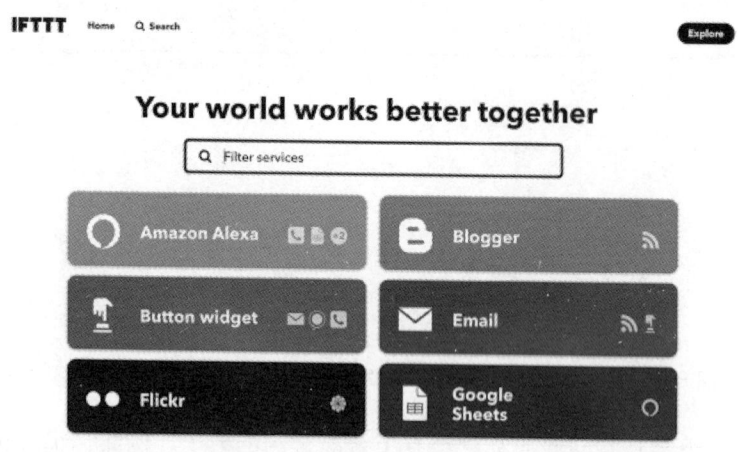

图 8-3 IFTTT 可以让用户定义很多种逻辑,自动完成很多动作

在过去很多年里,这些互联网上实现的智能合约已经在我们的生活中无处不在,只不过我们并没有把这些功能称为"智能合约"。另外,过去互联网上的这些广义的智能合约在形式上大多更接近于格式合同:用户只需要选择一些常用的既定模版,选择一些需要的规则,填写一些需要修改的参数即可。其实,这种做法最接近用户的习惯,也比较容易理解,普通用户不需要任何计算机知识也可以使用。

比特币脚本

比特币的核心是一个分布式账本，按照我们直观的想象，这个账本进行转账的时候，比如 A 给 B 转 1 枚比特币，就是先在 A 的账户减少 1 枚比特币，然后在 B 的账户加上 1 枚比特币，作为用户我们可以这么去理解这一过程，但实际上比特币的实现远没这么简单。比特币采用比特币脚本来实现这个过程，并通过脚本实现更多的功能，这也是为什么比特币被称为一种"可编程的货币"。

为什么比特币要通过脚本来实现，而不是把功能逻辑直接实现在链的节点代理中？这主要是为了能实现一定程度的可扩展性，这样链只需要实现最基础的功能，而链的使用者可以通过脚本最大限度地在链的基础功能上扩展更多的功能。从这个角度来看，不得不说中本聪在设计比特币时非常具有前瞻性。

脚本语言是为了缩短传统的编程过程而创建的一类语言，通常都有简单、易学、易用的特性，目的就是快速完成工作。但比特币脚本语言不支持循环、不支持复杂的流控制功能，也就是说，比特币脚本语言不是图灵完备的，这意味着其复杂性有限，交易可执行的次数可预知。由于比特币脚本不是一种通用语言，它不会产生无限循环或其他类型的未知逻辑错误（有时被称为"逻辑炸弹"），因此难以利用比特币脚本的特性开展对系统的攻击。

我们可以认为比特币脚本是一种区块链智能合约的雏形。究竟比特币脚本能不能算是智能合约，有很多不同的看法，但基本上属于"名词之争"。至少可以看到,在如何实现区块链的可编程和可扩展方面,比特币和以太坊走上了截然不同的道路:以太坊的智能合约语言强调图灵完备,而比特币脚本特意设计为非图灵完备。

以太坊的智能合约

以太坊的成功真正让智能合约成为显学,而以太坊的成功本身也得益于智能合约。通过以太坊官网上的自我介绍——"以太坊是一个运行智能合约的分布式平台"可以看出这一点(见图8-4)。智能合约运行在以太坊虚拟机上,以太坊是一个由所有运行以太网节点的设备组成的分布式计算网络。

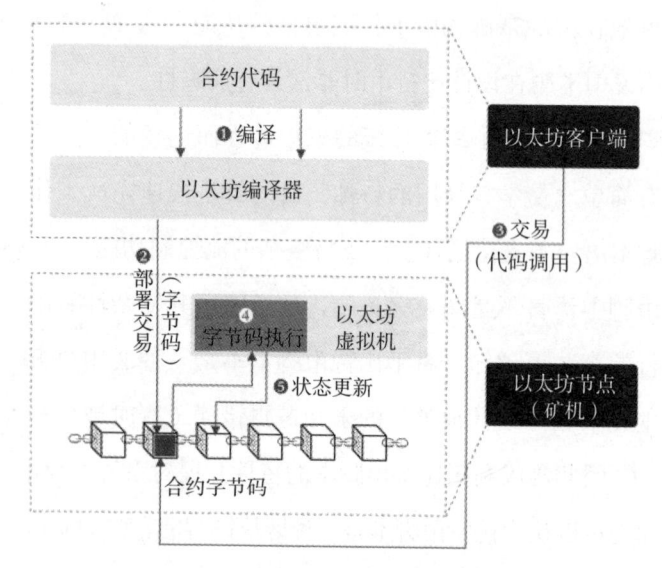

图 8-4 以太坊智能合约执行流程

以太坊的智能合约是通过以太坊虚拟机实现的。以太坊虚拟机是以太坊的基础，它负责执行所有的交易，并且根据这些交易来维护整个以太坊的账户状态。部署或者调用智能合约是交易的一种。智能合约是由虚拟机执行的代码，目的是实现复杂的业务逻辑。

以太坊虚拟机被设计成一个相对封闭的环境，不支持对网络 API、文件系统等的直接访问。以太坊虚拟机就是一个沙盒环境，只能处理区块链内部的状态。区块链没有主动获取数据的能力，它能用的只有区块链本身的数据。当智能合约互相调用时，以太坊虚拟机会在一个全新的环境中运行新合约，这样即使出现问题也不会破坏原有执行环境，为智能合约的执行提供了一个沙盒环境。

以太坊的智能合约是通过虚拟机方式来运行的，这让很多人误以为要实现智能合约必须通过虚拟机来运行，以为以太坊的做法是实现智能合约的唯一方法，甚至形成了凡是公链必须支持智能合约、必须实现虚拟机的观点。这样的理解是不正确的。

以太坊的官网和官方文档里没有对智能合约的准确定义。在以太坊的概念里，"智能合约"和"程序"似乎等同，其本身除了名字之外和我们常规理解的"智能"（多指有更高级的智能逻辑，甚至人工智能）以及"合约"并没有直接的联系。从某种程度上可以说，以太坊对"智能合约"进行了一种曲解和误导。2018 年

10 月，以太坊创始人维塔利克·布特林在推特上表示，他对以太坊采用"智能合约"这个术语感到遗憾，认为应该称其为"持久性脚本"之类的更专业的名词。但无论如何，既然这已经约定俗成，我们也就只能将错就错了。

其他区块链的智能合约实现

Hyperledger Fabric 的链上代码、Cosmos 和 Polkadot 采用的 WASM、ArcBlock 采用的和节点相同的虚拟机方式，都可以被认为是在以太坊智能合约之外尝试与迭代不同的实现方式，虚拟机并非执行智能合约的唯一方案（见表 8-1）。

表 8-1 一些区块链系统举例

（嵌入式运行指节点代码直接负责脚本的解释执行）

区块链系统	应用类型	智能合约运行环境	智能合约语言
以太坊	通用应用	EVM	Solidity
Hyperledger	通用应用	Docker	Golang、Java
比特币	加密货币	嵌入式运行	—
Zcash	隐私加密货币	嵌入式运行	—
Quorum	通用应用	EVM	Solidity
ArcBlock	通用应用	BEAM	Erlang、Elixir
莱特币	加密货币	嵌入式运行	—
Corda	数字资产	JVM	Kotlin、Java

不采用虚拟机。在 Tendermint 中，并不存在虚拟机这一层，应用程序是一个标准的操作系统进程，采用不受任何限制与约束的方式实现智能合约。

WASM 虚拟机。目前有不少区块链采用基于 WASM 的虚拟机来实现智能合约，例如，EOS 率先使用 WASM，最近以太坊也计划升级至 2.0 版，放弃以太坊虚拟机而转投向 WASM，Polkadot 也选择了 WASM。

其他虚拟机。除 WASM 外，我们还看到少数项目采用了以现有硬件指令集为基础的虚拟机，例如有项目使用 RISC-V 指令集。采用这些硬件指令集的虚拟机来实现区块链，究竟利弊如何，是哗众取宠还是确有其优势，尚且需要时间来证明。

Docker 容器环境。Hyperledger Fabric 的链上代码设计使用 Docker 容器技术作为智能合约的运行环境。其运行方式是在节点部署一个链上代码后，所有相关节点均会启动一个在 Docker 容器中独立运行的链上代码进程。链上代码通过容器中对外的 gRPC 接口完成与节点的交互。目前对于链上代码的运行，Hyperledger Fabric 仍然采用一种较为手动和底层的方式来管理维护。因为是联盟链的环境，相当于默认所有被许可加入网络的节点均可以较为自觉地使用系统资源，即准入限制方式。但根据其开发计划，未来版本将提供更去中心化的链上代码管理能力。

采用和节点相同的虚拟机环境。ArcBlock 采用和节点相同的虚拟机环境，让区块链框架更为灵活（见图 8-5）。ArcBlock 的区块链系统则完全搭建在 Erlang 虚拟机上，因此智能合约代码在执行的时候，和系统本身是平级的。由于 Erlang 虚拟机有许多功能可以很好地支持分布式集群，在处理区块链系统这种去中心化多节点的复杂活动时，Erlang 虚拟机本身已经处理了许多常见问题。

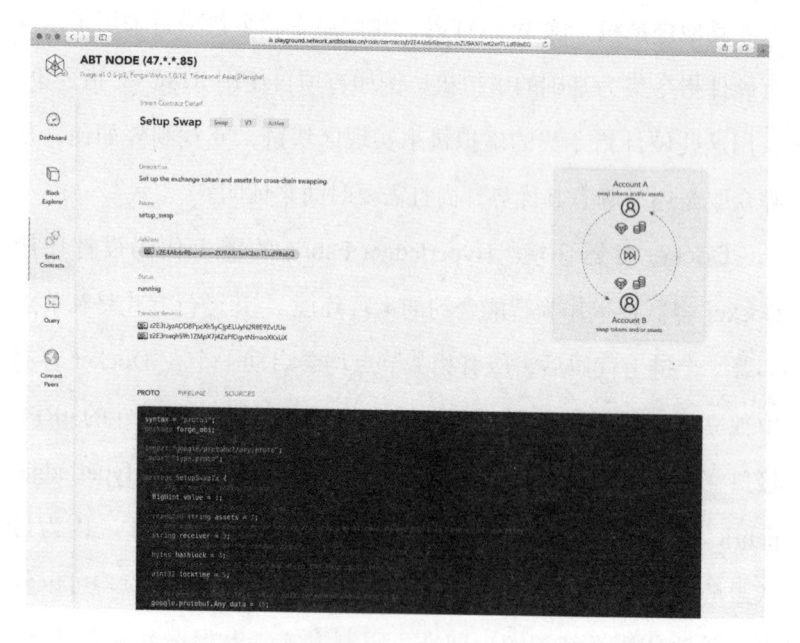

注：图中所示的是实现跨链的一个智能合约，交易双方在对方的链上锁定标的，然后完成交换。

图 8-5　ArcBlock 的智能合约在区块浏览器里的呈现

创新方向

和区块链技术本身一样，智能合约本身也仍处于技术发展的早期，有一些可以预期的技术创新会在智能合约领域逐步出现。下面列出一些我们认为在不久的将来很可能会出现的智能合约形态，这也是区块链从业者可以突破的方向。

模版化/参数化智能合约。这类智能合约的实现将大幅简化智能合约的创建难度，与其让开发者为每种类型的业务去定义新的智能合约，还不如产生一些预先已经精心设计、调试好的智能合约模版，开发者甚至最终用户只需要调整一些参数，选择一些事先定义的场景或规则，即可生成可靠的智能合约。这种类型的创新很可能会出现在以太坊之外的区块链上，因为以太坊本身的设计特点使得这种类型的创新虽然也适用，但只能通过生成代码的方式重新部署新合约，削弱了这种方法带来的简单、轻量、不容易出错的优势。

规则描述型智能合约。以太坊是采用定义过程和步骤的程序设计语言来定义智能合约，与之不同的一个方向就是采用定义规则或描述逻辑的方法来定义智能合约，这将让智能合约更加"智能"，也更接近现实世界中的商业逻辑。今天，以太坊类型的智能合约要求开发者一方面要把主要精力放在程序设计细节上，另一方面要把商业合约的逻辑正确地用程序的步骤表达出来，这本身带来了难度和挑战。

模块化智能合约和开发工具。类似于上述模版化/参数化智能合约的可重用设计，模块化的智能合约有更大的灵活性。目前已经有一些智能合约的开发框架，如 Truffle、Second State 等正在尝试这个方向。

可视化的智能合约。无论上述哪种类型的智能合约创新，让代码或逻辑变得更为可视化是一个必然的方向，因此我们有理由相信，未来的智能合约一定会出现可视化的版本。它可能是一种类似 Scratch 或基于 Google Blockly 这样的可视化、通过拖拽就能编程的工具（见图 8-6），也可能是更加直观的流程图之类的实

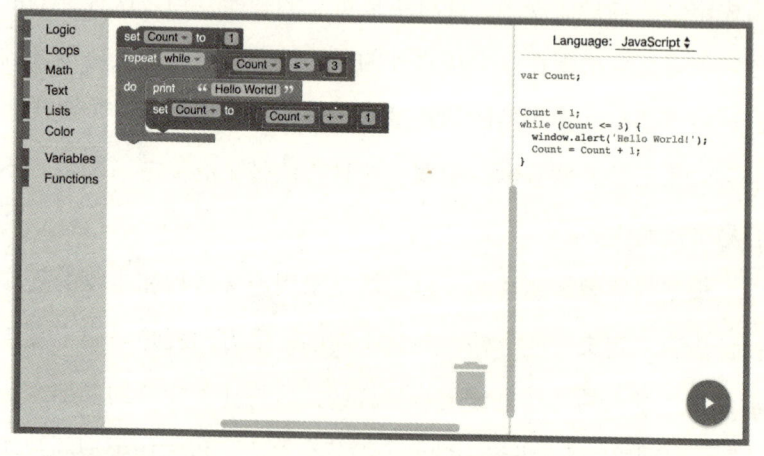

注：Google Blockly 是一种可视化编程工具，可以构建类似 Scratch 这样的可视化语言，我相信不久的将来会出现类似的智能合约编辑工具。

图 8-6　Google Blockly

现，对于这些未来的创新，让我们拭目以待。

智能合约和传统合约的统一。智能合约将和传统合约有更好的统一性。例如，如果一份合约可以用智能合约来描述成为计算机可以执行的语言，那么同样的逻辑完全可以生成人类可读、可理解的合同文本；如果一份合约可以由交易各方采用电子签名的方式在链上确认，那么完全也可以签出一个现有法律体系下被认可的电子签名。这样一来，智能合约和传统合约就能更完美地结合，这种类型的智能合约设计在未来的商务、保险等类型的应用中很可能会大有用武之地。

智能合约在应用中的位置

当我们对区块链和智能合约越来越了解，就会发现区块链和智能合约其实只是一个完整应用中的一小部分，要构建一个完整的应用，光靠区块链和智能合约本身还远远不够。从这个角度而言，区块链和智能合约在一个系统中的地位类似数据库和存储过程在系统中地位，它们都处于整个系统的核心，但要形成一个完整的用户友好的应用，必须要其他部分的配合。

图 8-7 展现了一个典型的基于以太坊的区块链应用的架构方式，除了传统的 Web 服务器、数据库服务器外，部署在区块链上的智能合约是一个关键。如果没有这个关键部分，这个应用可能

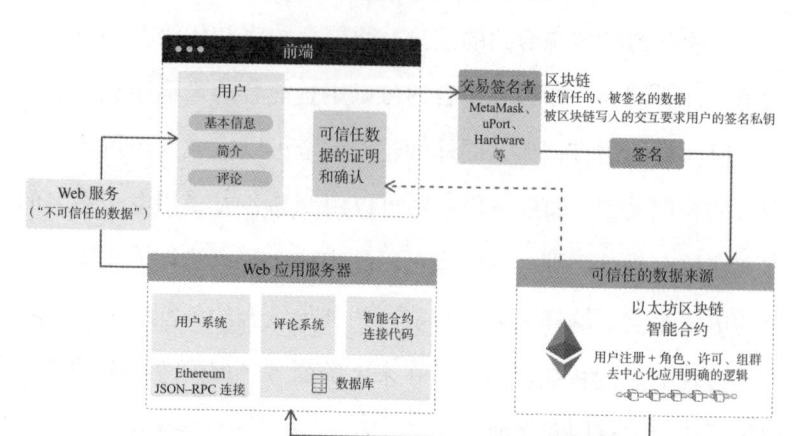

和一个传统的 Web 或移动应用没有任何区别。

注：一个完整的基于以太坊的去中心化应用中，其实以太坊和智能合约只是占了一小部分，图中示例基本是一个完整的 Web 应用再加上和智能合约交互的部分。

图 8–7　一个基于以太坊的去中心化应用的典型架构

在这样的设计里，我们可以看到其实完整的应用逻辑有一小部分是在"链上"，也就是在智能合约里完成的，而另一部分是传统的应用实现方式，也就是"链下"的逻辑。实际上，几乎每个区块链的应用中都包含了"链上"部分和"链下"部分。

一部分逻辑被放在链下可能是因为不必要，比如和界面相关的逻辑，但还有一些逻辑是无法用智能合约来实现的。比如，有人设计一个智能合约来和朋友打一个简单的赌："如果中国足球队赢了，我就……"这听起来很简单，很容易实现，但实际上最大的问题是，区块链没有一个可靠的方法来确认中国足球队赢了是否是一个事实。

用以太坊的智能合约为例，它只能访问自己链上的状态，无法主动获取链外数据。一个智能合约并不能简单地靠调用一个 API 或者访问某个 Web 服务来获取链下的数据，这样的设计并不是以太坊的局限性，而是刻意为之。智能合约的代码逻辑最强调的是"确定性"，也就是无论运行多少次，无论在什么环境下运行，都应该确定地返回相同的结果。一旦引入外部的 API，外部的 API 可能是不确定的，或者因为网络故障暂时无法访问，或者访问结果出错，这时候智能合约就无法获得确定的结果。

解决这一问题的方法之一是预言机（Oracle），这也是目前区块链行业的热门课题，业界希望在此取得突破，以达到链上和链下、链和链之间数据状态一致的目的。Oracle 这个词来源于古希腊宗教，意为"神谕""先知"或"预言"。区块链预言机是一个能提供"可靠的"外部信息的平台，预言机本身也可以被认为是一种特殊的智能合约。

在理想情况下，预言机能提供一种"去信任"或至少近乎"去信任"的方式来获取外部（"真实世界"或"链下"）数据，例如比赛结果、天气信息、黄金价格等。然而，要如何实现这样的理想状况，至今仍然是无解的（见图 8-8）。如何实现一个去中心化预言机？这是个非常有挑战性的问题。一种思路是让网络中大量的用户群体协作，结合一些激励机制作为一个区块链预言机，

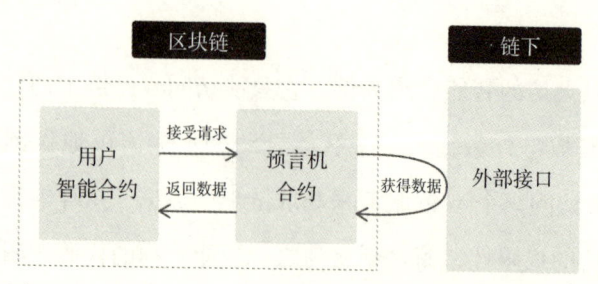

```
          区块链                           链下
┌─────────────────────────┐  ┌──────────┐
│  用户      接受请求   预言机 │→│          │
│  智能合约  ←────────  合约  │  │ 外部接口  │
│           返回数据         │←│          │
└─────────────────────────┘  └──────────┘
                  获得数据
```

注：用户的智能合约把请求发给链上预言机合约，通过链下的 API 接口获得外部数据，更确切地说是外部把数据给链上的预言机合约，然后预言机合约再把数据给用户智能合约。在互联网世界里，这样调用数据 API 是非常普遍的。但区块链与外部世界的数据交互不能进行这样的简单操作——一个最重要的原因就是外部 API 的"不确定性"返回。

图 8-8　一个理想中的假想预言机设计

提交来自外部世界的数据。另一种思路则更中心化一些，但实现的难度要低很多，那就是选择一种中心化的方式并信任此数据来源，采用各种技术手段防止单点故障或降低临时错误的可能性，通过随机选择参与的数据提供节点等方法来防止恶意或合谋的攻击。目前很多所谓的"预测市场"的预言机采用前一种做法，实际上迄今未有大规模成功的案例，而更多使区块链获取外部 Web 服务数据源的预言机采用后一种做法。

2018 年 11 月 6 日，中国人民银行发布了题为《区块链能做什么？不能做什么？》的报告，其中对预言机定义是："区块链外信息写入区块链内的机制，一般被称为预言机。"这显然是在以太坊设计架构的基础上给出的一种定义。预言机是区块链与现实世界进行数据交互的桥梁，应用场景非常多，可以说一切需要与链下进行数据交互的应用都需要类似预言机的机制。因此，目前制约智能合约处理各种业务逻辑的一个重要技术难点就是预言机。

目前网络上很多关于预言机的产品或论述基本都是基于以太坊或类似设计的区块链，那么和以太坊设计思路不同的区块链是否存在相同的问题呢？基于以太坊或者类似架构的区块链的预言机一般是把链下的数据首先写到链上，这样智能合约就可以访问这些链上数据，预言机负责保证这些链上数据和链下是吻合的。而对于并不完全采用虚拟机机制来执行智能合约的区块链，例如 Hyperledger，有可能智能合约的执行环境允许直接访问链下数据，那么实现起来会更为简单。本质上，无论采用何种架构，区块链都会存在相同的问题——由于外部数据不能保证其确定性，而智能合约需要其具备确定性，这是一个必然存在的矛盾。

虽然迄今为止还没有出现完美的去中心化预言机，这使得智能合约在处理我们日常逻辑的时候仍然存在一定程度的困难和不完美，但不可否认，这个趋势离我们过去只能选择信任中心化服务的互联网服务时代又向前迈进了大大的一步。在今天，我们不必高估智能合约的能力，但也绝对不能低估未来 10 年里智能合约可能取得的巨大进展和广阔的应用前景。

第9章　对云计算和区块链关系的误解

在过去几年里，我们经常会遇到一些自称"比特币经验丰富"的人声称区块链与云计算是截然对立的，认为区块链使用了云计算后会变成中心化应用，甚至由于比特币的矿机、矿场无法基于云计算服务来部署，就认为云计算不适用于区块链。然而，最近几年，云计算厂商开始积极拥抱区块链，它们所支持的区块链多为适用于企业的联盟链或私链，因此我们常会听到来自公链阵营的批判之声。各种交错的不同声音有时会让人困惑，到底区块链和云计算技术之间存在什么样的关系，是矛盾对立还是相辅相成？以下我们总结了人们对于云计算和区块链关系的常见误解。

误解一：用云计算搭建的不是真正的区块链。这一错误认知最初源自比特币等采用工作量证明共识的挖矿机制无法利用云计算的情况。但是，在本章我们将介绍云计算服务对区块链部署提供的价值，而且事实上，目前有数以千万计的区块链节点和应用都部署在云计算之上。

过往的区块链项目，因为云计算的技术和产品发展尚未达到现有的水平，往往在项目设计之初并没有考虑到与云计算相结合，或者是共识算法的局限导致其无法利用云计算服务的便利与高效等优势。新一代的区块链项目设计者已经意识到云计算对区块链项目大有裨益，无论是从底层设计和共识算法角度出发，还是从安全性与稳定性角度来说，都会更多地考量利用云计算服务。目前有越来越多的区块链项目支持云计算部署，这是一种趋势。

误解二：使用了云计算的区块链更为"中心化"。 区块链该不该使用云计算，其实这一考量与是否中心化并无关系。区块链使用云计算会变得中心化这一误解，主要源于一种看法：部署在云计算平台上的区块链项目会受制于中心化的云计算厂商。但这种看法显然十分偏颇。因为事实上，任何一个项目就算不部署在云计算平台上，也需要部署在其他厂商的平台上并受制于该厂商，而根据一般经验，普通机房比大型云计算服务企业的风险显然要大得多。

误解三：出于商业目的，云计算厂商会让区块链服务变得更中心化。 这种担心有一定的道理，云计算厂商作为商业机构当然希望把客户牢牢地"锁定"在自己的平台上，但恰恰区块链本身的去中心化特点使得云计算厂商更难把区块链占为己有。

正如前文所述，去中心化应用往往更多是一种"协议"，也就是应用可能会被多方部署在多个不同的环境中，只是因为采用相同的协议或者基于相同的区块链才能一起协作。在这种思路下，应用的开发者会更不容易被"云锁定"。

目前，云计算服务商被人诟病的问题集中于"云锁定"，即应用一旦使用了某个云平台上的很多"高级性能"，就会产生"依赖性"，难以切换到别的云平台上。从软件架构设计角度来看，区块链有时候像一种软件连接器或者处于类似软件总线的位置，能提供一种跨越云的高层协议，因此更难被"云锁定"。

"去中心化"的区块链与"中心化"的云

在比特币诞生的 2009 年，云计算正处于腾飞的初期，行业的开拓者，如 Salesforce、亚马逊 AWS 当时已经风生水起，谷歌的 GAE（Google App Engine）于 2008 年发布第一版，正处于起步阶段，而微软的 Windows Azure 在一年之后（即 2010 年）才发布第一个版本。

区块链技术发展这些年，一直以去中心化为技术核心特性。而云计算服务无一不是由 IT 互联网巨头运营，即便开放开源的 OpenStack——一个开源的云计算管理平台项目，也是在企业力量的推动下发展的。反观区块链过去 10 年的发展，去中心化的社区一直是最主要的推动力量，比特币和以太坊这两个迄今为止最成功的区块链都不是在企业的推动之下成长的。

有些区块链"原教旨主义者"通常一提到云计算就直指其是

中心化的，因此认为它和去中心化的区块链格格不入。他们通常也不接受与云计算相结合的区块链方案，认为云计算的中心化特征必将导致这些区块链方案走向中心化，从而失去区块链的本质意义。其实，很多时候这些观点是主观且片面的，但对区块链技术缺乏充分了解的人们往往无法理解，也无从辨别孰是孰非。

从最近几年的技术进展来看，云计算和区块链两者越来越走向融合，无论是从云服务厂商角度出发，还是从区块链技术项目的角度而言，都呈现这样的趋势。自2015年微软的云服务Windows Azure第一次尝试推出BaaS开始，IBM云、亚马逊AWS、谷歌云，以及国内的云服务厂商都在这一领域陆续跟进。而区块链厂商，如Consensys旗下的Infura，是一个提供云端以太坊服务API的、相当于PaaS的业务，大家在以太坊上普遍使用的区块浏览器Etherscan也是一个建立在云服务之上的区块链应用。

我们已详解"中心化"和"去中心化"的关系是相对的，从不同角度观察可能会得出不同的结论。一个事物的表象有时候取决于你观察它的角度。一个系统究竟是中心化的还是去中心化的，至少可以从三个不同的角度讨论。

从网络的角度看，网络、节点的分布是否去中心化。 从网络和节点的部署角度来看，目前主流的云计算服务都是高度去中心化的。例如，截至2020年1月，亚马逊AWS将全球划分为22个大区，并宣布了额外6个即将发布的大区，每个大区都设有多个互相冗余备份的可用区域（Availability Zones，缩写为 AZ），全球有 69 个 AZ。每个 AZ 可以理解成一个独立的大规模数据中心，这些数据中心都经过精心的设计，使其能够容错、灾备，可以防范自然灾害。

比特币、以太坊等公链从节点来看也是相当去中心化的。例如以太坊，截至 2020 年 1 月，其全球节点数接近 7 500 个。随着矿场的兴起，越来越多的比特币、以太坊的节点算力都聚集在主要的矿场或矿池里。如今，在比特币和以太坊上，靠单独的一台服务器几乎不可能再挖到任何区块了，就是因为这些矿池节点已经非常强大。从某种角度来看，这种现象已经在削弱区块链的去中心化程度。从矿场的环境、设备、条件等各个角度而言，区块链在可靠性、容错、灾备、分布等各方面的表现，和今天云计算的数据中心不可同日而语。

从治理的角度看，主要看这套系统是由一个中心化还是去中心化的组织来治理。 从治理角度来讲，所有的云计算服务都是由特定组织机构管理的，比如 AWS 是由亚马逊管理运营的，阿里云是由阿里巴巴管理运营的。无论是公有云、私有云还是混合云，其治理都是中心化的。

如比特币、以太坊这样的公链，在治理角度的高度去中心化是有目共睹的。但是，并非所有的区块链治理都是去中心化的。即便一些公链声称其有很多节点参与，其治理权也许仍然是在少数人或组织手中。此外，企业、政府等可能会更多采用的联盟链架构通常去中心化程度也是比较有限的,但相比云计算服务而言,其去中心化程度通常更高一些。

从应用的角度看,业务是否可以切分,是否可以单独提供服务而互不影响。如今,大部分云计算服务都会提供多种业务,如存储、虚拟主机、数据库服务等,很多业务之间是互相独立的,完全可以拆开作为一个单独的业务运行。从应用的角度来看,很多云计算服务的设计具有去中心化属性。如果把云计算客户在云计算的基础上各自推出的业务都作为云计算上的应用,那么它无疑是非常去中心的。

而区块链从应用角度而言,大多数是比较单一的业务。例如,比特币区块链的应用就是比特币本身,以太坊则因为可以部署用户的智能合约而变得更像一种云计算的业务。如果把以太坊上部署的用户智能合约本身,例如很多种ERC20标准的通证,作为各个应用来看的话,那么其应用是去中心化的。但如果把以太坊作为一个基于智能合约的计算平台以及以太币数字货币服务来看,以太坊又是中心化的。

通过上面的分析,我们至少可以看到,"中心化"和"去中心化"本身是相对而言的,需要看你从哪一个角度去衡量。我们大部分时候说到比特币、以太坊等是去中心化的,往往是指其网络拓扑结构是去中心化的,更重要的是其治理是去中心化的,即没有一个权威的机构可以单方面控制它们。

云计算的发展过程

云计算的兴起源于互联网应用的蓬勃发展。云计算并非生来如此，而是有一个逐步发展起来的过程。下面我们从非技术角度简要回顾一下云计算的前世今生。

在商业化之前的互联网，可能只有政府、军方、科研机构、大学或者大型企业才有实力去部署，小企业根本无力涉足。在互联网初期，互联网服务提供商、数据中心服务提供商开始出现，提供互联网服务的企业可以采购服务器、网络硬件等，并将其托管在租用的数据机房里，这和过去企业动辄需要自己搭建昂贵的机房、数据专网相比，已经是很大的进步。

服务器托管方式存在的问题是，需要时常进行不定期的软硬件升级，每当系统出现故障甚至系统更新时，都需要派员工去机房处理。除了这种需要人工处理的麻烦，一个更大的问题是服务器的规模和"弹性"。众所周知，网络服务的用户人数并不是时时固定的，服务用户时多时少，那么要能提供稳定的服务，就必须按照用户规模最大时候的服务能力来部署，否则就会出现业务越繁忙，用户体验越差的情况。而对于处于初创阶段的互联网企业而言，采购多少服务器和带宽才合适，什么时候该增加服务器和带宽，都是非常令人头痛的问题。

继服务器托管模式之后，出现了一大批各种各样的 Web 托管提供商、虚拟主机提供商，或者类似的服务模式，其创新点主要集中在解决服务器托管方式存在的人工问题和弹性问题。比如，提供商通过提供标准化服务，使得应用方不再需要自己派遣人员去调试网络、升级机器，大部分维护可以在线远程处理，不需要到现场。再如，应用方不需要购买服务器，可以采用租用的方式，在需要的时候可以租用更多的服务器，而由服务商提供设备采购、安装、维护等服务。相比之前，这已经是巨大进步，然而这个过程仍然是人工的，只是通过集中化管理提高了效率。

在这一发展过程中，一种诞生更早的"虚拟化"（Virtualization）技术开始获得突飞猛进的发展。"虚拟化"技术这一概念最早见于克里斯托弗·斯特雷奇 1959 年的学术论文《大型高速计算机中的时间分享》。但在 VMware 公司 1998 年成立并首次引入 x86 虚拟化技术让业界惊艳之前，硬件的虚拟化和虚拟机技术并没有实现突破性的应用和发展。

硬件的虚拟化让互联网的虚拟主机托管业务看到了全新的机会。虚拟机技术可以让各个虚拟主机具有更好的隔离性（不会因为一个客户的应用故障而波及其他客户）、更好的安全性。而硬件虚拟化可以把一台强大的服务器"切割"成很多台小的服务器，分别售卖给客户，更重要的是这一切都变得可编程，也就是可以不需要人工介入，通过自动化方式就可以完成——试想一下，只需要一条命令，就可以"创建"出一台计算机，安装需要的软件，组建需要的网络，这是多么大的进步！

几种不同技术的进展在此交汇，在互联网时代大潮下聚变，从而诞生了全新的机会……

最早发现这一市场商机的是互联网巨头亚马逊，这其实都源自亚马逊自己切身的应用需求。亚马逊从一开始就打算成为可以售卖多种商品的网络商店，但它首先选择以网上书店作为切入点。随着业务的增长，亚马逊需要支持各种商品的电商平台以及周边的系列业务（例如评价系统、推荐系统、库存、物流等），亚马逊自己的各个业务部门更像是一个个应用公司，而其 IT 部门则像是提供基本网络架构的服务商。自身强烈的应用需求、对需求和市场的把握以及内部的创新精神，很可能是亚马逊早于其他 IT 厂商尝试云计算服务的重要原因。

亚马逊 AWS 于 2006 年正式对外部提供服务，包括最核心的 EC2、S3 和 SQS。谷歌随即跟上，比亚马逊晚了两年，于 2008 年推出 GAE 云计算，其最初定位和亚马逊有着非常大的区别。GAE 最初的设计更接近于传统的主机托管业务，时髦些来说，是类似 PaaS 的方式，而不同于 AWS 一开始就提供的 IaaS 方式。

自 2008 年起，云计算时代大幕逐步拉开，众多 IT 巨头纷纷加入云计算的竞争。目前，亚马逊 AWS、微软 Azure、谷歌的 GAE 云计算是公认的全球公有云市场的"三驾马车"，其市场占有率分别为 33%、16.8% 和 8.5%。阿里云和 IBM 云分别以 4% 和

3.8% 的市场占有率位居第四和第五。[①]

> **亚马逊 AWS 的诞生**
>
> 亚马逊 AWS 最早的模型出现于 2002 年,据说当时亚马逊 CEO 杰夫·贝索斯下令内部技术服务实行"接口化"管理。
>
> - 所有小组必须开放程序功能模块与数据并提供接口。
> - 所有小组的模块通信必须通过这些接口。
> - 所有模块间不能有其他通信形式。
> - 所有模块的设计需考虑到将来可以把接口开放给全世界。
> - 不这么做的就解雇走人。
>
> 这就是著名的服务导向的架构。2003 年,亚马逊 IT 部门经理克里斯·平卡姆鼓励本杰明采用更有效率的方式对亚马逊网站的基础设施进行改进。他们讨论认为,从基础设施中提取并分离形成一种应用的形式可以更好地管理和提高应用效率。最终,他们得出一个结论:"我们可以把基础设施当作一种服务卖出去。"
>
> 贝索斯同意了这个产品方向的提议,并让克里斯带领一个团队在南非开普敦的办公室开发出了 EC2——这是亚马逊 AWS 的第一个产品。EC2 通过提供 Web 服务,使用户可以在这个虚拟系统上随时创建、运行、终止自己的软件或应用,按照运行时间收取费用,即 EC2 提供的服务是非常"弹性"的。

[①] https://hostingtribunal.com/blog/cloud-computing-statistics/#content-8.

根据美国国家标准和技术研究院的定义[①]，云计算是一种计算模型，它可以实现随时随地便捷地从可配置计算资源共享池中获取所需的资源（例如网络、服务器、存储、应用及服务），能够快速供应并释放资源，使管理资源的工作量和与服务提供商的交互降至最低限度。

云计算的出现和发展可以被认为是硬件和网络变得"可编程"后带来的必然发展和变革。

公链的业务模式接近云计算

其实，公链在业务模式上相当接近云计算，通过上文对云计算业务的简要梳理，你可能会认同这个看法。事实上，我自己在刚刚接触以太坊概念时，第一个想法就是——这个号称"世界的计算机"的以太坊，不正是一个区块链上的云服务吗？

向缺乏技术背景的朋友解释什么是云服务时，人们常会拿日常生活中水、电、气和网络的使用来类比。家家户户每月根据自家使用的水、电、气的数量和上网流量分别付费给自来水公司、电力公司、燃气公司和电信公司，这些公司就相当于给我们提供服务的云厂商。用这一类比来理解区块链的公链业务，恰恰也是行得通的，两者只是提供的服务不同而已，例如，最主流的比特

[①] https://csrc.nist.gov/publications/detail/sp/800-145/final.

币提供的是"钱"的服务。

但是，区块链的发展轨迹一开始并没有和云计算重合。一方面可能因为2009年云计算业务本身也刚刚起步，另一方面是因为比特币矿机很快出现，其挖矿效率远远高于通用计算机的CPU（中央处理器）。

第一个区块链比特币采用的是工作量证明共识机制，其算力主要用于哈希运算。随着哈希运算难度的提升，比特币挖矿门槛越来越高，矿工必须专门研制和使用专用芯片来计算哈希，谁最快算出随机数，谁就能抢得区块记账权。而云计算服务提供的是通用计算能力，因此无法高效解决哈希运算。对于比特币区块链，我们把那些专门用于哈希运算的特殊芯片计算机称为"矿机"，把具一定规模的矿机的集合体称为"矿场"（见图9-1）。比特币的挖矿成本日益增加，鉴于个人挖矿者效率低下，数年也无法挖出一枚比特币，有人就集合互联网上分散的计算机、矿机，把算力合并，联合来挖矿。使用这种方法建立的挖矿网络，被称作"矿池"。这显然比个人挖矿更高效，矿池在得到出块奖励后，再把比特币按劳分配给个体矿工。

换言之，普通的计算机、服务器无法高效地进行挖矿工作，而矿机也无法被用于通用计算服务。虽然比特币网络的各个矿机、矿池、矿场不能直接用于云计算服务，但它们的分布式架构和云计算服务的架构类似，比特币的挖矿系统可以被看作是一种专门

图片来源：Marco Krohn 维基百科 授权：CC-BY-SA-4.0

图 9-1　一个早期位于冰岛的矿场（2014 年）照片

用于哈希运算的云计算服务。

　　需要注意区别挖矿的节点和一个节点之间的区别。无论是比特币还是以太坊，或者其他类型的区块链上，有些节点有负责产生区块的功能，有些节点只是作为一个节点来同步区块链上的数据。目前，在比特币等区块链上，有相当大数量的节点仍然是部署在云计算资源上的，只不过它们和矿机、矿场那样的节点相比，算力微不足道，几乎永远不可能有机会成功产生区块。

云计算的类型和进展

　　亚马逊 AWS 提供的第一个服务是 S3，这是一种空间无限、性能能平滑扩展并且可编程的网络存储服务；然后提供的是 EC2，这是一种更先进的虚拟化、可编程的服务，类似于主机托管服务。无论是存储，还是主机，都属于基础架构，这种云服务后来被归类为 IaaS。大部分云计算厂商都是从 IaaS 开始提供的服务，企业可以租用 IaaS 厂商提供的场外服务器、存储和网络硬件。IaaS 允许企业按需购买资源，而不必直接购买硬件。

IaaS 是云计算服务类型中最基础一种，除此之外还包括以下类型。

PaaS：PaaS 厂商在网上提供各种开发和分发应用的解决方案，并提供网页应用管理、应用设计、应用虚拟主机、存储、安全，以及应用开发协作工具等。云计算厂商的 PaaS 服务为使用该服务的企业开发者提供软件部署平台，通过屏蔽硬件和操作系统细节，可以让开发者只需要关注自己的业务逻辑，不需要关注底层。PaaS 一般适用于自己有开发能力的企业，也适用于一些自己开发应用后提供给其他企业使用的 IT 应用服务商。

SaaS：SaaS 提供的是一种用户不用安装，直接用浏览器即可使用应用的服务。PaaS 和 SaaS，前者强调后台管理，后者强调应用。SaaS 提供了最多人使用 IT 互联网应用服务的方式。

CaaS：有了容器与虚拟化方式后，SaaS 应用架构变得更简单，隔离更清晰，安全性更高，部署更简单，因此 CaaS 使现在的 SaaS 取得了非常大的进步，促使 SaaS 更快取代传统的软件。

FaaS：又被称为"无服务器"，这是云计算服务过去几年的最新进展之一，也是最令人兴奋的功能。云计算服务类型的趋势是越来越抽象和聚焦高层，让用户越来越少关注底层细节，更关注应用本身，这也是技术进步的一种必然趋势。

按照部署和治理方式的不同，云计算也常常被划分为公有云、私有云和混合云。

公有云：云计算提供商面向大众提供云端资源。公有云价格便宜，但是安全性与私密性较低，通常适用于个体开发者和小型企业客户。公有云的安全级别比其他云要低。我们最常提到的云计算服务，如亚马逊的 AWS、微软的 Azure、阿里巴巴的阿里云等都属于这一类。

私有云：它是为一个客户单独使用而构建的，因而提供对数据、安全性和服务质量的最有效控制。该客户拥有基础设施及使用权限，并可以控制在此基础设施上部署应用程序的方式。一种比较特殊的私有云是社区云，其核心特征是云端资源只给两个或者两个以上的特定单位使用，除此之外的人和机构都无权租赁和使用云端计算资源。私有云的使用对象一般是中型或大型企业，它们会在本地部署自己的私有云服务，或者把云端托管在云计算厂商。很多大企业或者政府部门会采用私有云的部署方式，很多私用云都采用了 OpenStack 技术。

混合云：混合云是由两个或两个以上不同类型的云组成的

（通常是私有云和公有云混合）。混合云是当下大中型企业的主流部署方式，因为私有云的安全性是超越公有云的，而公有云的计算资源又是私有云无法企及的。在这种矛盾的情况下，混合云解决了这个问题，它既可以利用私有云的安全性，将内部重要数据保存在本地数据中心，又可以使用公有云的计算资源，更高效、快捷地完成工作，相比私有云或公有云都更完善。

区块链服务的类型和进展

世界上第一个区块链比特币从诞生起就是一个全球一体化的网络服务，因此其应用形态更像一个云服务。区块链和云计算的成长路径不同，是先出现了公链，而且早期的区块链基本都是在公链的理念下发展，然后才逐渐出现了私链和联盟链的应用场景。

下面我们来讨论使用区块链开发应用业务有哪些方式，请注意，这里讨论的是能为最终用户提供新应用服务的业务，不包括简单使用一个现成的钱包或区块浏览器的方式。

使用某一个公链

如果你计划提供的应用准备使用某个区块链，例如准备在自己的电商网站上提供比特币支付，那么毫无疑问你需要使用比特币区块链。类似地，如果你打算部署一个智能合约来实现类似加密猫这样的数字资产游戏，那么你大概率需要使用以太坊区块链；如果你的应用更复杂，例如数字资产交易应用，需要使用多种区块链上的数字货币，那么你可能需要同时使用多个区块链。

方式 1：部署自己的节点。使用公链最直接的方式是部署一个区块链的完整节点，然后你的应用就能通过这个节点和区块链打交道。在这种情况下，你可以使用自有的硬件和网络，也可以使用云计算环境提供的机器。对于主流的区块链节点，一些云计算服务厂商提供的 BaaS 可以让你方便地部署运行自己的节点，免去自己安装、维护节点软件的烦恼。

坦率来讲，自己部署节点是一件比较麻烦且昂贵的事情。区块链节点通常需要消耗较多资源，如带宽、CPU、硬盘等，因为每个节点都保存了整个区块链的信息。主流的公链需要相当大的节点，比如，以太坊要安装一个节点，光硬盘就需要数 T（太字节）的空间，并且需要考虑到日后所需空间会不断增加。此外，由于数据量庞大，通常第一次安装节点时，同步数据就需要花费很长的时间。

为了保证服务的可靠性，一般来说，在部署节点的时候，应用可能需要部署多个区块链节点，防止出现自己的节点被攻击或者出现单点故障。采用这种部署方式的应用往往去中心化程度最高，但成本和开发难度也都是最高的。

方式 2：使用一个部署好的公链连接器。部署节点成本高昂，因此并非每个应用都有必要或有能力承担。目前一些区块链服务提供商提供了一些区块链的连接中间件服务，使得应用开发者不需要自己部署节点，而是采用这些连接中间件服务去访问区块链，比较著名的有 Consensys 的 Infura 服务，以及 ArcBlock 的开放链访问协议服务。

这些连接中间件服务相当于一种云计算的 PaaS，通常按照 API 的使用量来收费。一些连接中间件在易用性上还做了扩展，使得应用开发比直接使用节点更为容易。

这种方式的部署成本、开发难度较方式 1 更低，但系统会对此服务提供商产生一定程度的依赖，从而导致应用整体的去中心化程度有所下降。

方式 3：使用一个部署好的区块链服务部件。针对应用所需要的业务，如果恰好已经有服务提供商提供完整的业务集成能力，那么毫无疑问最简单的区块链使用方式就是直接使用这些业务。不幸的是，由于目前区块链还处于发展早期，这样的业务几乎是凤毛麟角。但我们有理由相信，这将是未来发展最繁荣、竞争最激烈的一块业务。这类业务与云计算服务中的 SaaS 比较相似。

目前这样的服务还相当少见，基于 ArcBlock 生态的 DID: Connect 服务是其中之一。这是围绕去中心化身份的系列服务，如果一个应用需要使用基于区块链的去中心化身份登录、验证证书等功能，那么可以直接使用这样的服务。

同样，这种方式的部署成本、开发难度也低于方式1，但系统会对此服务提供商产生一定程度的依赖，从而导致整体的去中心化程度有所下降。

自己构建一个链

对于企业和政府需要部署联盟链或者私链，或者运行某个全新的公链服务的情况，用户就需要自己构建区块链，在这种情况下并没有更多的捷径。

方式1：部署自己的节点。同样，自己构建一个链最直接的方式是部署一个区块链的完整节点，根据区块链本身的特性，通常可以使用自有的硬件和网络，也可以使用云计算环境提供的机器。不少云计算厂商提供虚拟机映像的方式，能实现快速甚至脚本化的部署，这对提高部署的效率会有帮助。

方式2：使用 BaaS。如果采用主流的区块链技术，亚马逊 AWS 和微软 Azure 等云计算厂商推出的各种针对以太坊、Hyperledger、ArcBlock 等区块链的 BaaS，可以免去用户自己安装、维护节点软件的烦恼，有些区块链技术可以在自动部署、自动升级方面做得非常容易，甚至可视化。

第三部分
区块链应用企业的决策框架

读完本部分,我们希望帮助你:
- 理解企业区块链应用的多层决策框架。
- 利用多层决策框架思考自己的应用需求。
- 对区块链的技术、部署选型有基本认识。

第 10 章　区块链应用的决策框架

区块链技术发展至今，企业决策层和 IT 部门越来越把它作为实用可行的战略解决方案，以解决现有问题和痛点，带来全新的商机和用户体验。根据 2019 年高德纳咨询公司的 CIO（首席信息官）调查，60% 的 CIO 期望在未来三年部署某种区块链。在已经部署区块链或计划在未来 12 个月内部署区块链的行业中，金融服务业处于领先地位（占 18%），其次是服务业（占 17%）和运输业（占 16%）。

ArcBlock 团队在区块链领域开拓的两年多时间里，发现很多企业对采用区块链技术很感兴趣，但同时也存在不少疑惑，这些疑惑主要集中于：我们应如何利用区块链技术？它在哪些方面优于我们采用的现有技术？诸如此类。我们理解企业决策者渴望通过采用这种新科技带来变革，但企业如果将区块链当成必须实现的目标，显然本末倒置。区块链是技术手段和途径，而非目标和结果。对于企业来说，要决定是否采用区块链技术，应该像对待其他任何技术一样，首先确定它能否解决企业目前存在的问题或为企业赢取新的机会，然后衡量区块链技术的投资回报率。

此外，ArcBlock 还积极参与推动美国华盛顿州区块链理事会的筹建。在沟通和实践之中，我们意识到一个系统化的决策框架对企业和政府理解、评估区块链应用和技术是至关重要的。因此，从 2018 年开始，我们不定期讨论制定一个尽可能通用的思考、评估以及实施的框架，这就是 ArcBlock 区块链多层决策框架（ArcBlock Blockchain Multi-Tiered Decision Framework，缩写为 ABMDF）的由来。

ArcBlock 区块链多层决策框架是我们两年多来参与一系列政府区块链项目研讨和招标，与来自各行各业的企业客户合作应用区块链技术，从而提炼、搭建的商业决策地图。它能够帮助企业、产品所有人和管理者评估其实际需求，包括何时使用区块链、验证不同用例，以及如何找到并采用市场上已有的最合适的区块链解决方案。

与实现其他技术解决方案相比，区块链的不同在于，一个成功的框架不仅会影响企业的战略水平，而且会影响整个行业的转型。在以下章节，我们将站在企业和政府客户的立场，通过直观的可视化图表将企业和政府对区块链应用的需求和类型展现出来（见图 10-1），逐步帮助决策者迅速做出判断，决定区块链技术是否符合自己的需求，并提供循序渐进的步骤，使决策者确定使用区块链类型、技术的评估方法，最后提供应用完成之后的部署参考。

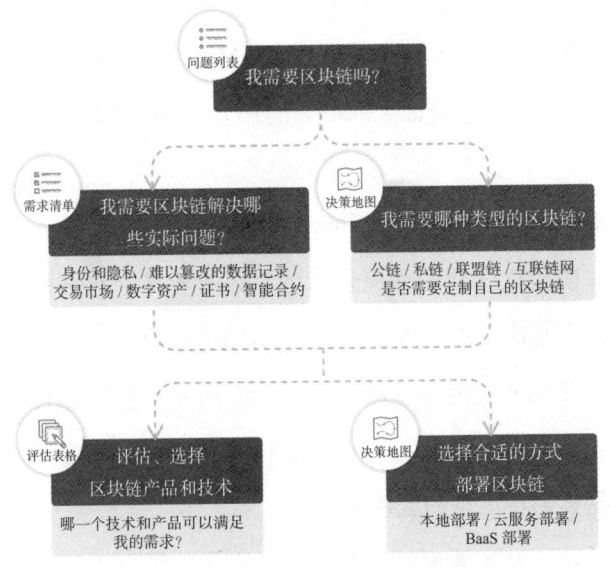

```
                    ┌─────────────┐
            问题列表 │ 我需要区块链吗？│
                    └──────┬──────┘
                    ┌──────┴──────┐
        ┌───────────┴──┐      ┌───┴──────────────┐
需求清单│我需要区块链解决哪│ 决策地图│我需要哪种类型的区块链？│
        │  些实际问题？   │      │公链/私链/联盟链/互联链网│
        │身份和隐私/难以篡改│      │ 是否需要定制自己的区块链 │
        │的数据记录/交易市场│      └──────────────────┘
        │/数字资产/证书/   │              │
        │  智能合约        │              │
        └──────────────┘              │
                    └──────┬───────────┘
        ┌───────────┴──┐      ┌───┴──────────────┐
评估表格│ 评估、选择      │ 决策地图│选择合适的方式    │
        │ 区块链产品和技术 │      │  部署区块链      │
        │哪一个技术和产品可以│      │本地部署/云服务部署/│
        │  满足我的需求？   │      │    BaaS 部署      │
        └──────────────┘      └──────────────────┘
```

图 10-1　区块链多层决策框架概览

这个框架主要帮助你思考以下 5 个阶段的问题，有些问题可能你早已有答案，有些问题我们通过系统地给出一个建议的问题集合，或者建议的流程，以帮助你思考。请注意，如同我们在前文中一直强调的，本书中给出的框架只是我们推荐的一种决策原则，我们希望这些原则中的大部分对你适用，但更希望你在此基础上归纳自己的原则，建立自己的决策框架。

我需要区块链吗？

这个问题的答案貌似很显然，但我们还是希望你花几分钟时间思考一下：你究竟是否真的需要使用或者尝试实践这种最新的技术。毫无疑问，我们希望在这个阶段你得出的结论是"是"，至少可以做一个概念验证（POC）的项目，在实践中深入思考和理解。

我需要区块链解决哪些实际问题？

这一阶段试图帮助你梳理清楚：你的业务中有哪些问题可以用区块链来解决（以及哪些问题并不能用区块链解决）。我们将按照比较常见的 6 类问题领域分别举例、简要分析，但我们列出的显然只是冰山一角，你可以按照这样的方式列出更多问题。

我需要哪种类型的区块链？

这一阶段其实要回答两个相关的问题。第一个问题是：你需要一个什么类型的区块链，公链、私链还是联盟链，是否需要多个不同的链，或者需要采用互联链网的技术？在你知道了自己需要的链的形态后，就可以进一步回答第二个问题：我是需要使用一个定制化的区块链，还是可以使用标准无定制的区块链？

如何评估、选择合适的区块链产品和技术？

基于你对上述问题的回答，这个阶段旨在帮助你决策如何从市场上名目繁多的产品里遴选最适合自己的产品和技术。

选择何种合适的方式部署我的区块链应用？

部署问题常常被人忽视，但实际上区块链系统部署和运维的工作量不亚于开发阶段，而且它对日后业务的影响是深远的。因此，我们在这个阶段会帮助你决策区块链的部署方式，这同时也会更好地帮助你挑选服务提供商或者技术。

上面这些步骤既可单独完成，也可作为完整的分步框架来完成，以帮助你为项目创建成功的区块链蓝图。

第 11 章　我需要区块链吗

在开始讨论如何决策之前，我们先来思考一下为什么越来越多的企业和组织逐渐重视并投资区块链。数据公开、透明、可验证，区块链这种与生俱来的特性能帮助传统企业提升其业务的安全性、可追溯性，并优化执行效率和速度，还能有效降低企业成本，这些优势都让企业相信，区块链可以解决传统中心化应用无法很好解决的商业问题，并降低原有技术风险，拥抱新的机遇。

现在，我们列举一些业界已经达成共识，认为目前区块链技术最适合的应用行业及场景。

支付交易。我们知道区块链的第一个应用就是比特币，区块链技术可以说天生就是为交易而生。它基于密码学原理而成，使得任何达成一致的双方都能够直接进行支付，从而不需要第三方中介的参与，且解决了双重支付难题。在支付领域，区块链技术不仅能以去中介化的方式有效解决不同金融主体之间的对账、结算问题，对于复杂的多方交易或跨境交易，区块链支付能在显著降低交易成本的同时提高效率。

金融资产交易结算。区块链技术天生拥有金融属性,率先给金融业带来了变革。区块链技术实现的多方交易由分布式节点共同维护,并实时同步更新账本,能在短短几分钟内就完成传统交易结算需要几天才能完成的付款、清算及结算业务,降低了跨地域、跨行交易的复杂性和成本,涉及的业务场景包括股票结算、银行间交易、商业贷款、采购到付款处理、汇款处理等。

供应链金融。区块链技术十分适用于供应链金融。供应链中的企业使用数据上链可以解决供应链溯源防伪、交易验真、及时清算的问题,并提高上下游企业的业务效率,以此为基础的应收账款凭证可多级拆转融,解决非一级供应商融资难、资金短缺问题。

保险业。保险行业目前最大的痛点是烦琐的流程运作离不开人工核查,无论是投保前的核查还是出险后的调查,人工核查导致保险公司的理赔效率低且成本较高。引入区块链技术后,保险业可以利用智能合约的特性,通过核实链上数据,自动履行保险业务流程。在某些险种情况下,即便投保人没有申请,只要相关理赔条件达到或被触发,保单会自动进入理赔流程并很快支付。这样能极大提高保单的运作效率,也能避免人为的骗保行为。简而言之,区块链技术将为保险行业带来重大变革。

数据储存与管理。作为分布式账本的应用,区块链在数据储存与管理方面拥有天然的优势。通过区块链的链式储存和哈希加密，信息数据将可以永久可溯源地储存在区块链中，对比传统的数据存储方式，前者花费的成本更低，而且安全性增加。用区块链技术存储的数据，只能通过用户自己的私钥解密、授权或者有偿出售，降低了数据泄露风险。对于行业或多机构需要共享的数据，也可以通过区块链技术，实现在多个参与者之间安全共享。

身份管理。身份及访问管理在各个应用领域中的位置至关重要，但目前该服务一直面临着隐私泄露、身份欺诈以及碎片化等问题，给用户、设备和系统均带来极大的风险，近年来这一风险更是不断增加：在用户不知情、未授权的情况下，个人数据信息被中心化的企业和平台不当利用甚至出售。区块链技术支持的身份管理关键在于能为每一个体创建一个唯一的且无法篡改的身份识别 ID。这个 ID 可以是全方位、立体多维的账户集合，包括用户的各种密码、各种证书、各种钱包甚至各种账户。通过这个 ID，用户可以在使用各种应用、服务或进行交易时进行授权登录，避免隐私或关键数据被泄露。相反，利用区块链技术也能通过这个 ID 对个人进行身份验证或追溯。

物流行业 / 资产追踪。物流行业被业内人士认为是除金融行业之外区块链创新应用价值最高的领域。区块链技术可以用来优化物流的流程，通过区块链与电子签名技术，可将单据、货物信息、司机、货主和物流交接数据上链加密，并通过智能合约实现自动对账。如果出现问题，利用区块链的透明、可追溯、难以篡改特性，可实现对问题的追踪和问责。

存证防伪/版权保护。区块链的关键技术之一是哈希加密，利用哈希时间戳功能可证明某个文件或者数字信息在特定时间已经存在，而区块链的公开、难以篡改特性能为各种证明文件以及版权等的司法鉴定提供解决方案。通过对照数字签名及链上数据的存证，可以对链上记载的数字内容进行确权鉴证。进一步来说，区块链技术还可以通过智能合约交易，让拥有版权者进行授权转让和交易。

产品溯源。商品从生产者到消费者手中，通常需要经历多个环节，跨境商品的流程则更加复杂，如果中间环节出问题，消费者很容易买到假冒伪劣产品。区块链技术的记录公开透明，使得任何人都可以公开查询，使得伪造数据被发现的概率大大增加。当商品从生产环节到销售环节的所有节点数据加密上链后，消费者可以查询商品的流通过程，以提升商品安全性以及商品价值，如果产生问题，追踪问责也会变得有迹可循且易查。产品溯源可被广泛应用于食品医药、农产品、酒类、奢侈品等行业。

综上所述，尽管处于早期的区块链技术仍面临重重挑战，但这一技术的应用能变革很多现有商业模式或创造新的商业模式，即使你的企业不属于上述领域，或者近期尚无采用区块链的具体计划，我们也建议企业决策者开始评估所在企业的业务与区块链技术之间的关系。

我真的需要区块链吗？这个问题常常是困扰企业决策者的首要问题，也是最重要的问题之一。市场上常常充斥着彼此矛盾的声音，鼓吹者认为区块链如同万能钥匙适用于各个领域，怀疑论者甚至否定区块链存在的根本价值，技术决定论者常常因面对各种不同的项目、技术而心生困惑，无所适从。

时至 2020 年，对于这个问题，我们基本上可以给出肯定回答："是的！你需要。"虽然目前对大部分企业而言，这并不是迫在眉睫的事情，但可以预期，在未来 3~5 年的时间里，区块链相关的技术将像数据库系统一样成为企业的标准配置。尤其在中国，当区块链技术成为国家战略的一部分时，我相信企业只有从实践中加深对这种技术的正确认知和理解，才能跟上形势。

有一些和区块链相关的技术，例如去中心化身份、可验证数字证书等，是基于区块链来实现的，但企业在使用这些技术时也许并不需要自己直接部署和开发区块链相关的部分，而是可以直接在中心化身份、可验证数字证书的基础上进行集成。此类应用虽然实质上间接使用了区块链，但我们并没有将其包含在决策流程之中。

多层决策框架图

了解了区块链可以做什么及其潜在优势之后，请企业决策者对照我们的区块链多层决策框架开始第一步（见表 11-1）。

表 11-1　问题列表

我需要区块链吗？	问题列表：这些问题可以帮助你思考自己是否需要使用区块链

- ❓ 我的业务是否需要提供可公开核实的记录？

- ❓ 我的业务是否需要提供可审计的报表、证书、合同和文件等资产或报告？

- ❓ 我是否愿意尝试最新的技术，或使用概念验证在实践中了解区块链技术并改善业务？

- ❓ 我的业务是否需要实时地提供数字资产交换的服务，并且尽量不依赖第三方？

- ❓ 我的业务是否需要在内部和外部之间共享或交换数据等数字资产？

- ❓ 我的业务是否需要存储用户个人信息（PII），现在或未来是否受《通用数据保护条例》或类似的数据隐私法规的约束？

以下内容并非旨在提供适用于所有案例的权威性最终答案，而是通过列出步骤，帮助决策者评估是否要部署资源来探索特定问题所需的区块链解决方案。如果的确需要，再进行接下来的步骤。这个决策框架是由许多问题组成，请结合企业业务的实际情况，思考你的企业是否需要使用区块链。

1. 我的业务是否需要提供可公开核实的记录？

Yes：需要公开数据的业务非常适合使用区块链技术，因区块链具有天然的难以篡改属性，每一次数据记录都由所有参与者认可，透明且可追溯，能极大提高企业公开数据的真实性，提高用户对企业的信任度，如果产生问题，链上数据也更便于进行追踪与追责。

行业或场景举例：物流行业、资产追踪、交易平台、内容共享、政务等领域。

No：请继续看下面的问题。

2. 我的业务是否需要提供可审计的报表、证书、合同和文件等资产或报告？

Yes：企业采用哈希加密上链的数据信息，无论是来源还是流通路径，都可以被完整记录和追溯，对数据的每一次更新和修改都"有迹可循"，不管是对接商业伙伴还是银行、法律或审计机构，区块链数据凭证都比传统数据凭证更容易被认可及鉴证。

行业或场景举例：身处供应链之中的企业，需对接法律、融资、审计等机构的企业。

No：请继续看下面的问题。

3. 我是否愿意尝试最新的技术，或使用概念验证在实践中了解区块链技术并改善业务？

Yes：概念验证是对某些想法的一个较短而不完整的实现，以证明其可行性，示范其原理，目的是验证一些概念或理论。企业如果需要通过概念验证实现自己的某项目业务，请继续利用我们的决策图工具进行概念验证的实现。

行业或场景举例：需要做概念验证的企业。

No：请继续看下面的问题。

4. 我的业务是否需要实时提供数字资产交换的服务，并且尽量不依赖第三方？

Yes：区块链系统能够去除传统市场因为信息、数据垄断而存在的中介环节。区块链利用智能合约的条件约束，可以自动触发执行条件，让企业去中介化的行为成为可能。对企业而言，去中介化带来的好处不言而喻，能减少企业成本，提高业务执行效率；对用户而言，没有第三方或中介同样意味着交易成本降低，以及个人信息数据更安全。

行业或场景举例：主要业务依赖第三方中介服务的行业，比如跨境支付、有融资需求的中小企业、准备提供无中介服务的共享经济企业。

No：请继续看下面的问题。

5. 我的业务是否需要在内部和外部之间共享或交换数据等数字资产？

Yes：这个问题和上个问题看起来有些类似，但涉及的范围更广一些，两个问题的角度也有所不同。这个问题的核心是，你的企业流程中是否涉及一些资产（包括数据）需要在企业内部各个部门、团队之间，以及外部，如合作伙伴、供应商之间进行转移。

行业或场景举例：物流、供应链、电子商务。

No：请继续看下面的问题。

6. 我的业务是否需要存储用户个人信息，现在或未来是否受《通用数据保护条例》或类似的数据隐私法规的约束？

Yes：《通用数据保护条例》是在欧盟法律中对所有欧盟个人关于数据保护和隐私的规范，涉及欧洲境外的个人资料出口。如你的企业需要遵守《通用数据保护条例》或类似的数据隐私法规，选择区块链技术是正确的选择。遵守《通用数据保护条例》与区块链技术并不矛盾，虽然区块链有数据公开透明的特性，但它不要求每个应用都公开所有数据，相反区块链技术及其支持的去中心化身份技术能更好地保护隐私及用户个人信息，让数据信息完全可以由用户自己通过私钥掌控，而且通过区块链的分布式数据库技术，可以实现比传统数据库更安全的数据存储方式。

行业或场景举例：社交平台、咨询行业、广告行业等。

No：请继续看下面的问题。

很多时候，企业需要的可能并非真正的区块链技术，而只是其中的一些技术要点，比如分布式数据库、加密技术、P2P 技术等。这些区块链相关的基础技术早在传统的应用系统里被使用过，我们不能简单地把具有以上技术特征的应用系统等同于区块链应用系统。一个典型的区块链应用系统的架构可见图 11-1。

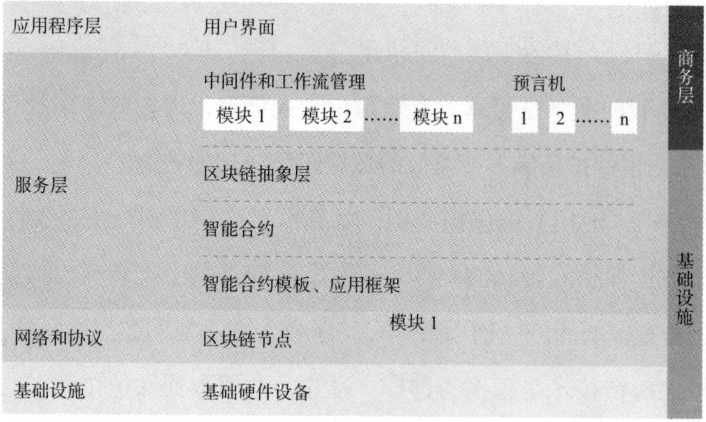

应用程序层	用户界面	商务层
服务层	中间件和工作流管理　　　　　　　预言机 模块1　模块2 …… 模块n　　1　2 …… n	
	区块链抽象层	基础设施
	智能合约	
	智能合约模板、应用框架	
网络和协议	模块1 区块链节点	
基础设施	基础硬件设备	

图 11-1　典型的区块链应用系统架构

通过以上 6 个问题，可以评估你的企业是否需要使用区块链技术。如果有两个及以上的回答为"是"，就意味着你的企业适合采用区块链技术进行改进，那么请继续看下一章，对需要改进的具体业务进行思考及判断。如果以上问题的答案都是"否"，则说明你的企业目前并不需要采用区块链技术进行改变。

第 12 章　我需要区块链解决哪些实际问题

通过判断企业的情况，初步确定区块链技术能对你的企业产生帮助后，请接着看区块链多层决策框架的第二个步骤（见图 12-1），结合企业实际的业务场景，选择具体需要的区块链技术。

虽然下面的问题看上去相当技术化，但企业进行这样的思考并不多余，因为这个步骤能让企业对如何利用区块链改进自己的业务形成具体的思维判断，更进一步确定区块链对企业是否真的必要，并且清楚地认识到区块链技术对于企业业务的哪些具体方面有何种提升作用。

也许看完这些问题，你还不能确定区块链能具体提升哪些业务，下面我们将解释每个问题的技术逻辑，并举例帮助你理解图中所列的业务模块中每个问题的适用场景。

我需要区块链解决哪些实际问题？

需求清单：
选择你需要的项目和功能，以选择区块链技术

□ 数字资产

- □ 我是否要创建虚拟货币进行支付？
- □ 我是否要为合作伙伴或用户创建通证化的奖励？
- □ 我是否要创建可以包含业务逻辑的智能数字资产？
- □ 我是否允许用户之间直接转移或交易数字资产？
- □ 我是否需要将资产以数字化方式管理？

□ 证书

- □ 我是否需要颁发可验证证书？
- □ 我的业务是否需要可验证的方式来验证第三方身份，或人员的背景、技能、培训和保险？
- □ 我是否需要验证来自应用程序或其他方面的证书？
- □ 我是否希望用户能自主地控制身份及其证书？
- □ 我是否要确保数字资产或受版权保护的产品的真实性？

□ 难以篡改的数据记录

- □ 我是否已经将数据存储在文件系统、云存储或数据库中？
- □ 我是否需要创建难以篡改的、永久的数据记录？
- □ 我是否希望我的数据是公开的？
- □ 我是否需要高性能的交易处理能力？
- □ 我是否需要多余的数据副本？
- □ 我的数据是否需要集中管理？

□ 身份和隐私

- □ 我的用户的身份是否可以在多个应用程序/系统中工作，而不需要外部身份验证？
- □ 我的用户是否可以彼此直接进行交易？
- □ 我的用户是否可以在其设备上存储自己的数据而不依赖一个集中的存储库（去中心身份）？
- □ 我是否希望在不需要保存用户个人身份信息的情况下保存业务相关信息？

□ 智能合约

- □ 我是否需要自动处理文档和合同？
- □ 我的业务是否希望将合同义务的履行自动化，例如托管、抵押、索赔、结算？
- □ 我是否要移除交易活动中的第三方介入？
- □ 我是否希望自动化处理多方的收益分配？

□ 交易市场

- □ 我是否需要让资产更安全？
- □ 我是否需要即时结算？
- □ 我是否需要自动的资产交换？
- □ 我的用户是否需要在没有中介的情况下安全地交换资产？

图 12-1 需求清单

数字资产

我是否需要创建虚拟货币进行支付？

需要注意的是，这里并不是指是否需要发行一种虚拟货币，而是指在系统中是否需要电子支付或结算。

也许你的业务是要创建一个供外部或内部客户使用的虚拟货币支付系统，例如一个类似预付费充值的支付系统（想象一下类似星巴克星享卡的预付卡应用），或者是一个带有押金体系的后付费或即时付费系统（想象一个类似滴滴打车的应用）；也许你需要建立的是一个业务流程中并不真正涉及现金，但需要进行精细结算的系统，例如企业内部采购报销核算等控制系统。无论对于上述哪种情况，用基于区块链的通证来解决都是一个安全且先进的方案。

任何涉及支付的系统，无论是对外的服务，如电子商务服务，还是对内的 IT 服务，如公司内部的采购系统、报销管理系统等，可能已经在不知不觉中使用了虚拟货币体系。只要系统的用户账户里有类似"余额"的设计，就说明该系统实际上有可能已经采用数据库的方式实现了一些简单或复杂的虚拟货币。这种情况下，虽然数据库能胜任一部分工作，但在系统的对内和对外安全性、账务的可审计性等方面会需要相当大的工作量，而使用区块链技术来解决这个问题，就相当于在一个成熟的虚拟货币体系上实现，能大幅降低开发和运行的成本。

我是否要为合作伙伴或用户创建通证化的奖励？

通证化的奖励包括但不仅限于会员卡、积分、客户忠诚计划、等级勋章体系、返利等各种激励客户或合作伙伴的方式。采用区块链技术的通证来实现这些应用具有比传统数据库方式更多的优势，体现为体系更成熟，对内、对外安全性更高，更容易支持和外部系统、合作伙伴系统的业务互通，等等。

不少传统企业已经使用各种类似方式对合作伙伴或者用户进行奖励，过去通常采用传统数据库技术实现。采用传统技术实现的系统主要问题在于，难以打通不同系统、不同伙伴之间的业务关系，并且在安全性上往往不能做得足够好，或者需要为此付出相当大的成本。因此，通常这些系统提供的类似积分的奖励对用户价值不够大，而且难以被用户消费，从而会成为一种财务或会计上的障碍（有些国家法律规定，未兑现使用的用户积分需要记账为负债）。

我是否要创建可以包含业务逻辑的智能数字资产？

包含业务逻辑的智能数字资产是一种新生事物，在传统 IT 系统里设计数字资产时，数字资产一般以编号 ID 来表征，资产的信息保存在数据库里，资产相关的业务逻辑实现在应用程序里。

举例来说，一个电商平台将礼品兑换券作为数字资产来进行管理。在传统的实现下，礼品兑换券会被分配一个序列号，兑换券的状态信息保存在数据库里，这个兑换券的一些兑换条件和业务逻辑（例如有效期、一名用户是否可以兑换多张、可以兑换的物品或金额等）通常在系统里通过代码实现。这种方式虽然可以实现，但是对系统的维护、安全性、使用灵活性等都带来很大挑战。这仅仅是一个例子，还有非常多的应用场景。

更好的做法就是，把业务逻辑规则和数字资产本身直接绑定在一起，形成一种含有业务逻辑和自身可靠状态的智能数字资产。采用区块链的通证和智能合约来实现类似的智能资产，具有先天的优势。

我是否允许用户之间直接转移或交易数字资产？

如果你希望用户之间可以在你的应用里安全可靠地直接转移或交易其拥有的数字资产（例如，允许用户自己转让礼品券，允许客户忠诚计划会员之间转移积分点数，允许不同的会员积分之间兑换或者跨应用使用），那么使用区块链几乎是目前的最佳方案。在基于数据库的机制下，要实现这一点往往需要在交易的安全性、可靠性和可审计方面花很大工夫，否则其中有些需求很难实现。

我是否需要将资产以数字化方式管理？

把实物资产加以数字化管理是一个重要的应用场景，将有价资产，例如贵重金属、房产、土地、设备等进行数字化管理，不但可以带来便利，而且能产生各种业务创新。在这类应用里，基于区块链的通证大有用武之地，有着比基于数据库系统的解决方案更强大的优势。

证书

我是否需要颁发可验证数字证书？

可验证数字证书的使用场景非常广泛，除了本来就是"证书"的应用之外，还有很多本来并不是以证书形式出现，但本质上和证书类似的应用（例如需要签名的文件、协议等）。

对于需要颁发可验证数字证书的企业，区块链是非常适合的技术方式。以区块链发布可验证数字证书的整个过程并不复杂，只需要用公钥、私钥进行加解密的验证，也就是基于区块链的数字签名。目前，数字签名和实际签名一样已经被国内法院认可为有效电子凭证，签名人用自己的私钥保证签名者是自己本人，在出现签名的环境下，也可使用私钥验证签名的真伪。

要详细了解可验证数字证书技术，可以参考本书第4章关于可验证数字证书的介绍。

我的业务是否需要可验证的方式来验证第三方身份，或人员的背景、技能、培训和保险等？

有些业务可能需要验明用户身份、资质（例如，企业招聘时需要核实求职者的身份、资质、接受的培训等），或者应政府要求对客户的基本情况进行了解（例如，金融相关服务需要KYC/AML的审核）。在这种情况下，企业要么需要花费工夫自己进行各种验证，要么采用第三方的验证。这就存在和第三方之间如何安全、可信地交换敏感信息的问题，如果上述信息中需要保存用户的个人敏感信息，可能又会涉及数据隐私保护的问题。

这种类型的需求，用基于区块链的去中心化身份和可验证数字证书技术能获得完美的解决方案。

我是否需要验证来自应用程序或其他方面的证书？

这类似前一种情形，但需要验证的对象是其他系统提供的数据或结果。例如，开发一个电商系统时，往往需要第三方物流、第三方支付、第三方客服呼叫中心等业务，因此就需要和第三方的应用程序或系统安全可信地交换关键业务信息，如果上述业务信息中需要保存用户个人敏感信息，同样可能涉及数据隐私保护的问题。

这种类型的需求用区块链能获得完善、成熟的解决方案。

我是否希望用户能自主地控制其身份及证书？

如果我们通过系统颁发给用户可验证数字证书或其他重要数据（如 KYC/AML 结果报告、财务报告等），我们是否希望用户能自主地控制这些数据？ 换句话说，我们是否希望业务系统尽量不接触、不保存或尽可能少保存用户的身份、个人敏感信息等，但仍然可以有效识别和正确处理用户的业务数据？

这种类型的需求用基于区块链的去中心化身份可以得到完美解决。

我是否要确保数字资产或受版权保护的产品的真实性？

有时，业务系统里涉及用户的数字资产、受版权保护的内容等。例如，一个沙盒游戏里，用户创建的世界和这些世界中的数字艺术品是用户独一无二的创作，用户可能需要对这些作品进行版权保护，避免被复制抄袭。又如，某些业务系统的设计目的就是为用户的作品存证，防止日后被侵权。这类业务都和区块链有着相当高的匹配度。

难以篡改的数据记录

我是否已经将数据存储在文件系统、云存储或数据库中？

当你的企业需要数据存储功能时，可以利用区块链技术。传统的中心化数据存储中心通常有性能、可用性和安全性等方面问题，同时成本较高。区块链存储能较好地解决传统数据存储中心的存储应用痛点。区块链数据库是由去中心化分布的节点构成的，按时间戳记录通过节点达成共识的数据，并且这些数据的增加、删除、改动都需要得到节点确认，对所有节点共享、公开且难以被篡改。

另一方面，你的区块链项目也可以设计成能部署在云计算之上的方式。目前云存储的市场都是由IT巨头公司掌控的，所以这些服务从治理层面来看是中心化的应用，费用也相对较高。利用区块链技术存储数据，有望以更低的成本、更好的性能及更高的安全性进行数据存储。

我是否需要创建难以篡改的、永久的数据记录？

如前章所述，难以篡改的、永久的数据记录是区块链技术的重要特性。自比特币诞生后，技术人员就想利用区块链的去中心化特性进行存储工作，因为分布的节点为 P2P 数据传输提供了天然的基础。

例如，目前基于一种新的协议 IPFS 的区块链项目正在探索中，IPFS 协议使用内容寻址来唯一标识连接所有计算设备的全局命名空间中的每个文件，用户甚至可以出售自己闲置不用的存储空间作为网络上的分布式存储节点。IPFS 的最终目的是取代人们使用多年的 HTTP，希望构建新一代传输效率更高，借由哈希加密手段更安全、更去中心化的互联网数据传输存储模式。但需要注意的是，IPFS 目前和区块链一样是不支持删除操作的，因此在数据隐私方面需要考虑是否存在问题。

我是否希望我的数据是公开的？

对企业来说，公开上链数据并不代表必须完全公开自己的所有数据，这里的"公开"更多的是建立在"许可"基础上的，即对于被许可用户或者说被授权用户来说，链上数据是可查阅的。我们在稍后的章节会就企业如何判断自己需要的区块链类型提供指引，进一步帮助企业做出准确的技术改进决策。

我是否需要高性能的交易处理能力？

对数据的交易性能要求可能是人们在是否采用区块链，如何采用区块链,以及采用何种类型的区块链等问题上的一个重要决策点。一般而言,区块链的性能总是低于数据库系统。

当你考虑采用区块链技术进行数据上链的设计时,必须切实评估目标系统期望达到什么样的数据性能。

我是否需要多余的数据副本?

区块链网络的分布式设计会创建许多备份,可满足企业对多份数据备份的需求,所有备份都点对点更新并同步相同的数据。利用区块链技术需确定存储在区块链上的数据的最大阈值比例[①],从而确定数据安全的最小副本数量。每当新的完整节点加入区块链网络时,应用系统都会发现其他节点,并请求区块链网络数据的完整副本,这使得丢失数据的风险低于传统的数据存储机制。

我的数据是否需要集中管理?

如果你需要集中管理数据(请注意,这里是指管理,而不是指存储),则适合采用区块链技术。管理包括访问授权、可审计的访问记录、对数据的不同版本进行验证,以防止数据丢失、被篡改或访问到不正确的版本。例如,一个保密性要求极高的系统中,虽然一些数据被分散保存在不同的位置,但需要对数据的正确性、一致性、访问权、访问日志进行集中管理。

---

① 阈值比例,指应有多大比例的数据块满足最小副本数量要求,小于或等于 0 意味不进入安全模式,大于 1 意味一直处于安全模式。

身份和隐私

我的用户的身份是否可以在多个应用程序/系统中工作,而不需要外部身份验证?

区块链技术可以让用户自主的去中心化身份成为可能,用户不必重复注册账号或账户,可自己保管身份数据。用户可以选择性地对某个应用公开自身的身份数据,也可授权第三方使用。同时,因区块链的去中心化特性,用户使用不同的服务商提供的服务时,可统一从区块链中以用户授权的方式提供给相应的应用/系统,而无须其他外部机构进行验证。

如本书第4章所介绍,用区块链技术实现用户去中心化身份创建时,背后的逻辑是:区块链企业与传统的身份验证机构合作确认用户的身份正确与否,继而区块链系统给予用户私钥,私钥对应一串地址,作为身份的唯一标识符,进而将身份属性通过这串地址进行关联。用户拥有区块链支持的去中心化身份后,访问未注册过的应用/系统时即可以授权方式直接登录使用,而不依靠外部的第三方机构。得益于区块链技术的难以篡改性,去中心化身份验证将比传统的中心化身份验证应用更能赢得用户信任。

我的用户是否可以彼此直接进行交易?

众所周知,比特币的主要功能就是用户间点对点的交易,可以说区块链就是为了交易而诞生的。现在,通过区块链的智能合约，机构间的交易或支付可用更低的成本、更快的交易速度达成。支付与交易是区块链近年来发展的重点方向。

2017年5月上线的AlipayHK，由蚂蚁金服与长江和记实业合资成立，有"港版支付宝"之称。菲律宾电子钱包GCash属于菲律宾领先的数字金融公司Mynt。2017年2月，蚂蚁金服和Mynt达成战略合作。2018年6月25日，从AlipayHK汇出了第一笔基于区块链技术的汇款，只耗时3秒即到达菲律宾电子钱包Gcash。而在这之前，香港到菲律宾的汇款需耗费数分钟甚至几个工作日不等。让用户能直接交易是区块链的核心功能，如果你的企业希望用户能够彼此直接进行交易，那么区块链是你的首选。

我的用户是否可以在其设备上存储自己的数据而不依赖于一个集中的存储库（去中心化身份）？

利用区块链实现用户的去中心化身份，首先是对用户信息加密上链并且对接发证机构进行验证，在验证通过后，用户即可实现自己的电子身份信息集合，可凭借自己的私钥进行授权行为，完成对自主身份的管理。

去中心化身份的用途十分广泛，适用于生活中很多场景。例如，先下载一个数字身份钱包应用到手机上，然后把关于自己的身份证明上传到去中心化身份应用上，在权威发证机构验证身份证明真实有效的前提下，我们能在自己的设备上查阅和管理这些身份，并可以通过授权共享给其他需要我们的身份信息的应用。

比如，我们可以针对酒店应用选择授权身份证明，针对租车应用授权驾照证明，针对求职应用授权调用我们的学历证明。当然，如果需要授权的应用同样是基于区块链技术的，两者会融合得更为紧密，因为基于区块链，可以让用户的身份数据以去中心化身份技术的形式被读取、调用，而不会直接被存储在传统的中心化平台上。

我是否希望在不需要保存用户个人身份信息的情况下保存业务相关信息？

这个问题其实是去中心身份问题的另一面。上面的问题是关于用户个人数字信息应用企业的技术革新需求，这个问题则关乎那些需要接收个人用户身份授权的企业如何能做得更好。显然，基于用户数据信息的安全考虑，用户身份信息的提供方与接收方最好都是基于区块链的应用，如果只有其中一方的应用基于区块链技术，相当于用户信息仍然暴露在传统的中心化环境下，仍然无法避免中心化应用中数据信息面临的泄露和滥用风险。

我们可以用生活中一个明显的例子形容这种"代沟"。如今，我们早已习惯进行移动支付，微信、支付宝几乎是国人手机的必装应用，但如果你去某些国家，就会发现很不适应，因为那里没有类似微信钱包与支付宝的应用，这时候我们就只能回归现金或信用卡等传统支付方式。

现在回到我们的问题，读者应该可以理解，只有当提供用户信息的应用与接收用户信息的应用都采用区块链技术时，才能达到珠联璧合的效果。只有当基于区块链技术的应用链完成闭环，我们才能真正体会到区块链带给现实生活的巨大变革。

智能合约

我是否需要自动处理文档和合同？

自动处理文档和合同，用区块链技术表述就是智能合约。正如前文所述，智能合约设计的总体目标是满足常见的合同条件（例如支付条款、留置权、保密性，甚至执行），最大限度地减少恶意攻击和偶然异常的情况发生，并最大限度地减少对可信中介的需求。不同于由律师起草或直接利用标准模板的传统合约，智能合约的设立需要技术人员将协商好的签约双方的权利和义务以脚本化的方式进行编程，通常由"是"或"不是"的逻辑触发合约自动执行。

举例来说，银行的自动还款操作，或者银行账户中设立的自动缴纳电话费、水电气费就是智能合约一个典型例子。

我的业务是否希望将合同义务的履行自动化，例如托管、抵押、索赔、结算？

同上一问题所说，用区块链的智能合约技术能实现很多将合同义务履行自动化的场景，包括这一问题的托管、抵押、索赔、结算合同。

区块链的智能合约对保险业意义重大。2018 年，美国保险业巨头大都会人寿所属机构流明实验室宣称已成功试行了一款区块链保险产品，为有妊娠糖尿病风险的孕妇提供保险保障。在参保客户的电子病历上传到该区块链技术的应用并且通过验证后，客户确诊妊娠糖尿病的结果，该系统会自动进行赔付，无须客户主动提出索赔要求。

我是否要移除交易活动中的第三方介入？

在现实生活中，中介通过提供服务和不对称信息优势帮助交易双方完成交易，同时交易双方通过第三方中介机制降低实际交易风险，保障交易顺利进行。第三方中介通过提供这一系列的服务，从中收取交易佣金。区块链的生态系统中，实际上并不会完全摒弃中介这种中间角色，只是利用技术衍生出新型的能完成中介功能的机制。比如，可以通过智能合约的编写，使合约条件一旦满足即可自行触发执行，又或者引入通证进行监督激励，来保证交易的正确性。企业可以根据自己的经济业务选择适合的机制进行设计。

我是否希望自动化处理多方的收益分配？

"新零售"与"无人零售"近两年异军突起，这些都属于探索"智能＋零售"的新模式。传统零售的业务流程涉及场所、设备、物流等多方面因素，因涉及多方利益博弈，会出现利润分配不尽公平、结账难、账期长的问题。利用区块链自动分账技术，能将所有利益方结合成利益共识体，可以根据智能合约的编写自动执行按比例的自动结算，并进行利润分配。区块链的技术基础使自动分账技术比传统类型的分账手段更加公平、安全、高效。

交易市场

我是否需要让资产更安全？

资产安全一直是商业交易中的重要问题，而从资产数据输入到资产数据维护，再到资产数据输出，无论是电脑问世之前的年代还是互联网时代，主要都是依靠人工操作，一直以来并没有太大改变，中心化的验证机制通常有较高的维护成本并且依赖于中心信用机构，各个环节都存在人为错漏和效率低下问题。利用区块链去中心化且防篡改的分布式账本技术、公私钥机制、智能合约及共识技术，能提升资产结算与清算的安全与效率，涉及多方的资产数据管理效益提升更为显著。此外，利用区块链的透明、可追溯、难以篡改特性，可实现对资产数据进行可控的追踪和出现问题之后的问责。

我是否需要即时结算？

结算一般是通过银行账户的资金转移实现收付的行为。比如，接受客户委托代收代付，即从付款单位的存款账户划出款项，转入收款单位的存款账户。但在跨银行或者跨境的结算业务场景想要即时结算，至今仍然很难做到，这主要是因为涉及一些复杂的审批流程，还往往涉及其他第三方机构。区块链技术下可以实现即时结算交易，是因为它不需要冗长的验证、核对和清算过程，因为在双方或金融组织之间共享的许可链类型的账本上，每次记账已经是共识之后的记录数据。

2019年5月，新加坡金融管理局和加拿大央行在联合声明中表示，两国央行首次使用央行数字货币和分布式账本技术进行试验，将国内试验性的支付网络——加拿大银行的Jasper项目和新加坡金融管理局的Ubin项目，连接在两个不同的分布式账本平台上，该项目与埃森哲、摩根大通合作。在试验试点之后，新加坡金融管理局和加拿大银行联合发布一份报告，提出不同的跨境结算系统设计方案。

我是否需要实现自动的资产交换？

企业的资产交换一般需要实现资产的交易，比较常见、简单的交易方式就是支付。区块链技术的去中介化交易在比特币这个模型上已经被验证可行。而且，对于复杂的多方交易或跨境交易，比如在交易所这种商业模式下，由区块链应用的分布式节点共同维护并达成共识同步更新账本，能高效完成传统交易结算中需要数分钟甚至更久才能完成的付款流程，企业可许可用户查询所有交易记录，能提升用户对区块链去中心化交易应用的信任度。

我的用户是否需要在没有中介的情况下安全地交换资产？

与上述问题类似，如果企业需要提供用户间交易的业务，在传统商业模式下多少都会有涉及中介或第三方。使用区块链技术能以分布式节点共识解决以前交易方需要第三方介入的信任问题，更快完成交易流程；去中介化还意味着用户之间的交易成本会降低；用户私钥机制则能保护用户资产完全由用户自主控制，而不会被非授权使用。

第13章 选择合适的区块链类型

在确认了区块链对你的企业来说是一项有益的技术，并且结合区块链的技术特点进行了思考与选择后，现在需要开始评估你所需的区块链类型。

尽管"区块链"如今已成为热词，但实际上区块链并不是"千篇一律"的技术。在这个阶段，我们会首先帮你决定应该使用哪种类型的区块链，然后帮助你思考你是否需要定制区块链。

采用哪种区块链类型

图13-1能帮助你快速找到企业相关的区块链类型。针对每个问题，回答"是"则按虚线箭头前进，回答"否"则按实线箭头前进。

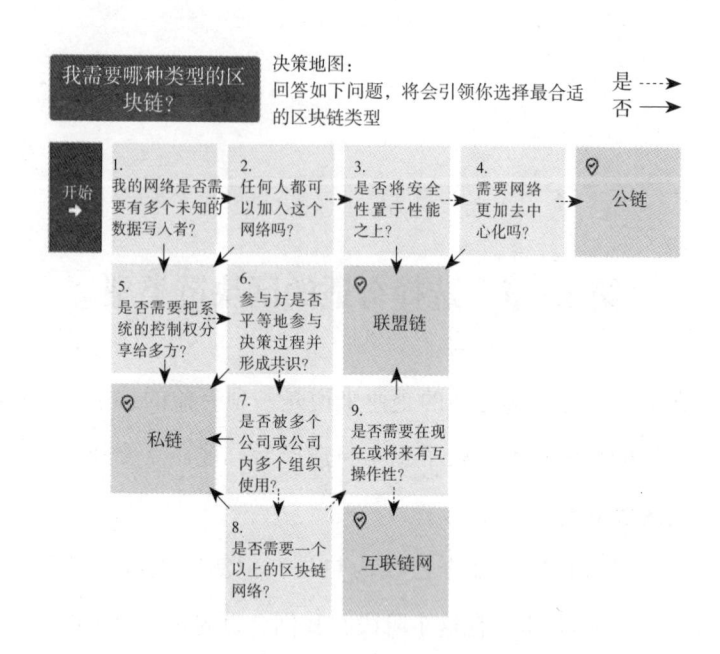

图 13-1 区块链类型决策地图

1. 我的网络是否需要有多个未知的数据写入者？

整个系统里是只有确定的（已知的）数据写入者（即产生数据并需要放入区块链的），还是可能有多个不确定的（未知的）数据写入者？

这个问题乍一看有些技术化和拗口，从另一个角度来理解就是，这个系统中产生数据是多方参与的，还是始终只有明确的一方？大部分情况下都是多方参与的。

2. 任何人都可以加入这个网络吗？

这是一个重要的问题，这个网络提供的数据是完全公开、任何人不需要任何许可就可以参与的吗？

需要注意一些政府服务或者企业的公共服务，它们虽然看起来是公开的，但有一些准入条件，例如必须提供一定的资质、必须是现有客户、必须进行 KYC/AML 核查等。这些服务其实都属于需要许可，并不是任何人都可以参与的。

3. 是否将安全性置于性能之上？

这个问题的核心在于系统是否需要非常高的性能，在安全性和性能两者之间，哪个优先级更高。由于目前的公链性能是个普遍性问题，因此对性能要求较高的应用暂时都难以考虑公链。这种情况在未来可能会得以解决，从而不再成为决策时的一个考虑点。

4. 需要网络更加去中心化吗？

这从某种角度上取决于你的客户的需求和想法，某些客户会倾向于认为更高的去中心化程度是使整个系统变得更为可信的至关重要的因素。例如，如果你的业务类似于去中心化自治组织类型，或者类似于众筹或公众慈善，那么这可能不但要求网络公开透明，而且要求其去中心化程度较高。相反，如果你要建立一个加盟的电商网络，虽然可能有很多参与方，但参与方在去中心化程度上未必有足够强的诉求。

5. 是否需要把系统的控制权分享给多方？

这个系统是你一方说了算，还是构建完成后会由多方一起控制？一项业务可能是由你单独构建的，但希望参与的合作方能相对独立地加入，并且有自主决定权，这时候仍然相当于系统的控制权是共享的。例如，你建立了一个供应链系统，允许合作伙伴加入，如果这个系统的规则完全是由你来决定的，合作伙伴只是相当于在你的系统中申请一个账户，那么该系统的控制权是你独有的；如果你允许合作伙伴运行你的系统，管理自己的账户，只是通过这同一套系统更好地管理跨伙伴之间的数据，那么系统的控制权就是共享的。

6. 参与方是否平等地参与决策过程并形成共识？

如果系统是多方参与的，那么各方是否能够形成共识？出现一些问题或者需要决策的时候，各方是否都能平等参与？

7. 是否被多个公司或者公司内部的多个组织使用？

这个问题比较容易理解，即此系统是否需要跨部门、跨企业运行。

8. 是否需要一个以上的区块链？

在实际业务中，你会发现数据共享可能存在不同的"分组"现象，也就是你可能有不同的参与者，但你并不希望所有参与者都是完全对等的。例如，一个企业的管理系统中，财务数据的共享可能只局限在一部分参与者之中，而库存数据的共享又局限于另外一部分参与者之中。在这种情况下，你很可能需要一个以上的区块链，或者需要能支持多种不同的"分区"的区块链技术，以管理不同的参与对象。

9. 这些区块链之间是否需要在现在或者计划在未来有互操作性？

如果你发现自己的业务的确需要一个以上的区块链，那么这些区块链的系统之间有没有数据共享的需要，还是完全不相关，或者只是松散耦合的关系？例如，你的系统可能采用了基于去中心化身份和可验证数字证书技术的区块链，同时又有一个与财务相关的区块链业务，那么有可能两个区块链之间唯一的联系只是用户身份，两个区块链之间并不需要紧密的耦合。再如，你有一个与财务相关的区块链业务，还有一个与销售相关的区块链业务，两者之间有紧密的联系，这时候就需要多条链之间是可以互操作的。

一般情况下，我们建议，如果你选择了需要多条链，就应该默认在未来你很可能需要它们之间是可以互操作的。

定制区块链还是使用现有区块链

你有可能只需要采用现有的区块链而不需要做任何定制化操作即可满足业务需求。例如，如果你选择的业务是与去中心化身份和可验证数字证书相关的，那么只要你选择的区块链支持这些特性，你可能完全不需要对区块链本身做任何定制化操作，即可满足全部业务需求。又如，你需要开发一个类似数字货币的转账系统，可能现有的区块链产品已经默认提供了完整的功能。

但是，如果你的系统业务中有相对比较复杂的事务、商业流程，或者你需要使用多条链并且需要跨链互操作，那么你很可能需要的并不是现有区块链，而是一个区块链框架，这些框架可以让你根据业务需求来定制自己的区块链（见图 13-2）。现在市场上新兴的区块链开发框架，如 ArcBlock 区块链框架、Cosmos SDK 都是这样的区块链框架。

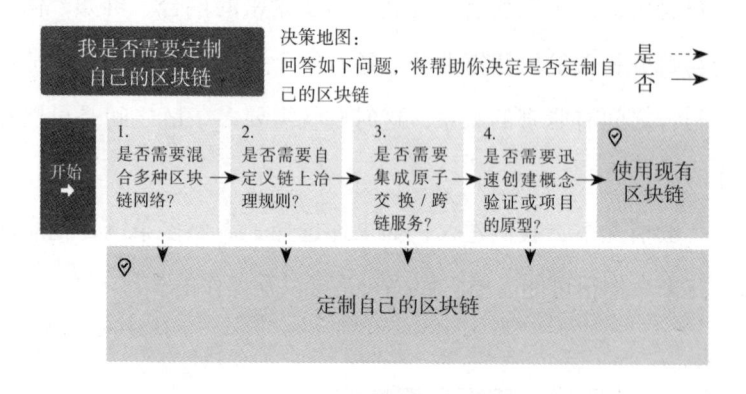

图 13-2　定制区块链决策地图

1. 是否需要混合多种区块链网络？

根据前面的评估，你是否需要多个区块链来解决实际的商务问题？如果你的答案是"是"，那么这些区块链是否属于相同类型呢？你很可能会发现，一部分业务需要一个私有链，而另一部分却需要联盟链，甚至你也可能发现某一部分业务最理想的状态是形成公链服务，这时候你需要把多种不同的链混合起来，形成自己的系统。

2. 是否需要自定义链上治理规则？

链上治理是一个定制化的需求，因此如果你考虑自定义链上治理规则，那么你大概率需要定制区块链。

3. 是否需要集成原子交换/跨链的服务？

你在多条链上是否都会产生数字资产并且导致链之间可能有交换的需求？前面举例的财务和销售分为两条链的设计，很可能需要在链之间集成原子交换或者有跨链需求。

4. 是否需要迅速创建概念验证或项目原型？

这听起来有些反直觉，但现实中使用现有的区块链很可能比使用定制的区块链更麻烦，原因是大部分现有的标准化区块链基本都是建立在类似比特币的数字货币模型或者类似以太坊的通用计算模型之上，或者类似 Hyperledger Fabric 这样更像需要用户定义模式的分布式数据库。这些标准化的区块链优点是安装、运行起来比较标准化，但是要把它们应用于系统，尤其是快速改动的原型和概念验证，你可能会发现受制于其固定单一的开发模式。而大部分支持定制开发区块链的框架通常提供了类似"脚手架"机制的工具，非常适合用于创建原型。

第 14 章 评估区块链技术及部署方式

在你确定了自己的企业需要的区块链类型及技术要点,做好充分的准备工作后,你就可以选择不同的技术方来提供咨询和报价,从而进行评估。

选择合适的区块链技术

区块链技术的发展日新月异,各种新技术不断涌现,因此如何选择合适的产品和技术会是一个挑战。我们的建议是,企业根据自己的需求来选择合适的技术和产品,不要盲目追求厂商宣传的一些指标,或者盲目追求产品的强大功能。

表 14–1 为企业在选择区块链技术供应商时的评估表格。最左侧的"要求"列代表在第二步时你选择好需要的技术要点;右侧的技术方则是不同备选供应商的技术对比,你可以把不同技术商提供的资料、沟通结果集中于表格中对比参考,能帮助你更清晰地选择合适的技术供应商。

表 14–1　区块链技术供应商评估表格

评估、选择区块链产品和技术

评估表格：
填写评估表格，通过比较选出最适合你的区块链技术

要求	产品/技术1	产品/技术2	产品/技术3	产品/技术4	……
区块链类型					
互联链网					
定制自己的区块链					
数字资产					
需要创建虚拟货币进行付款					
需要将实体资产数字化					
……					
证书					
需要颁发可验证证书					
希望用户控制其身份及其证书					
……					
难以篡改的数据记录					
需要创建难以篡改的、永久的数据记录					
希望我的数据是公开的					
……					
身份和隐私					
用户的身份可以在多个应用程序中工作，而不需要外部身份验证					
用户可以彼此直接进行交易					
……					
智能合约					
需要自动处理文档和合同					
需要移除交易活动中的第三方介入					
……					
交易市场					
需要即时结算					
需要自动的资产交换					
……					

以上只是我们建议的评估表格模板，作为一个参考思路。相信经过上面几步流程的思考和评估，在这个步骤选择评估产品技术将更为容易。

选择合适的方式部署区块链

最后，你可以跟技术方沟通如何部署区块链应用，我们会给出建议的区块链部署决策地图以供参考（见图 14–1）。

由于到这一步的时候，你仍受限于前面选择的区块链技术是否具备多种部署可能，因此下面的流程仅供参考，就不逐一展开了。例如，假如你选择了一种全新的区块链技术，很可能就没有 BaaS 和区块链应用连接器的选择。

几种部署方式简介如下。

区块链节点（自行部署）。在自己的数据中心部署区块链节点。这是最费时费力的方式，但某些情况下，企业别无选择。

区块链节点（云端部署）。使用云计算的设备来部署区块链节点。不少云计算厂商提供虚拟机映像的方式能实现快速甚至脚本化的部署，这对提高部署的效率会有帮助。

BaaS。选择云计算服务厂商的 BaaS 服务，快速构建、托管和使用自己的区块链应用、智能合约和区块链上的功能，由云服务提供商管理所有必要的任务和活动，以保持基础架构的敏捷性

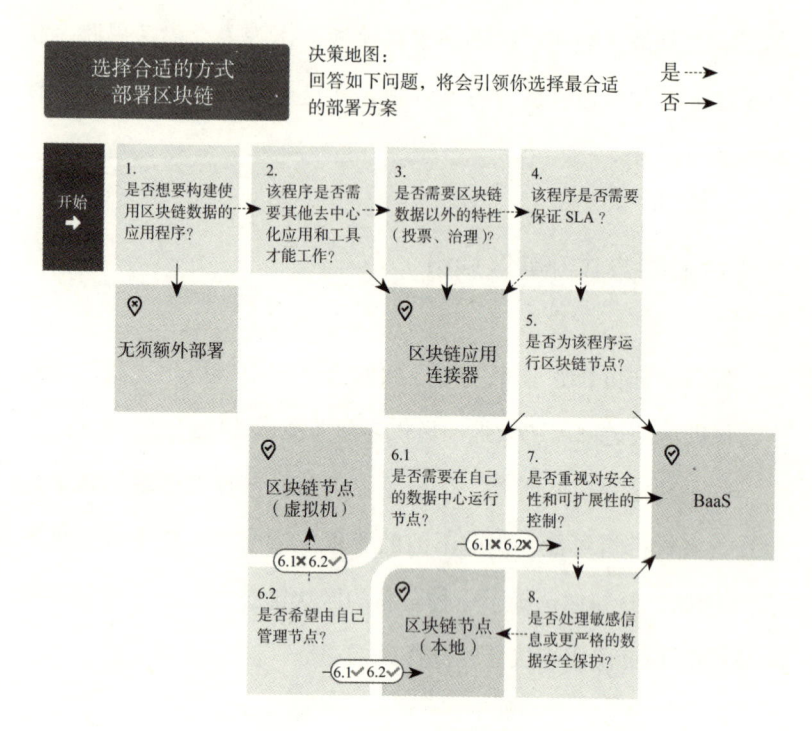

图 14-1　区块链部署决策地图

和可操作性。通常如果选择了比较流行的区块链技术，则选择支持的 BaaS 部署更为方便。

比如 IBM 云的 BaaS 服务能让企业在 Hyperledger Fabric 上快速构建自己的可扩展区块链网络的商业服务。微软 Azure 区块链服务预览简化了联盟链网络的形成、管理和治理，使用户能专注于业务逻辑和应用开发。

区块链应用连接器 / 区块链的 PaaS 服务。目前一些区块链服务提供商提供了一些区块链的连接中间件服务，使得应用开发者不需要自己部署节点，而是采用这些连接中间件服务去访问区块链。例如，Consensys 的 Infura 是针对以太坊的服务，ArcBlock 的开放链访问协议服务可以针对比特币和以太坊。

这些连接中间件服务相当于是一种云计算的 PaaS 服务，通常按照 API 的使用量来收费。一些连接中间件在易用性上还做了扩展，使得应用开发比直接使用节点更为容易。

总而言之，在运用区块链之前，请仔细评估企业的业务需求，并且知悉应用区块链技术时企业需要如何调整自己的运行模式。通过我们上述的决策步骤，希望能帮助你快速判断自己的企业是否需要区块链，如果需要，则企业应如何选择具体技术包括技术方，以及对如何部署区块链应用。

第四部分
区块链的应用进展实例

读完本部分,我们希望帮助你了解:
- 区块链的最新应用成果。
- 区块链的实用案例分析。

第 15 章 数据上链

数据上链是目前企业应用区块链技术最常见的场景。众所周知，区块链上的数据公开可验证，相对于链下数据，人们更容易通过链上验证的方式产生信任，这就是区块链技术为我们创造的低成本验证信任机制。

此外，因为链上所有参与方（节点）都分享了统一的事实来源，所有人都可以即时获得最新的信息。因此，不同参与方之间的协作效率得以大幅提高。同时，因为区块链上的数据难以篡改，数据储存变得更加安全。

因此，数据上链提供了一种相较于现有技术（如数据库）更强大的方式来安全地共享、存储和使用数据，它已经成为一种新的数据应用方式。

必须注意的是，区块链技术并不是数据库的替代品。由于区块链上的数据都是公开透明的，即链上所有参与方都可以随时访问、验证这些数据，我们只需将数据真实性和一致性的证明信息（例如数据的哈希验证值）或者必要的、必需的且可以共享的数据加密后放在区块链上,而将私密的、希望拥有控制权的数据存储在链下,如数据库中。区块链技术的存在并不是为了完全替代数据库,而是为数据储存应用提供另一种有独特优势的选择。

本章中,我们将分享由 ArcBlock 亲身参与提议并实施的三个与数据上链场景密切相关的案例。其中,美国国防技术信息中心(DTIC)的案例是在多方参与的场景中,设置不同的数据访问权限,以平衡共享与保密。美国证券交易委员会的案例涉及方便地访问、管理、分析链上数据。首汽 GoFun 出行的案例则是关于建立基于区块链技术的可感知的多维度信用体系。

美国国防技术信息中心:分布式文件访问分享管理

美国国防技术信息中心是美国国防部下属的科研信息管理机构,旨在汇总融合科学技术数据,快速、准确、可靠地提供开发下一代技术所需的知识,以满足国防需求。因此,美国国防技术信息中心和遍布全球的各个国防部研究所、实验室及相关行业与学术界的合作伙伴构成了促进国防的研发测评社区。

为了让该社区众多部门成员高效合作,有效共享文件与研究数据成为关键。社区成员需要共享的文件包括内部技术报告、项目记录和期刊文章,并以结构化(如 XML)、半结构化(如 PDF)和非结构化(如 TXT)的格式储存。尽管美国国防技术信息中心是研发测评社区信息的中央存储库，但相关文档和数据也经常存放在其他存储库中。例如，每个研究机构都有自己的存储库，用来储存研究数据。同时，一个文件的不同版本出现在不同网站上的情况也经常发生。

2018年8月，美国国防技术信息中心公开向区块链技术公司征求一个基于区块链的解决方案，目的是将区块链技术与现有系统对接，改进各部门、各机构共享和管理社区文件与数据的方式，验证文件来源的真实性，支持不同的安全级别与访问级别，从而保护数据安全，提高协作效率。ArcBlock为此提供了基于自身技术的方案，本节将简要介绍这一设计。

解决方案要求

如何设置适当的访问权限控制，以及如何在系统中识别和验证任何材料来源的权威性，这是我们需要解决的一个关键问题。为此，我们提供的基于区块链的解决方案要在不更改当前的用户界面和用户体验的前提下，将区块链技术整合到现有存储方式与技术中，通过以下方式促进社区间的协作（见图15-1）。

- 各成员可即时获取最新的研究信息。
- 快速验证文件或数据来源的真实性。
- 通过区块链的验证机制确保记录和数据的完整性和真实性。

- 每当文档被访问时，通知其所有者以支持文档交付验证。
- 采用行业数据标准，保证系统可支持结构化、半结构化和非结构化数据。
- 提供短期和长期的可扩展性。
- 采用更为敏感的文档和数据定义标准和政策，为信息中心提供更大的灵活性。

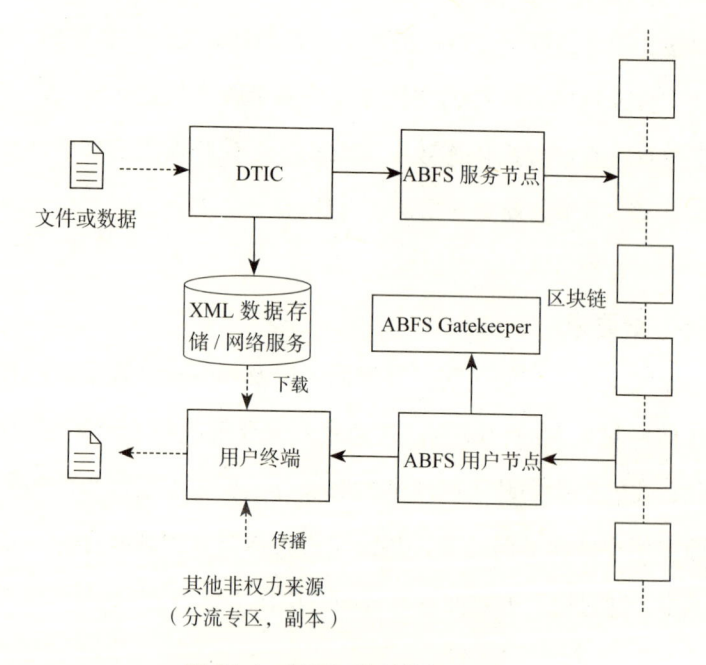

图 15-1　基于区块链的解决方案

同时，该解决方案还囊括信息中心要求的两部分：启用审核跟踪的 ABFS（区块链文件系统）；建立与 GateKeeper 和区块链网络协同工作的 ABFS 客户端节点。

第一部分是 ABFS 服务。ABFS 是一个由美国国防技术信息中心现有网站服务和 XML 数据存储组成的服务器端实现（见图 15-2）。其服务包括以下逻辑组件：ABFS 服务节点、ABFS Gatekeeper 和一个或多个完整的区块链节点。

第二部分是 ABFS 客户端节点。ABFS 客户端节点是一个可选的组件，可提供更强大的数据安全、访问控制、审计跟踪日志记录，并且能自动进行真实性和完整性检查（见图 15-3）。客户端节点旨在让信息中心通过区块链技术控制和跟踪其数据区域之外各个方面的数据和文档。

从根本上讲，ABFS 客户端节点包含一个区块链轻节点，且支持"偶尔连接模型"，即客户端可能会偶尔失去与区块链的连接。更重要的是，轻节点可确保提升终端用户体验，同时让用户以去中心化和安全的方式访问数据。

解决方案目标

当我们对技术架构有了更好的了解，就能对提供的解决方案进行更为详细的剖析，着重关注解决方案是如何满足美国国防技术信息中心的要求的，包括每个组件的目标、工作方式以及价值主张。

目标 1：数据上链立刻发现现有、全新或最新的文件 / 数据。

工作原理：ABFS 服务节点将数据或文档的密码签名以及元

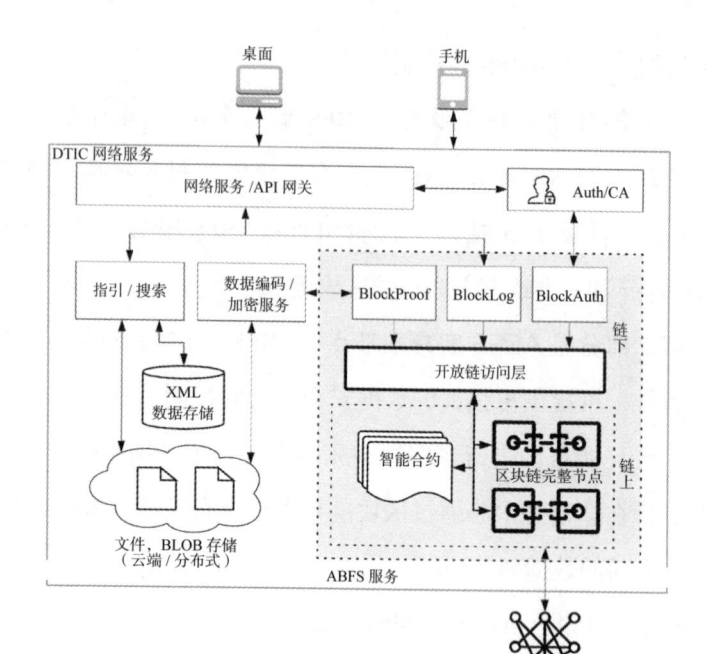

注：1. BlockProof 为可重复使用的软件组件，提供标准的密码签名、发布、时间戳、验证要求。

2. 当用户访问系统时，BlockLog 用于自动生成和记录审计跟踪访问日志，BlockLog 使用自己的仅附加存储进行审计跟踪存储，并将审计跟踪的状态定期储存到任何开放链访问协议支持的链中。

3. BlockAuth 为一个区块链支持的基于角色的身份验证组件。BlockAuth 通过开放链访问协议可与任何新的或现有的区块链一起使用。BlockAuth 可与信息中心现有的身份验证系统和/或用户管理系统无缝集成。

4. 开放链，此处指开放链访问协议，这是一个中间层，允许应用程序以统一的方式访问不同的区块链。

图 15-2　ABFS 服务

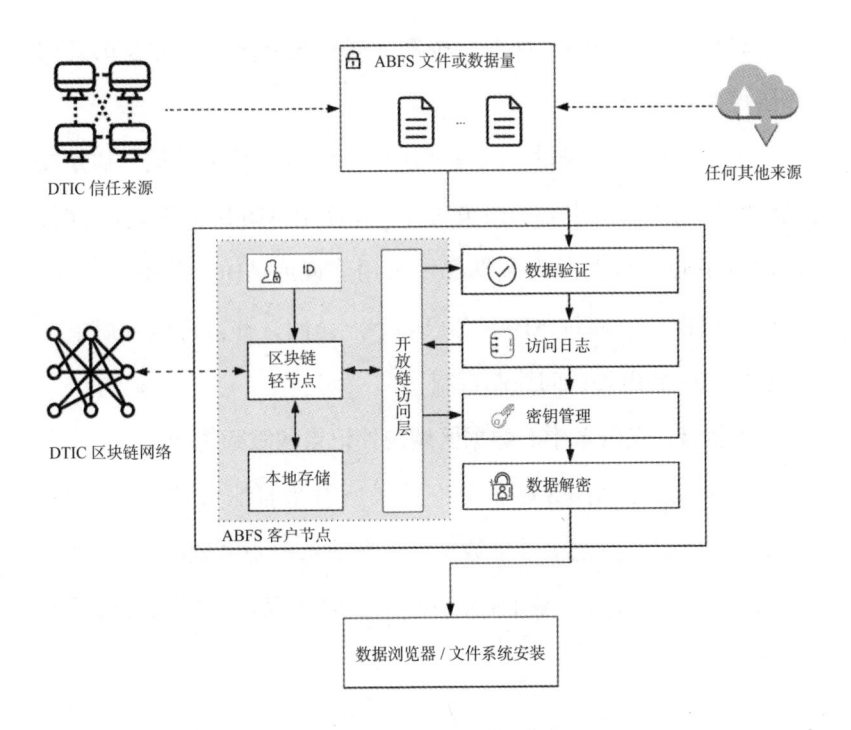

图 15–3　ABFS 客户端节点

数据放到区块链上。当发现新的更改时，ABFS Gatekeeper 会实时更新数据库。

目标 2：轻松确认任何信息的权威来源，通过验证机制确保文档和数据的完整性。

工作原理：当用户访问数据或文档时，ABFS 客户端节点会自动验证所有数据的权威性和完整性。验证可以在收到请求时通过网站服务进行，也可以在运行 ABFS 客户端节点时自动进行。

目标 3：全面的访问权限控制，并可在未来扩展更多的访问权限控制。

工作原理：系统设计与现有用户身份验证系统对接。初始数据访问控制由信息中心的政策执行。在使用 ABFS 客户端节点时，从信息中心下载的所有数据都可采用建议的 ABFS 数据卷格式，从而使数据只能通过 ABFS 客户端节点访问，并且可以开启信息中心数据区域内外访问控制机制。

目标 4：在信息中心数据区域内外记录和跟踪访问。

工作原理：ABFS 服务节点记录所有来自服务器端的访问，ABFS 客户端节点记录哪怕数据已离开信息中心区域的所有访问。当数据离开区域时，ABFS 客户端节点对于跟踪数据来说就是至关重要的。

对于像美国国防技术信息中心这样的机构，既需要共享数据，又要保护各部门内部的数据私密性，区块链技术是一个很好的选择。通过区块链技术，可轻松建立不同部门、不同文件的提供者与使用者之间的信任关系，既可以共享数据、追溯数据来源、验证其真实性，又可以通过设置不同的访问权限来保护数据私密性。

我们可以利用前文中的决策地图来判断企业应该使用哪种区块链网络。一般来说，鉴于美国国防技术信息中心对保护敏感数据的要求，它通常会创建自己的许可链方案，而不会使用公链或某个标准的区块链技术。至于其具体部署方案，例如部署哪种类型的节点和节点数量多少，则取决于其对信息安全性和共享等级的考量。

美国证券交易委员会：链上数据追踪审计

美国证券交易委员会一直在寻找合适的方式来监管加密货币行业中不同的资金流动。目前，比特币网络每天处理约 35 万笔交易，以太坊则每天处理约 60 万笔交易，且这些数据都呈上升趋势。随着加密货币的价值和影响日益提高，区块链中的数据（或交易记录）持续增长，并被应用于银行、小额支付、汇款和其他金融服务。因此，美国证券交易委员会正在努力寻找一个可以监控被记录在多个区块链账本中的交易的方法，以监控洗钱等潜在风险，并针对数字资产建立完善的法规和政策。

美国证券交易委员会于 2018 年就开始向区块链数据供应商征集公开建议，并于 2019 年正式招标，要求为该监管机构提供商业现货范围的区块链分布式账本数据，以实现监控风险、提高合规性、告知委员会有关数字资产的政策目标。其要求重点关注以下几个技术属性。

区块链类型和构成：包括比特币和以太坊，以及尽可能多地使用其他区块链，例如 Stellar、Zcash、EOS、NEO、XRP 和比特币现金；包括完整的区块链账本，并使用托管节点与自辅助来源的数据。

所需数据字段：包括所有节点数据，至少涵盖地址、哈希、时间戳、数量、费用、区块高度和区块哈希等代码；能够交叉引用数据以支持归因情报；访问元数据和链矩阵，包括哈希算法、哈希能力、难度和奖励。

数据标准化和质量：可在安全和受控环境中与网络同步的托管节点；证明数据准确。

数据供应和频率：使用安全加密的数据源；包括创世区块中完整区块链的所有历史信息；包括企业数据许可和 API 选项。

解决方案

截至 2019 年 8 月，共有 20 家区块链技术服务公司申请与美国证券交易委员会合作，最后 ArcBlock、Quant Network、ZenLedger、MI2 和 Coin Metrics 进入第二轮答疑环节。

对于美国证券交易委员会而言，任何解决方案都需要实现两点：完整的区块链数据集和系统易用性。与传统开发项目不同，美国证券交易委员会并不打算创立区块链项目或开发新的应用。相反，他们想利用"区块链+云"服务。

根据这个项目的要求，ArcBlock 提出了开放链访问协议服务以及 TokenFlow。

通过使用开放链访问协议服务，我们可以通过一个统一的方法来访问各种链上数据，轻松添加新的区块链类型，交付整个数据集，并保证数据质量，为监管链上数据提供技术支撑。

通过 TokenFlow，我们可以为用户提供简单易用的可视化搜索引擎，使任何人都可以搜索实时的区块链数据集，轻松发现数据间的关系，为监管链上数据提供务实的平台服务。

开放链访问协议服务

开放链访问协议服务是一项功能强大的区块链数据订阅服务（见图 15–4）。通过它，我们可以以一种统一的方式轻松地接收、访问和使用底层的不同的区块链及其数据集。

图 15–4　开放链访问协议

总的来说，开放链访问协议服务支持以下内容。

- 一个或多个区块链数据集协议。

- 可插拔的链适配器和链数据 API，可以轻松地在现在或将来添加新的区块链数据集。
- 具有访问层的开放链访问协议数据库，可通过一个统一的方式访问数据集。
- GraphQL API，以查看、使用和消费数据。
- TokenFlow，用于分析和可视化查询。
- SFTP（SSH 文件传输协议）数据传输。

现在，让我们更深入地研究其中一些功能，来了解开放链访问协议服务是如何实现美国证券交易委员会的需求的。

统一的数据。如今，因为每个区块链都是以不同的格式储存，每个区块链都是独特的。因此，如果没有投入大量的开发资源制作专有的查询工具和中心化的基础架构，直接访问不同区块链上的数据是非常困难的。对于像美国证券交易委员会这样的机构，如果想监管各种链上的数据，需要针对每个区块链的储存格式开发相对应的方法，以对链上数据进行使用和分析。而因开放链访问协议采用了 GraphQL API——一种针对图状数据查询特别有优势的查询语言，他们就能通过开放链访问协议用统一的方式来查询链上数据。

链适配器。为了确保服务可以与时俱进，并可以按需轻松添加新的区块链数据集，开放链访问协议采用了可插拔的区块链

"链适配器"。这些链适配器的工作方式类似于设备驱动程序，将区块链底层协议和数据集转换为统一的数据源和 API。

区块链数据集。与传统的提供商不同，开放链访问协议服务提供的数据都是直接从完整的节点链提取，而非辅助来源。基于每一个链的结构，所有链上信息均与网络同步，并且信息是准确且完整的。

区块链节点和数据传输。区块链数据集不仅需要数据，还需要部署节点和保障数据传输。如今，开放链访问协议服务托管着所有必要的节点，且可索引所有数据。为此，开放链访问协议使用了 SFTP 进行安全、加密传输（见图 15–5）。

图 15–5　SFTP 传输基本流程

因此，使用开放链访问协议服务可满足美国证券交易委员会对访问、监管各种区块链的技术要求。

TokenFlow

TokenFlow 的核心是一个 SaaS 应用程序，通过为用户提供简单易用的可视化搜索引擎，可以让用户基于公开可验证的链上数据，轻松地验证和监控活动，查看交易，检查数字钱包，并轻松找到有意义的数据关系。

通过一个地址，用户就可以在几秒内获得和该地址有关的以下交易和活动信息。

- 资金流向：发送/接收，金额数目。
- 网络：可视化、探索、筛选不同的交易网络，发现资金流入和流出的模式。
- 活动时间线：通过账户活动轻松发现活动轨迹及规律。
- 数据分析和总结：例如按不同时间粒度的交易汇总。
- 历史：详细的历史信息，列出每笔交易的时间、金额、参与方等。
- 与第三方服务对接，加入AI和机器学习技术。

TokenFlow为美国证券交易委员会提供了查看和分析链上数据的便捷服务，以监控风险，监管资金流动（见图15-6、图15-7和图15-8）。

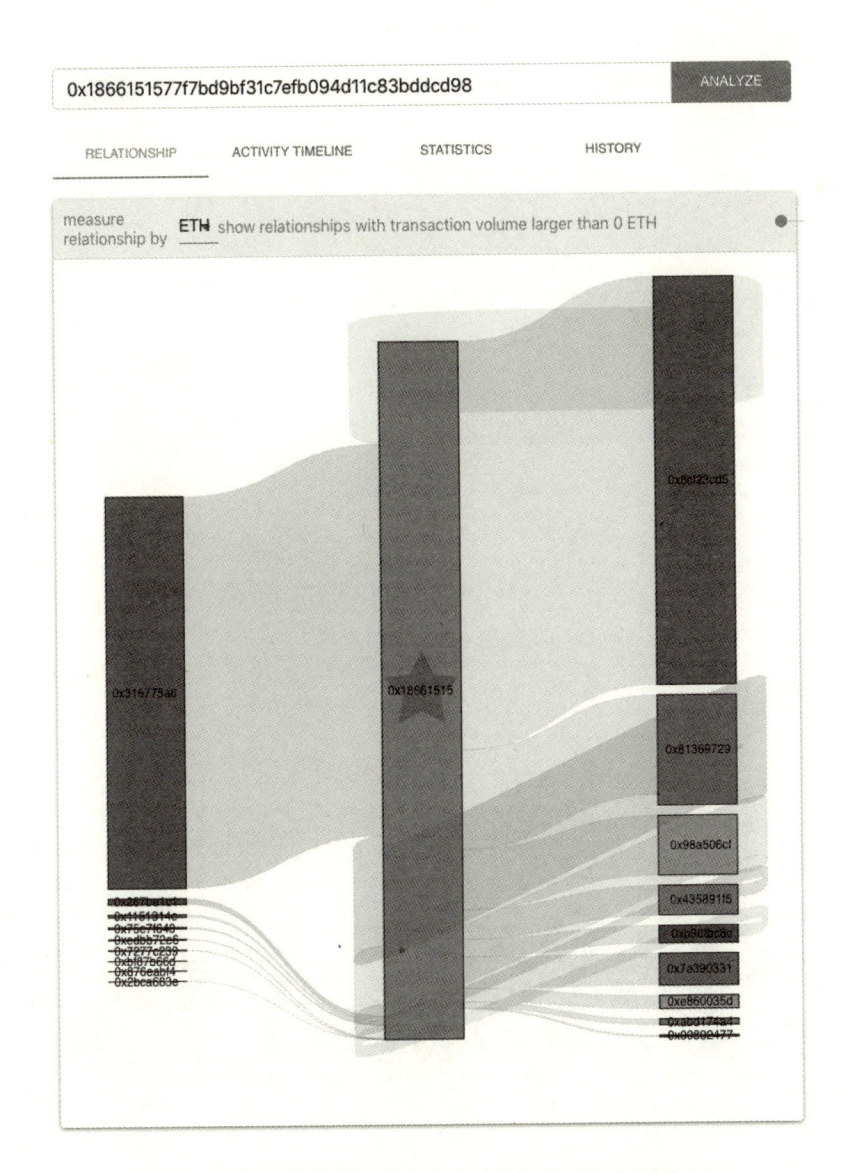

图 15–6　通过地址在 TokenFlow 平台上查看数据关系

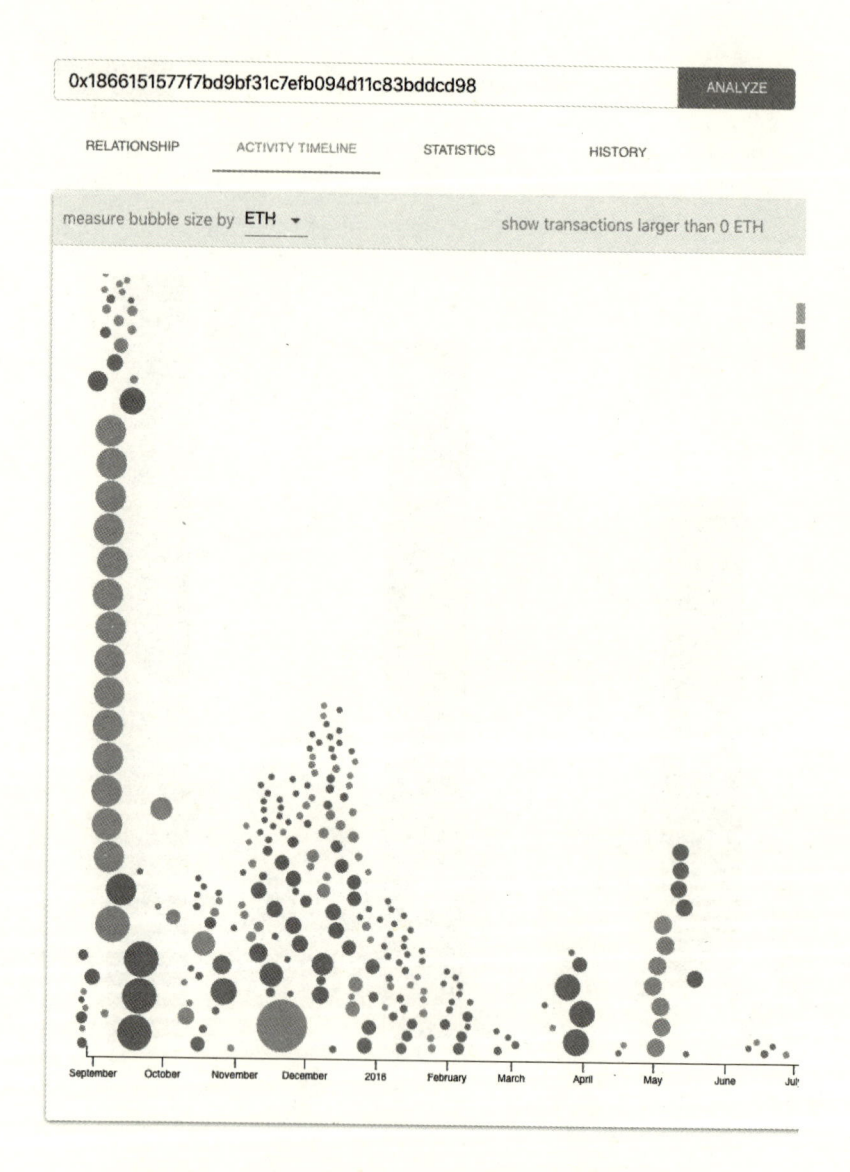

图 15-7 通过地址在 TokenFlow 平台上查看活动时间线

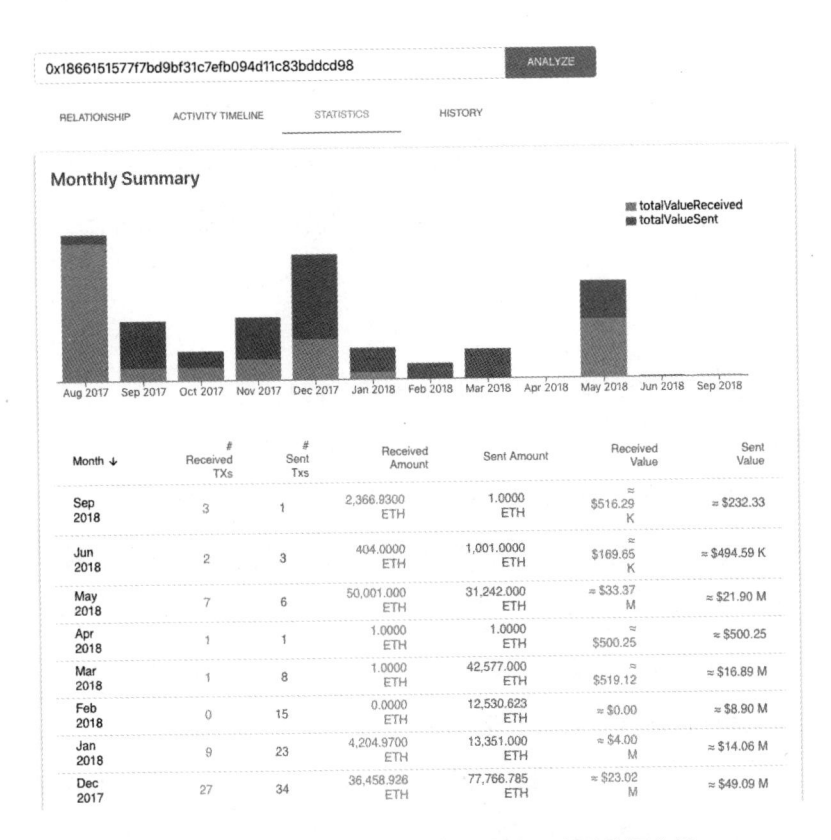

图 15–8　通过地址在 TokenFlow 平台上查看数据分析

美国证券交易委员会需要通过区块链满足访问、监管、验证各种区块链链上数据的需求。面对这样的服务对象，解决方案必须要实现与不同区块链对接。因此，拥有开放链访问协议这样的协议和标准是实现整个项目的关键。在和各种类型的区块链对接之后，才能实现监管链上数据、对链上运行情况进行统计和跟踪追溯的目的。

当然，能够监管平台数据和界面的用户友好性，也是在选择区块链产品时的一个重要考量。对于不同链上数据的追溯，要看其能否达到监管要求。对于链上交易的流动，要看其能否提供便捷的分析工具。

首汽 GoFun 出行：共享出行数据存证上链

GoFun 出行是首汽集团旗下的共享汽车出行平台，以 B2C、C2C 模式在线提供汽车分时租赁服务。汽车共享属于资金、技术和运营投入密集的资产管理型平台业务，对企业的要求很高，如果只是简单地"烧钱"、投放车辆、技术上仅仅依靠"互联网+"，未必能在这一行业立于不败之地。

另外，共享汽车的所有场景都与线下运营息息相关，车放在哪里、放多少辆、如何定价、怎么增加网点的调度性、便利性都是非常重要的。必须有科技和强运营能力作为支撑，不然企业很难发展。

同时，共享汽车在运营过程中遇到的一大难题就是，目前用户素质高低不一，加之当前征信体系及评估系统不完善，在用户租用车过程中存在车辆被恶意使用、破坏及用户不当驾驶等行为，行业干预成本非常高。这就需要能降本增效的技术，为其提供有效和完美的一站式解决方案，弥补处理违法、个人身份认证等一系列用车环节现有的管理缺失。

解决方案

区块链技术无疑就是帮助平台解决这些问题的最佳方案之一。因此，GoFun 出行与 ArcBlock 合作，希望将区块链结合到其运营中，用于以下业务。

- 用户信用存证，以满足分时租赁平台对用户交通违法行为的履约管理、对用户身份的认定和驾驶信息的核验等需求。
- 追踪车辆的整个生命周期，包括车辆生产、运营、保险、二手车交易等，便于用户行为干预管理，为汽车资产上下游打通赋能。

其解决方案具体如下（见图 15-9）。

区块链与云服务结合，关键数据上链。GoFun 出行通过区块链和去中心化身份技术存储其重要数据和数据哈希验证值，混合云分布式微服务架构，解决其高并发和数据库存储效率问题，从而既保持数据透明度及可审核性，又保证数据存储效率。同时，用户和合作伙伴可使用应用程序和服务中内置的去中心化身份管理功能来访问这些数据记录。通过链上数据，GoFun 出行能够以

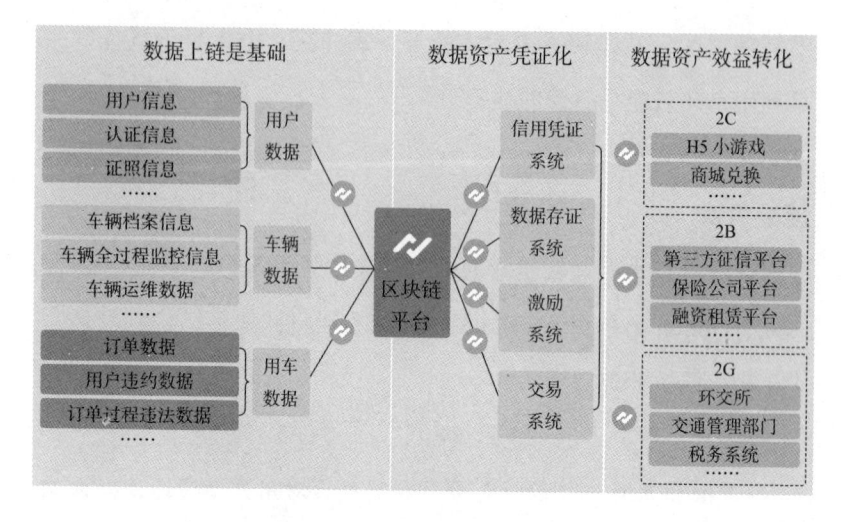

图 15–9　首汽 GoFun 出行解决方案

安全的方式让车辆的所有者查看有关其过去、当前和即将存在的租金、车辆的闲置时间、车辆的当前状态等详细信息。

使用互联区块链网络。充分利用互联区块链的互操作性是整个解决方案的关键。GoFun 出行有许多上下游合作伙伴，包括保险公司、汽车租赁公司、交通管理机构、二手车平台等。它们使 GoFun 出行高效运作。通过打造区块链平台，可以快速帮助目前在产业链上下游但尚没有能力自建区块链技术的合作伙伴，使大家的存证信息和消费行为管理快速统一和打通，充分发挥区块链自身数据去中心化、难以篡改的优势，使产业价值最大化。

利用智能合约。通过使用智能合约，GoFun 出行启用了"能源方块"区块链积分体系，目的是增加用户活跃度和黏性。GoFun

出行希望更高效地访问信用记录，设置更多激励措施（例如签到和积分奖励）和其他活动，以吸引更多用户，提高整体参与度。通过使用智能合约，企业能够定义相应规则，当用户符合条件时，系统便自动奖励用户。

同时，GoFun 还计划将区块链用于支持其最近推出的 C2C 汽车分时租赁模式。利用区块链的 P2P 技术特性，可以鼓励社会个人车辆的加入，帮助平台提升，推动其快速增长。因为存量市场巨大（个人车辆闲置），加之区块链技术赋能，就可以快速激发增量市场需求（个人资产闲时闲置共享），产业前景乐观可期。

GoFun 出行的案例很好地利用了区块链的数据难以篡改以及可追溯的特征，记录了每辆车的生命周期，诸如汽车生产、运行驾驶、维修记录、违章事故等数据，为汽车的价值评估、保险、索赔，即每一个阶段的费用提供了真实可信的记录，供多方参考、随时验证，从而搭建了一个多维度的信用体系。因为数据记录的共享涉及多方，如汽车公司、保险公司、维修机构、交管机构等，所以该企业采用了 ArcBlock 框架构建的定制化区块链来实现联盟化部署。

第 16 章　去中心化身份

身份安全是区块链技术带来的一大优势。如今，由于诸如身份信息泄露、身份盗窃和诈骗的情况愈演愈烈，越来越多的人把解决问题的希望放在了去中心化身份上。如同本书第 4 章中提到的，去中心化身份让账号持有人可以自证身份，不需要任何登录平台或第三方，真正实现了让数字身份真正为用户所拥有并支配，不再有任何中间人（即使是去中心化身份技术供应商）接触、拥有、控制用户的身份和数据。

通过去中心化身份技术，我们可以实现去中心化身份，享受它在身份信息管理与验证方面带来的好处。

提高跨部门的协作效率。通常，身份证件、证明、证书等的颁发、管理与验证涉及多个部门机构。例如，签证通常需要从使领馆办理，而办理签证所需的材料，如身份证明、学业证明、就职证明和资金证明等，都要从不同的机构中获取，并需通过使领馆的验证。签证办理成功后，你使用签证去别的国家旅行，还要经过海关的验证。

目前，传统证件的所有防伪标识都在证件本身，不能在线远程验证，这给证件持有者与证件验证者都造成了不便。同时，验证过程通常需要依赖一个权威的机构，这就类似于一个中心节点，当单点故障发生时，行政执行都会非常困难。

而通过区块链的去中心化身份来颁发、管理和验证证件，可以不再依赖中心化的权威机构，以避免单点故障。同时，因所有参与部门都分享了统一的数据来源，且可支持线上验证，使得颁发、验证证件的成本降低，协作效率大大提高。

我们将在美国国土安全部的案例中具体了解这一优势。

隐私保护。通过去中心化身份技术，用户不再需要将个人敏感资料提供给应用服务方。例如，在入住酒店时，传统方式是用户将自己的身份证交与酒店登记，以确保用户已满18岁。但这一操作同时向酒店提供了地址、身份证号等个人信息，既透露了个人隐私，又存在可能因酒店客户信息管理不善而遭到泄露的风险。

而通过去中心化身份技术，我们只需将链上权威机构颁发的证明自己已满18岁的凭证交与酒店方。因为链上凭证标明了颁发方和持证者，且链上信息难以篡改，确保了凭证的真实性。这样一来，既保护了个人隐私，又降低了信息泄露的风险。这个优势将在后文华泰证券KYC案例中得以体现。

以下我们会提供一些去中心化身份和去中心化身份技术的使

用场景，以供参考。

出行中的身份验证：快速证明身份证明文件的真实性和来源；确保数字文档具有防伪功能，以增加机构认证的便利性，增加试图伪造证书的成本，减少伪造文件的使用寿命。

组织和组织代表的身份验证：验证组织身份；验证个人与组织的隶属关系；保证委托人或委托机构身份的真实有效性。

公民身份、移民和就业授权：提供身份保护，证件所有者可选择披露部分信息；可远程管理证件（电子证件）生命周期；与现有颁发证件流程对接。

进出口追溯：准确跟踪石油在国界间的流经管道；记录进口产品真实的成分与原产国。

美国国土安全部：证件验真防伪方案研究

美国国土安全部一直致力于探索和使用最前沿的技术，来保护国土及边境安全。如今，旅行、培训、教育、隶属关系、组织身份和授权等出于各种目的的证书需求旺盛，美国国土安全部相关部门及相关企业需要为此颁发权利、证明或证书。但当前的颁发过程通常是基于传统的纸质化操作流程，互操作性差，并且文件容易丢失、破坏、假冒和伪造。因此，想要验证证件真伪并不是一件容易的事。

美国国土安全部是美国最早把目光投向区块链技术以及去中心身份技术的联邦政府部门。它也是美国最早研究区块链应用的政府部门，其发布的决策流程在网上流行，并且在 NISTIR 8202 中也被引用（见图 16–1）。美国国土安全部认为，这两项能够融合的技术可以提高公共服务运营的透明度和审计效果，提升多方业务运营的可视性，实现纸质化操作流程的自动化，从而极大地提高向组织机构以及公民提供服务的效率。同时，区块链技术能为广大用户创建一个唯一的真实信息来源，通过去中心化身份实现可互操作的数字授权认证功能。

因此，2018 年 11 月，美国国土安全部发布了一则招标公告，寻求区块链技术供应商为它提供基于区块链技术的解决方案，用于以下场景中的证件验证防伪工作：美国海关和边境保护、美国公民和移民服务、交通安全管理。

它同时要求，解决方案需实现可互操作的数字权利证明功能，并需结合数字反诈骗技术和策略、企业生命周期管理以及高度可用的跨服务交付方式，还要求为几个重点技术领域提供具体方案，例如证书、执照和证明的签发、验证、储存与管理。

解决方案

针对上述美国国土安全部特别提及的重点技术领域，ArcBlock 提出以下方案。

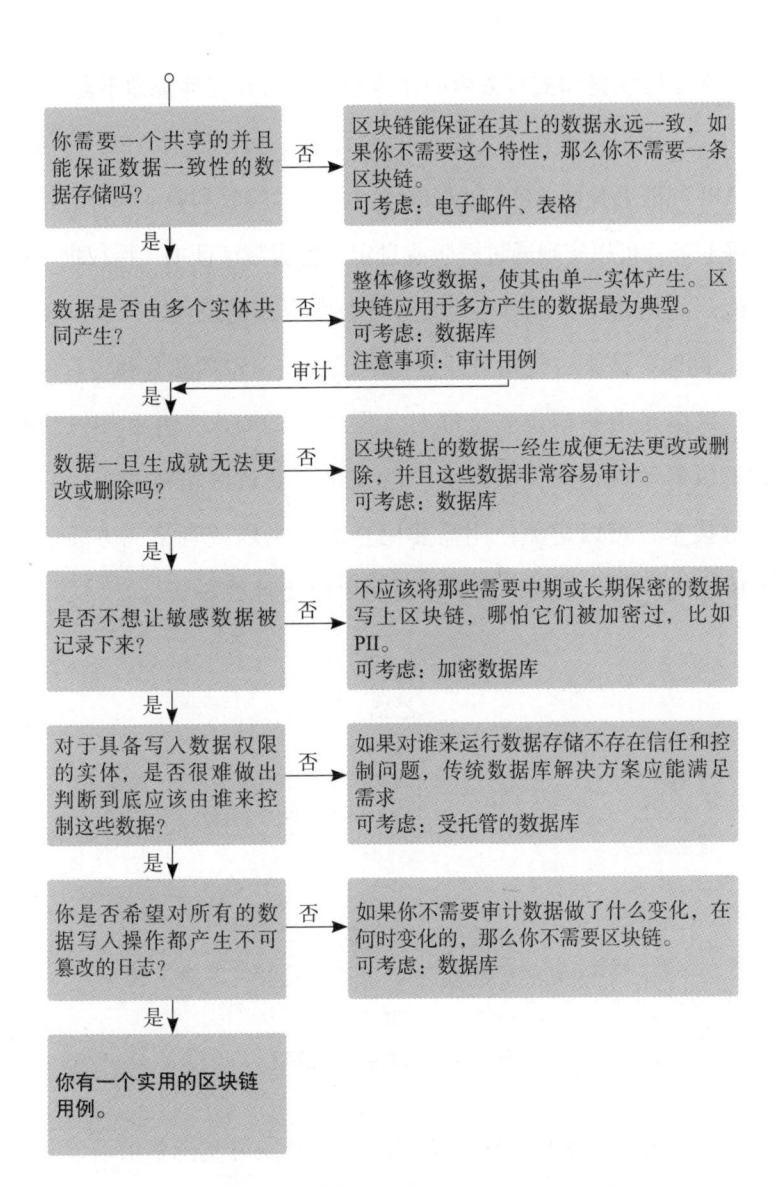

第四部分　区块链的应用进展实例　313

```
                    ↓
        ┌─────────────────┐    否    ┌──────────────────────────┐
        │你需要一个共享的并且│─────────▶│区块链能保证在其上的数据永远一致，如│
        │能保证数据一致性的数│          │果你不需要这个特性，那么你不需要一条│
        │据存储吗？        │          │区块链。                  │
        └─────────────────┘          │可考虑：电子邮件、表格        │
                 │ 是                 └──────────────────────────┘
                 ▼
        ┌─────────────────┐    否    ┌──────────────────────────┐
        │数据是否由多个实体共│─────────▶│整体修改数据，使其由单一实体产生。区│
        │同产生？          │          │块链应用于多方产生的数据最为典型。 │
        └─────────────────┘          │可考虑：数据库              │
                 │  审计              │注意事项：审计用例           │
                 │ 是◀──────────────── │                          │
                 ▼                    └──────────────────────────┘
        ┌─────────────────┐    否    ┌──────────────────────────┐
        │数据一旦生成就无法更│─────────▶│区块链上的数据一经生成便无法更改或删│
        │改或删除吗？      │          │除，并且这些数据非常容易审计。    │
        └─────────────────┘          │可考虑：数据库              │
                 │ 是                 └──────────────────────────┘
                 ▼
        ┌─────────────────┐    否    ┌──────────────────────────┐
        │是否不想让敏感数据被│─────────▶│不应该将那些需要中期或长期保密的数据│
        │记录下来？        │          │写上区块链，哪怕它们被加密过，比如 │
        └─────────────────┘          │PII。                     │
                 │ 是                 │可考虑：加密数据库           │
                 ▼                    └──────────────────────────┘
        ┌─────────────────┐    否    ┌──────────────────────────┐
        │对于具备写入数据权限│─────────▶│如果对谁来运行数据存储不存在信任和控│
        │的实体，是否很难做出│          │制问题，传统数据库解决方案应能满足 │
        │判断到底应该由谁来控│          │需求。                     │
        │制这些数据？      │          │可考虑：受托管的数据库        │
        └─────────────────┘          └──────────────────────────┘
                 │ 是
                 ▼
        ┌─────────────────┐    否    ┌──────────────────────────┐
        │你是否希望对所有的数│─────────▶│如果你不需要审计数据做了什么变化，在│
        │据写入操作都产生不可│          │何时变化的，那么你不需要区块链。  │
        │篡改的日志？      │          │可考虑：数据库              │
        └─────────────────┘          └──────────────────────────┘
                 │ 是
                 ▼
        ┌─────────────────┐
        │你有一个实用的区块链│
        │用例。            │
        └─────────────────┘
```

图 16–1　美国国土安全部推荐的区块链应用决策流程

建立区块链和支持去中心化身份的身份和证件管理平台。(见图 16-2) 该应用平台将支持证书发行 API、证书注册 API、身份验证 API 和证书验证 API,处理颁发、批准、接收和验证各种数字资产等业务;可以实现通过模版或自定义生成数字证书、授权批准等功能;简化颁发、管理和接收各种数字资产的流程,从而降低成本。同时,该平台使用可互操作的区块链,包括私有和公有区块链,以满足美国国土安全部对互操作性的要求;并利用区块链的难以篡改性,确保数字资产的安全;通过区块链和去中心化身份技术,可以避免使用需要用户名、密码或者第三方验证器的传统用户登录系统,让系统访问更便捷且更安全。

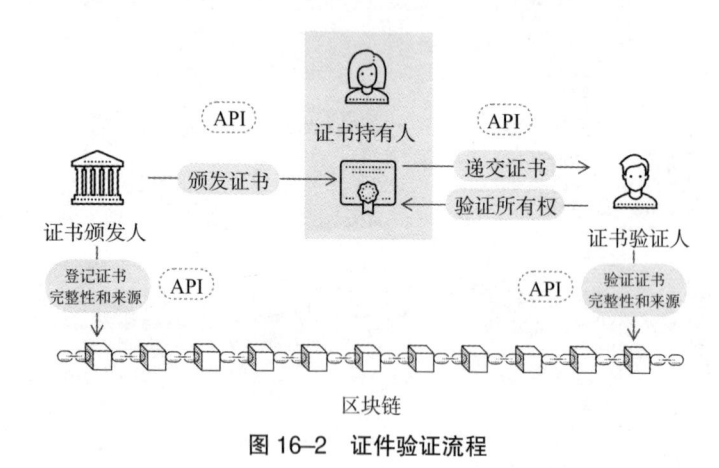

图 16-2 证件验证流程

开发去中心化身份钱包应用。通过开发可支持苹果系统和安卓系统、可在手机上使用的去中心身份钱包应用,可以让证书、执照和证明的储存和管理变简单。该钱包应用使用 AES256 加密，在本地储存数据，以保护数据安全（见图 16-3）。同时，该钱包应用运用 ArcBlock 开放的 DID:ABT 技术（该技术已在 W3C CCG 注册且遵循 W3C 的标准），让用户拥有自主身份，可以有选择地将证件信息（而非证件上的所有信息）交与相应机构验证，从而提高服务效率，降低成本（见图 16-4）。此外，它通过用户友好的界面设计和使用步骤帮助用户轻松上手，让访问和保护重要的数字资产变得更简单。同时，该钱包应用可与上述管理平台进行互动，以实现区块链、应用程序和移动钱包之间的互操作性。

图 16-3　去中心化身份钱包

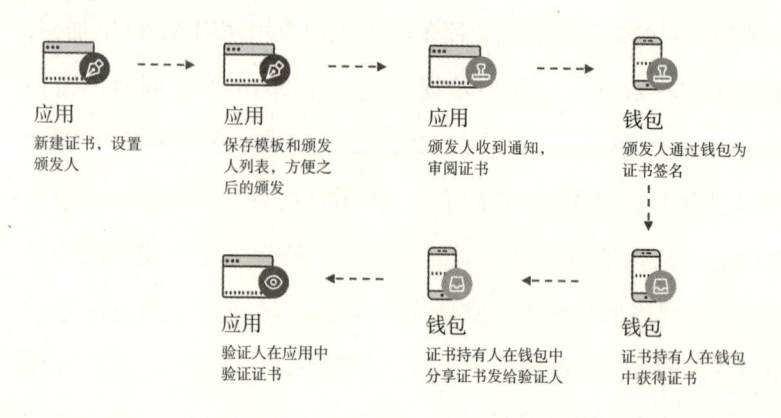

图16-4 去中心化身份钱包验证流程

区块链技术为管理公民身份提供了一个非常好的解决方案，尽管这一工程将十分巨大。首先，用区块链管理公民的身份证件、证书和证明，可以最大限度地保护个人的隐私信息。其次，该方案使用了去中心化身份，即自主身份管理，可以简化身份验证的流程，提高验证效率。最后，由于自主身份不公开完整的个人信息，伪造身份证件的可能性更小，安全性也会大幅提高。

华泰证券：供应链金融 ABS

ABS 的全称为 Asset Backed Securitization，意为资产证券化，是以一个项目资产可以带来的预期收益作为保证，通过发行债券来融资的方式。供应链金融 ABS，是以核心企业上下游交易为基础，以未来的现金流收益为基础，通过发行资产支持证券募集资金的一种项目融资方式。目前市场上已发行的供应链金融 ABS 主要以应收账款为基础资产，提供融资服务的机构有保理商和商业银行。

近年来，由于市场上存在虚构交易、虚开发票、伪造合同协议等手段，证券公司无法有效地验证底层资产的真实性，因而出现了个别供应链类资管产品的暴雷事件。这些问题为未来供应链金融 ABS 业务的发展带来了一定的挑战。此外，2019 年 7 月 16 日，中国银保监会针对推动供应链金融服务实体经济给出指导意见，提出坚持交易信息可得，确保直接获取第一手的原始交易信息和数据，并鼓励运用区块链、物联网等技术与核心企业合作搭建服务上下游链条企业的供应链金融服务平台，完善风控技术与模型。

在此背景下，华泰证券与 ArcBlock 合作，利用基于区块链的供应链金融 ABS 创新平台的应用实践，从"底层资产的真实性"与"应收账款的确权"出发，通过与核心企业进行系统对接，获取第一手数据基础，实时洞察贸易数据等底层资产的真实性，实现底层资产穿透；借助电子合约、智能合约等技术实现线上采购合同、应收账款电子凭证以及相关协议的确权，并采用联盟链的方式对相关信息进行验证，并构建可信、难以篡改的数据库，便于合规取证，进而打造资产底层穿透、资产打包、定价、发行、投资人对接、存续期间管理等流程业务体系；此外，后续持续积累多家核心企业数据，打造网状跨链的信用体系。

痛点及解决方案

针对传统供应链金融 ABS 流程的痛点问题，我们建议用区块链进行对照改造如下。

痛点 1：造假风险。由于应收账款存在多种虚增舞弊手段，导致核心企业与供应链上下游交易的真实性和公允性、应收账款的真实性、是否存在价格虚高等异常情况、相关合同以及票据是否真实存在、相关票据有没有承兑等问题存在造假风险。

解决方案：核心企业与供应链上下游企业的业务上链，使数据更可信，线上操作还能提高上下游企业的运行效率，促进业务实施规范化。如下文中的企业数据存证流程图所示，采用哈希技术将所搜集的凭证数据化，提交上传到云端服务器，保留原始凭证作为已加密凭证的备份，交证券公司管理。

痛点 2：信息孤岛。供应链企业间 ERP（企业资源计划）或其他企业管理系统与证券公司、律师事务所、会计师事务所互不相通，业务信息主要依靠纸质单据传递，不仅浪费人力、物力，还容易发生错误。

解决方案：实现相关上下游企业之间的原始数据对接，实现供应链 ABS 底层资产穿透式监管。利用联盟链节点架构，串联证券公司、核心企业、律师事务所、会计师事务所，可进行资产查询、资产创建、资产更新等操作。对于链上数据从基础资产的形成切入，进行资产数字化、区块链化，在联盟链实现资产交叉验证，从源头确保资产数据存证的真实性。

痛点 3：履约风险。传统模式下，合同订立双方企业只能单凭合同约束企业，融资企业的资金使用及还款情况不可控。

解决方案：2018 年，最高人民法院明确规定，当事人提交的电子数据通过电子签名、可信时间戳、哈希值校验、区块链等证据搜集、固定和防篡改的技术手段，或者通过电子取证存证平台认证，能够证明其真实性的，互联网法院应当确认。所以，我们可以以链上通过哈希加密的电子仓单凭证确权提交给互联网法院或其他相关机构，避免企业纸质仓单造假的风险。

痛点 4：信用路径：在传统模式下，核心企业的二级以上供应商无法享有像核心企业一样的融资渠道，难以进行企业融资。

解决方案：凭证拆转融，解决多级供应商融资难、资金短缺问题。核心企业可以随时全面掌握应收账款流转路径，实现对上游多级供应商或者是供应链整体的掌握。平台开发的应收账款特殊债券凭证综合了银票的可靠性优势、商票的免费支付优势、现金的随意拆分优势以及易追踪的特色优势。未来以此为基础的应收账款凭证可多级拆转融，解决非一级供应商融资难、资金短缺问题。对证券公司来说，未来利用平台积累的数据还可以为客户提供智能投顾服务，帮助客户做股权精准投资，打造网状跨链的信用服务体系。

ABS 方案流程

根据以上传统模式存在的痛点,我们用区块链技术重新整合整个供应链金融流程(见图 16–5)。

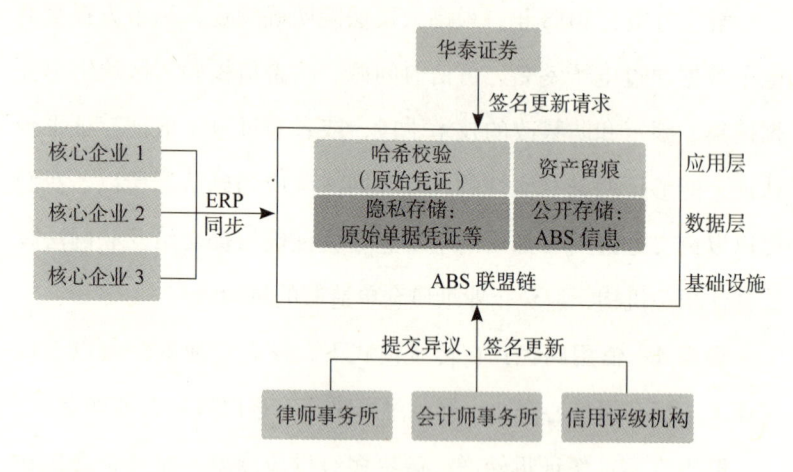

图 16–5 供应链金融 ABS 方式概览图

供应链金融 ABS 的区块链解决实现方案,包括两个主要部分的实施架构。

第一部分是企业数据存证流程。借助与核心企业的 ERP 同步,以区块链的电子合约、智能合约、加密等技术,实现线上采购合同、应收账款电子凭证以及相关协议的确权跟数据上链(见图 16–6)。

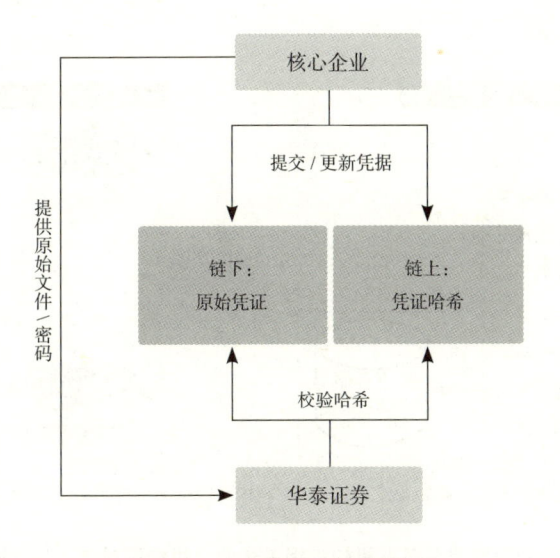

图 16–6 企业数据存证流程图

第二部分是多机构穿透式查询、维护。利用联盟链节点机构链接相关企业、机构，进行穿透式底层资产监管，回归资产本质对底层资产进行穿透式监管，并使资产透明化，让各参与方直接面对最底层、最真实的资产，回归资产本质（见图 16–7）；最大程度消除投资方对资产的不信任、对评级机构的不信任，同时也减少发行方、会计师事务所、律师事务所、评级机构等服务方尽职调查的难度。联盟链节点的各机构间，实现多方共同维护账本，呈现真实资产，从基础资产的形成切入，进行资产数字化、区块链化，基础资产对应的贸易交易数据上链，在联盟链实现资产交叉验证，从源头确保资产的真实性（见图 16–8）。

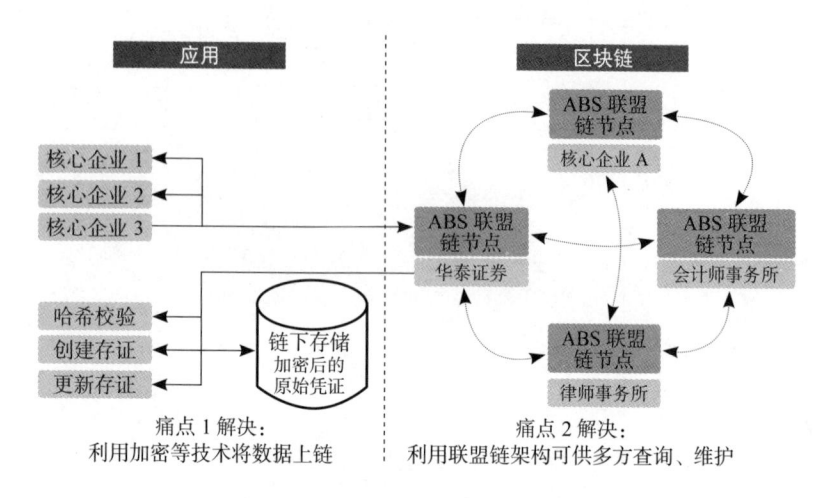

图 16-7 利用联盟链节点机构，相关企业、机构可对链上数据进行穿透式查询、维护

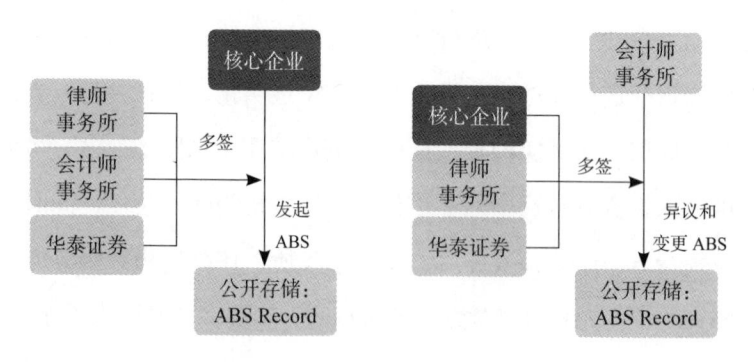

图 16-8 供应链各方企业可通过区块链技术共同维护账本

传统反向保理业务中，除四流难合一外，核心企业信用只能

传递至一级供应商，而多级供应商却无法借助核心企业信用进行贷款。利用我们的区块链解决方案，可实现电子凭证拆转融，用链上电子凭证代替传统业务模式中的纸质商票。电子凭证可拆分，持有凭证的下游供应商可用全部（或1/n）凭证支付给上游供应商，可贴现、可融资。

在传统情况下，证券机构通过核心企业按照应收/应付账款来进行上下游企业融资，这是一种保理业务。由于这种业务涉及核心企业供应链的上下游，且业务种类不尽相同，流程通常非常烦琐。

此外，证券机构在提供融资时所需的征信操作非常复杂和琐碎，不同行业的供应链的环节也非常多。因为操作流程复杂度高，传统的方式不具有经济性。而区块链很好地规避了这方面的缺点，同时为各个参与方提供了一个信任机制。这种机制其实是为企业上下游、融资相关方以及金融机构和法律部门提供供应链交易数据共享，通过智能合约实现结算，通过提供随时可验证数据真实性的功能，解决多方间的信任问题。

由于这种项目涉及核心企业和相关各方，通常建议企业创建自己的区块链。具体的技术和部署步骤，可以根据行业实际情况和相关侧重点进行选择和安排。

华泰证券：KYC

KYC 的意思是"充分了解你的客户"，这是全球金融监管部门对金融机构展业的基本要求。KYC 政策不仅要求金融机构实行账户实名制，了解客户的实际控制人和交易的实际受益人，还要求对客户的身份、常住地址或企业所从事的业务进行充分了解，并采取相应的措施。

为此，金融机构在新客户开户时需要让客户提交相应的身份证明，包括但不限于营业执照、身份证、金融资产证明、投资者年限证明等。华泰证券作为金融从业机构，百分百履行 KYC 合规要求，并且实际操作比合规要求内容还要多得多。

从证券业务发展角度看，黑名单信息、不透明渠道现金违规操作（如异常的大额交易，反欺诈、反洗钱之类的黑名单）也是监管部门和企业重点关注的内容，券商必须及时了解这些信息，保证业务的合法、合规发展。

然而，对客户来说，KYC 体验就不怎么友好了，有时候甚至非常糟糕，例如，开户手续冗长烦琐。同时，因为不同金融机构之间缺少数据"互通"，客户开户时常常需要重复准备相同的证明材料，这种重复劳动的工作量加重了企业和客户双方的负担。

此外，提供身份和资产证明的过程也存在个人私密敏感信息完全暴露的风险。例如，在为客户开户时，查看资产证明是为证实客户资金是否达到要求的门槛,其实对于像华泰证券这样的金融机构来说,这是一个"是"与"否"的问题。而以往,客户除了通过银行或金融机构开具的资产证明来证明自己是否满足要求之外,并没有其他合适的渠道。客户出具的资产证明都记载了具体的存款或流水金额,客户的隐私因此被动地暴露。

基于各种因素,金融机构在用户隐私保护和落实 KYC 监管要求方面,一直投入很高成本,但客户满意度始终难有提升。

解决方案

作为金融机构中的创新者,华泰证券希望使用区块链和去中心化身份技术提供 KYC 服务,从而符合监管要求,以降低成本,保护客户隐私并且保证 KYC 材料的真实性(见图 16-9)。

这个解决方案其实很简单,主要包括以下三个步骤。

注册颁证机构。为方便将来基于不可篡改的区块链数据验证证书的真伪,给用户颁发证书的机构首先要在区块链上注册其身份。

颁发业务证书。可以给客户颁发证书的场景很多。比如,机构在核实新客户提交了开户所需的身份证明之后,通过区块链可给客户颁发一个或多个开户证书,以证明该客户所提供的材料已通过审核,并且在该证券机构完成开户。

再比如,在客户提供了资金证明之后,通过区块链可为客

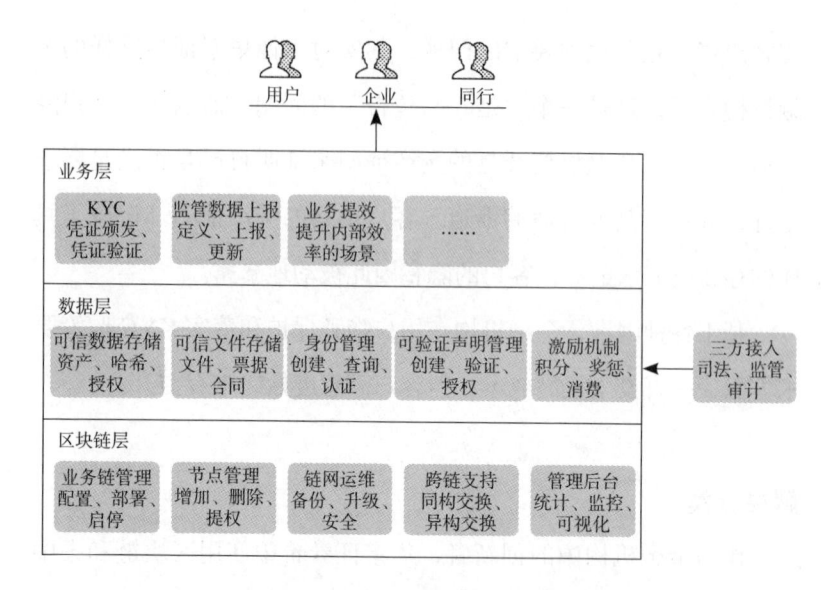

```
                          用户  企业  同行
┌─────────────────────────────────────────────────┐
│ 业务层                                           │
│  ┌────────┐ ┌────────┐ ┌────────┐ ┌────────┐    │
│  │KYC     │ │监管数据 │ │业务提效 │ │……      │    │
│  │凭证颁发、│ │上报定义、│ │提升内部 │ │        │    │
│  │凭证验证 │ │上报、更新│ │效率的场景│ │        │    │
│  └────────┘ └────────┘ └────────┘ └────────┘    │
├─────────────────────────────────────────────────┤
│ 数据层                                           │
│  ┌────────┐┌────────┐┌────────┐┌────────┐┌────┐ │        ┌──────┐
│  │可信数据 ││可信文件 ││身份管理 ││可验证声 ││激励│ │        │三方接入│
│  │存储资产、││存储文件、││创建、查询││明管理创 ││机制│ │◄───────│司法、 │
│  │哈希、授权││票据、合同││、认证   ││建、验证、││积分、│ │        │监管、 │
│  │        ││        ││        ││授权    ││奖惩│ │        │审计  │
│  │        ││        ││        ││        ││消费│ │        └──────┘
│  └────────┘└────────┘└────────┘└────────┘└────┘ │
├─────────────────────────────────────────────────┤
│ 区块链层                                         │
│  ┌────────┐┌────────┐┌────────┐┌────────┐┌────┐ │
│  │业务链管 ││节点管理 ││链网运维 ││跨链支持 ││管理│ │
│  │理配置、 ││增加、删除││备份、升级││同构交换、││后台│ │
│  │部署、启停││、提权   ││、安全   ││异构交换 ││统计、│ │
│  │        ││        ││        ││        ││监控、│ │
│  │        ││        ││        ││        ││可视化│ │
│  └────────┘└────────┘└────────┘└────────┘└────┘ │
└─────────────────────────────────────────────────┘
```

图 16-9 用区块链和去中心化身份技术提供 KYC 服务

户颁发不同额度的资产证明。假设一个客户有 1 000 万元资产，则可依据客户需求，颁发诸如"已验证该客户资产达到 100 万元""已验证该客户资产达到 500 万元"等证明，以便客户在日后出示相关证明时，既可获得认可，也可保护个人隐私。

这些证书将附在客户的去中心化身份钱包中，客户可通过去中心化身份钱包应用随时查看。由于证书内容、来源和所属信息都记录在区块链上，极难被篡改，证书颁发者的身份也链上可查，客户可以随时根据需要把自己钱包中的各种证书出示给需要的第三方去验证。

验证客户证书。在认可华泰证券公司及其颁发的证书的基础上，其附属机构或合作机构在需要相同的身份证明时，不再需要客户提供完整的个人资料，而只需要通过客户的去中心化身份获取经华泰证券授予的相关证书证明。这极大地简化了客户办理新业务的流程，既能提升客户开户体验，又能减少相关机构审核身份信息所需的成本。

通过提供新的服务类型，华泰证券既可以保留客户关键信息，减少信息错误，避免信息泄露，又可以降低其附属机构和合作机构在用户信息管理上所面临的潜在风险及责任。

通过反复评估这个方案，华泰证券发现，如果项目能够按期完成，不但可以显著改善客户体验，而且很有可能通过在行业内共享经客户授权的关键信息，大大提升机构知名度，且整个项目投入成本并不大，跟以前的效率和综合成本相比，非常值得。

华泰证券利用区块链及去中心化身份技术改进 KYC 服务无疑是一项创新，具体它能否受到客户的欢迎，可能还需要验证。但其保护客户隐私的作用是明显的，用户不再需要将个人敏感资料提供给应用服务方。另外，它在保护用户隐私的同时，还降低了相关机构保护用户信息所需的成本以及信息泄露的风险。当然，如果期望这种去中心化身份方式得到广泛推广，企业最好是以联盟链或者创建自己的区块链的方式在全行业部署。

第 17 章　区块链证书

随着区块链技术的发展、可编程数字资产概念的普及，区块链证书这一概念逐渐进入大众视野。区块链证书可以代表个人许多不同类型的数据，包括技能、学位、证书、学习课程、经验、许可证等。这些"数字证书"对每个用户都有很大的价值，使他们能够证明自己的身份，获取工作，体现工作经验，连接在线服务，甚至表明自己可以去哪里旅行。

区块链证书具有巨大的潜力。通过制定规则和定义证书的工作原理，可构建新型的数字关系，建立信任，提升可验证性。它会在我们塑造和反思当今用例，以及思考如何在未来与互联网互动的时候发挥举足轻重的作用。

DID:Connect 和 EventChain 这两个最新的区块链项目可为我们很好地展示区块链证书的潜力及优势。它们通过运用区块链证书，为重构电子商务、身份访问管理、教育、所有权转移等业务指明了的新的方向。在具体了解每个应用前，让我们先来看看区块链证书有哪些优势，以及它可能为我们带来哪些改变。

可使用户拥有自身身份的所有权。随着数据泄露和身份被盗用等事件越发复杂和频繁，用户和公司开始寻找新的方法，将用户身份的所有权归还给用户，并采取措施保护企业免受更大的责任。作为一项服务，DID:Connect是第一个将去中心化身份变为现实的工具，它支持数据存储、移动身份钱包、共识协议、可扩展的区块链网络，且符合像去中心化身份基金会[①]和W3C等组织制定的各种让用户可以拥有并控制自身身份的新兴标准。

可保护隐私。目前，移动应用、服务和组织都是基于身份绑定的数据，提供便捷、可预测、可定制的用户体验。而DID:Connect认识到，创建一个安全、加密的身份中心，既可以使政府机构和企业与用户数据交互，同时又能尊重用户的隐私和对其数据的控制权，是非常重要的。

可帮助建立信任。传统身份系统主要面向身份验证和访问管理，并且在大多数情况下由第三方控制。去中心化身份系统将重心放在如何保证数据真实性、如何在用户和企业之间建立信任的问题上。在去中心化系统中，信任基于通过其他参与者认可的声明来帮助证明用户的身份。

设计上能做到以用户为中心。如今，一些最吸引人的应用

[①] 去中心化身份基金会成立于2018年，旨在促进基于区块链技术构建的去中心化身份的互操作性、标准以及生态系统，目前成员包括微软、埃森哲、NEC、IBM等科技巨擘，以及Hyperledger、ArcBlock等区块链初创企业和开源项目。

和服务通过访问用户的个人可识别信息，为用户提供个性化的体验。通过 DID:Connect 服务，公司可通过创建一组更准确的证明来使用去中心化身份，以降低违反法律和规定的风险。由于 DID:Connect 的设计以用户为中心，开发者可以非常轻松地为用户构建数字资产，然后让用户拥有这些资产，并且可通过他们选择的任意方式进行验证。

具有可扩展性。为了支持大量的用户、组织和设备，基础服务必须具有与传统系统相当的规模和性能，并且容易与现有身份验证和身份系统对接。DID:Connect 使用 ArcBlock 的全球区块链网络，为支持去中心化身份、记录去中心化公钥基础设施操作和提供证明奠定了基础。虽然我们已经看到一些区块链社区增加了链上交易的容量（例如，增加区块大小），但现有方法通常会降低网络的去中心化状态，并且无法支持运行此服务所需的每秒交易数量。为了克服这些技术障碍，DID:Connect 在全球范围内利用云计算的功能，根据地理位置按需使用不同的云提供商。

任何人都可以访问。如今的区块链生态系统仍由早期的开发者构建，他们愿意花费时间和精力进行诸如管理密钥和保护设备的活动。为了使区块链和去中心化身份成为主流，我们需要使数字证书、可验证的声明和关键的管理（例如恢复、轮换和安全访问）更加直观、简单、易操作。

DID:Connect 的区块链 PaaS 服务

DID:Connect 是一种新型的云服务，相当于区块链业务 PaaS 服务。DID:Connect 基于 ArcBlock 平台和去中心化身份、可验证证书的技术，提供了更上层应用服务，这样开发者或使用者不需要自己开发区块链和去中心化身份技术代码，就能在自己业务中迅速使用区块链和去中心化身份的功能。

DID:Connect 是一项云区块链服务，为企业提供构建区块链证书并处理用户身份所有请求（包括访问、验证、声明）所需的一切，轻松实现去中心化身份。建立了去中心化身份后，开发者可以对其进行验证，以授予访问服务、系统、内容，或进行交易的权限。

通过 DID:Connect 控制面板，用户可以通过身份钱包登录来管理登录和活动、检查证书等。在登录了一项服务后，DID:Connect 可以保留该登录状态，直到用户想变更状态为止。另外，企业可以为一系列活动创建数字资产，例如颁发数字证书、身份访问管理、合同和结款，以满足项目要求。DID:Connect 不需要编码，可与其他业界领先的授权协议（如 OAuth）对接，为用户、企业或政府机构带来全新且极安全的体验。通过结合区块链和去中心化身份，区块链证书等数字资产赋予了"身份"新的定义。

通过证书连接

区块链证书可为用户提供类似结业证书的传统功能。但如前所述，DID:Connect 提供的区块链证书的功能不止于此。DID:Connect 简化了制作证书的步骤，使开发者通过简单的几个步骤就能进行编程，从而创建一个新类型的证书。在使用时，这些证书会在交易中涉及的相关方之间建立数字关系，包括设置规则和流程，以成功创建、使用和验证证书（见图 17–1）。为了使证书有效和有用，每个证书包括三方：颁发人、持有人和验证人。颁发人向持证人颁发证书，自身必须满足证书中内置的前提条件。持有人持有证书并可将证书交与验证人验证，自身必须满足证书中内置的前提条件。验证人则验证证书或证明及其相关方。由此我们可以看出证书内置的关系模型。

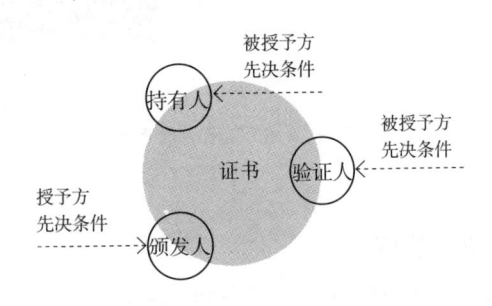

图 17–1 DID:Connect 数字关系

例如，教育机构可以向参加了培训项目或课程的学员颁发证书。教育机构可以轻松创建新证书，定义证书规则，并在一定条件下颁发这些证书。交易的每一个参与方在颁布证书前已经获得了链上认证，为证书创建了真实可信的来源。在以下示例中，我们可以轻松辨别这些数字关系，明白 DID:Connect 是如何允许任何人持有、发行或验证资产或证书的（见图 17-2）。

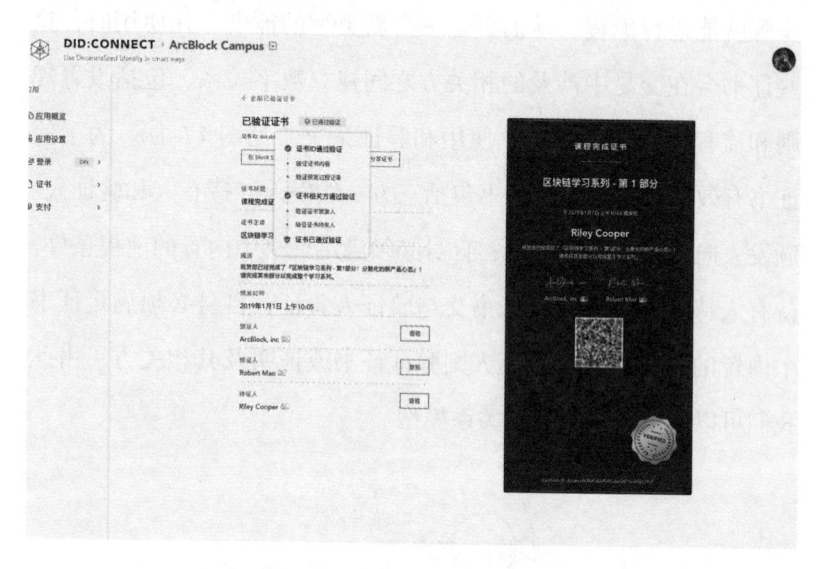

图 17-2　DID:Connect 验证

登录和身份访问管理

DID:Connect 的区块链证书不仅限于教育事业。事实上，将这些相同类型的证书与 DID:Connect 结合，可用于广泛的商业场景，为企业创造新的商业机会。例如，可以通过创建证书来支持各种用户类型、群组等的身份访问管理。在创建证书时，开发者还可以制定访问笔记本电脑、服务器等所需的前提条件。例如，一个身份证书可以做到以下几点。

- 通过用户自主控制的去中心化身份登录任何网站或应用。
- 去除密码数据库泄露的来源，并用去中心化区块链存储替代中心化密码存储来储存用户凭证。
- 免除密码，通过业界最佳的加密标准保护用户凭证。
- 将去中心化身份集成到现有的应用、服务或网站中，或使用领先的身份验证提供商（包括Auth0）的内置集成功能。
- 使用通证化证书为团队设置基于角色的访问。

试想，当我们搬到新的国家或地区，需要注册各种服务，例如驾照、银行账户、娱乐订阅。为了开设账户，我们必须分别在每个服务提供商平台进行注册并证明身份。并且，当我们每次访问该账户时，都需要通过密码或其他凭证再次证明身份。此外，所有这些服务都将用户信息储存在中心化的系统中，这些信息几乎随时可能遭到泄露或滥用。现在，试想一种新的方式，它使用单一、安全的身份来注册所有这些相同的服务，并且这种方式不会给用户带来风险，同时可为每项服务提供必要的证明以验证其身份。DID:Connect将这种可能变成了现实。

支付

通过使用DID:Connect,区块链证书还可支持企业将基于去中心化身份的支付功能集成到现有服务中,或将现有服务扩展到基于去中心化身份的新市场和硬件或机器中。由于区块链证书具有验证不同方并建立任何交易的数字信任的能力,公司可以通过简单地对用户进行身份验证来防伪,通过证明用户身份来启用安全登录,允许用户在付款的同时保持对其设备的控制权,还允许用户轻松安全地转账和储存付款信息及活动。像任何区块链数据一样,这些活动数据被储存在区块链上,可以随时进行验证。

DID:Connect运用了区块链技术中的智能合约、数据难以篡改且可验证、自主身份等方面特性。例如,通过智能合约制定颁发证书流程,利用区块链数据的可验证性实现快速验证证书真伪的功能,凭借区块链数据的难以篡改性保证证书信息安全,同时通过自主身份让证书得到更好的管理。总之,DID:Connect既简化了证书颁发、管理、验证的过程,又提升了证书的安全性。

重新定义门票

EventChain通过区块链证书为用户提供数字资产所有权。通过 EventChain，用户能够获得和拥有数字资产，然后仅需使用其身份即可自由地交换、交易、共享、收发或使用该数字资产。EventChain 最初作为活动平台被创建，它允许任何人轻松创建活动，并使用数字门票出售这些活动的门票，从而使购买者拥有资产的全部所有权，或允许活动创建者定义该资产的规则、参数以及使用方式。简而言之，EventChain 重新定义了门票。

通过 EventChain，活动创建者可以轻松创建各种类型的门票，包括灵活的日期范围和门票等级，以及允许以受控方式进行转售。此外，EventChain 使用 ArcBlock 的去中心化身份钱包，可轻松进行移动签到，并能够通过一系列不同的支付方式收取付款。那么，为什么要使用区块链和去中心化身份创建活动平台呢？

如今，TicketMaster、Live Nation 和 StubHub 之类的大公司的赚钱方式便是出售现场活动门票和/或允许用户通过专门的二级网站转售其活动门票，并从中取得一定比例的门票收入。购买门票然后进行转售的用户需支付高于门票价格 12%~15% 的手续费。与此同时，黄牛仍在活动，这通常会提高门票价格，还有人试图通过出售假门票来骗取他人的钱财。因此，目前市场分割和不确定的门票来源仍是亟待解决的问题。

EventChain 的创建便是为了解决这些问题。它消除了伪造门票的可能，为全球市场服务，并可以立即验证门票所有权和活动。用户可以购买其数字资产（即门票），然后可以选择使用它，也可以选择以任何方式将门票共享、出售或交易给其他人。EventChain的使用者只需要一部移动设备以及数字钱包和二维码,即可将资产和个人与门票绑定在一起,使其能轻松地在活动中使用或转售门票。任何创建活动的人都可以对特定的转售条款进行编码,使其无法被伪造。

目前,已有售票公司陆续地使用了类似的解决方案。2018年,全球著名的售票公司TicketMaster宣布计划通过区块链技术来提高透明度和更好地控制门票分配。此外,该公司希望能够保护客户免受与现有票务系统相关的假冒行为的影响。[1]

此外,类似的新型门票已开始被用于国际性活动当中。例如,2020年的欧洲足球锦标赛有超过20 000场的门票是基于以太坊的非同质通证(详见本书第7章)的形式发售的。该种门票具备可扩展性、互操作性,交易时不再需要一个中心化的第三方平台,从而实现无摩擦市场。[2]

EventChain将资产数字化,利用了区块链去中心化的特征,实现了用户间点对点的交易方式,从而使买卖双方利益最大化。同时,通过区块链上数据的难以篡改性以及可验证性,EventChain提升了资产的防伪能力,从而更好地保障了消费者的权益。

---

[1] https://cointelegraph.com/news/ticketmaster-to-enhance-ticketing-system-with-blockchain-in-new-partnership.

[2] https://www.chainnews.com/articles/754716992383.htm.

第18章 共享经济

对于共享经济，人们最初的愿景是非常美好的——拿出一大堆东西出来共享，让闲置的资源创造价值。这既能够造福社会，同时又能带来商业机会。如今，谈到共享经济，人们脑海里冒出来的都是共享单车、共享充电宝、共享汽车等用户向平台租赁的案例。然而，几年后，很多共享方式最终变成了"挂羊头卖狗肉"的资本游戏：每一方都为了独揽大量用户，大量比拼自己的资源，最终导致耗费了大量的资源，重复建设了许多一样的系统，结果闲置资源并未被利用起来。这些共享经济最终都与共享无缘，实质上变成分时租赁经济。

共享经济为什么会"走偏"？其中一个原因是，真正的"共享"做起来太困难了。我分享我闲置的物品给你使用，这实际上是一个点对点的关系。而在实现P2P技术之前，想要撮合点对点交易需要高昂的成本，所以出现了中间人和平台。当越来越多的同类型平台出现，它们必然会掉进资本的旋涡，走向偏离的道路。

而P2P和区块链技术的出现，大大降低了点对点交易的成本。因为区块链就是去中心化的,其中所有交易都是点对点。因此,我们可以实现资源供需双方利益最大化,而从激励更多的人——无论是作为供给方还是需求方,参与共享经济的网络。甚至,我们还可以通过共享经济应用的协议,将所有愿意合作的平台和组织联系在一起,共享数据资源,从而降低生产成本,扩大规模,建立共赢的共享生态。

在这一章节的案例中,我们会看到两个与共享经济有关的案例。第一个案例是区块链充电桩,它是共享经济的典型案例——通过区块链及其带来的激励机制,鼓励更多人参与共享充电桩,实现高效利用闲置资源。第二个案例是引力波游戏,它通过区块链让玩家真正拥有自己的版权和游戏资产,并可在虚拟世界里直接点对点交易。

区块链充电桩,构建电动车点对点共享充电网络

电动车具有清洁能源的特性和良好的驾乘体验,一推向市场就受到消费者的欢迎,市场销量持续快速增长,并有逐步取代传统汽车的趋势。然而,电动车充电问题经常是汽车厂商和客户的一场噩梦。

虽然近年来电动车充电的基础设施在不断扩展中,但是覆盖率依然无法满足广大用户的需求。车主外出时,依然会遇到找不

到充电桩的情况。同时，尽管市场上有很多充电桩运营商，但它们的充电站信息互不连通，车主外出时往往需要翻寻手机上不同的应用来寻找附近的充电站。这既影响用户体验，又容易出现某些充电站负荷过大而某些却无人问津的情况。即使找到了充电站，不同平台不同的收费方式也很容易给用户造成困扰。

在资源的使用分配上，车主社区间没有激励机制，导致社区资源——即闲置的私人充电桩不能被有效利用。个别车主把充电站当作停车场，在充满电后依然占据位置的情况时常发生。此外，因为商业用电和家庭用电的收费标准不同，所以充电站的收费通常比在家充电的花销高很多。

因此，如何让客户方便、快捷而又便宜地充电，这是电动汽车行业亟待解决的一大课题。

解决方案

让客户方便充电是需要解决的首要问题。这需要在更多的地方有更多的充电桩。当然，简单地由运营商投入大笔资金不停地建设是不现实的。一个解决思路是搭建车主社区，共享私人充电桩。

那么，如何激励车主分享自己的充电桩呢？如何在车主之间和车主与运营商之间建立信任关系呢？如何在相关各方之间进行清楚无误的成本结算呢？用传统的方式，这是一个难题，然而区块链可以为其提供近乎完美的解决方案（见图18-1）。

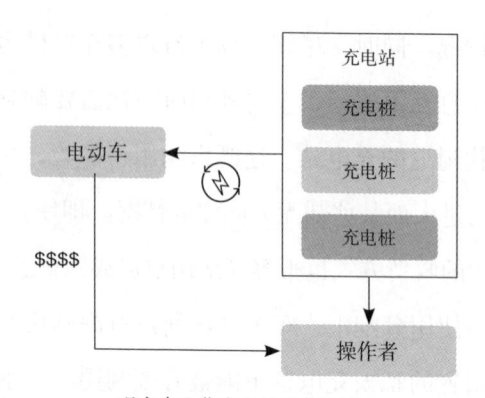

现有中心化充电站工作方式

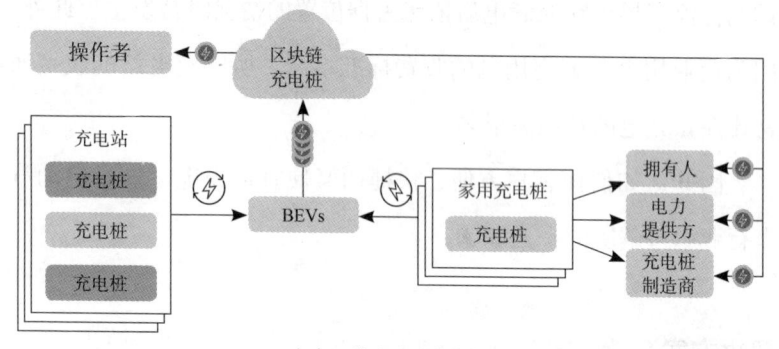

去中心化充电网络闭环

图 18–1　现有中心化充电站工作方式与去中心化充电网络闭环对比

一个基于 ArcBlock 技术、为这一场景开发的名为"区块链充电桩"（Charging Block Network）的概念证明[①]，在 2019 年上海区块链国际周黑客马拉松上进行了演示（见图 18-2）。这一去中心化应用为电动车车主打造了一个点对点共享充电网络，利用区块

---

① https://github.com/wangshijun/charging-block.

链的数据难以篡改性来建立车主之间、用户与充电服务场所的信任关系，并用区块链通证来激励车主分享其私人充电桩，进而鼓励更多充电设施建设共享，最终解决里程焦虑。

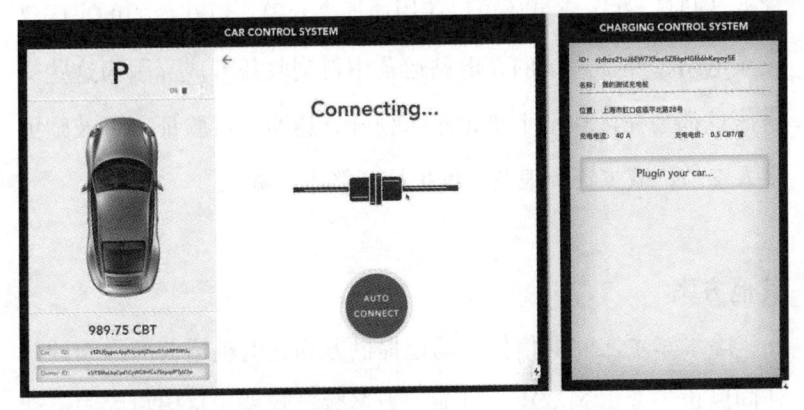

注：去中心化应用演示由三部分组成：一个区块链、一个车载应用和一个充电桩端的应用。

图18-2 "区块链充电桩"车载应用界面

设计方案具体如下。

1. **用户注册**：让每个车主在链上注册钱包账户，登记车辆信息，以方便查找能满足需要的充电桩；让每个充电桩分享者在链上注册钱包账户，登记充电桩信息及地址，形成充电桩数据集市。

2. **智能合约**：用来完成整个网络中各种跟电动车和充电桩有关的交易处理、信息记录、利益分配等过程，实现点对点交易，且交易信息即时生效，无法篡改，从而建立用户之间的信任。

3. **激励机制**：通证可以被用来支付充电费用，奖励分享资源的成员（例如，分享充电桩最多的用户可以获得额外奖励），并"惩罚"浪费公共资源的成员（充满电后还占据位置的车主将被罚款）。同时，社区成员还可以使用通证来众筹，以在他们的小区建设充电站，并在后续的充电站运营中得到收益分成。因为这些交易信息都会在区块链上被记录，公开、透明、可验证，可鼓励更多人参与，减少资源浪费，维护社区整体环境。

其他方案

除了车主之间的信任，场地提供方和充电桩运营商之间的信任问题也需要得到解决。目前，大多数运营模式是用户先向运营商和平台付费，然后运营商再依照用电量偿还一定费用给场地提供方。这种运营模式的缺点是，场地提供方需信任运营商，但这种信任有点让人不踏实，因而难以持续。

加拿大滑铁卢大学的在读博士生克里斯蒂安·戈伦夫洛斯在他的研究《使用区块链缓解电动汽车充电中的信任问题》[1]中指出，目前的运营模式之所以无法从根源上解决信任问题，是因为它无

---

[1] Christian Gorenflo, Lukasz Golab, and Srinivasan Keshav. 2019. Mitigating Trust Issues in Electric Vehicle Charging using a Blockchain. In Proceedings of the Tenth ACM International Conference on Future Energy Systems (e-Energy'19), June 25–28, 2019, Phoenix, AZ, USA. ACM, New York, NY, USA, 5 pages. https://doi.org/10.1145/3307772.3328283.

法确保共享数据访问和数据难以篡改。而这两点却是区块链的核心特征，解决起来轻而易举。

依据戈伦夫洛斯提供的解决方案，通过区块链记录的每笔交易信息以及它提供的不可更改的审核日志，场地提供方可以随时查询当前的交易记录。但是，为了验证是否有交易信息没有被放到链上，场地提供方需检查用电情况。戈伦夫洛斯指出，因为每辆电动车充电需要消耗至少 7 千瓦电，这比任何家电的消耗都大。因此，场地提供方可以轻松地通过观察用电量的上升和下降，了解到每次超过 7 千瓦电的消耗周期。如果消耗周期与链上信息对应，则可验证链上的交易数量准确，从而确保收到的费用是准确的。当然，为了彻底解决信任问题，需确保双方都有节点在网络中。这种方法降低了信任壁垒，但仍保留了运营者在与场地提供方合作中的主导地位，且与现有系统容易对接。

除了前面的解决方案外，区块链技术还可以实现不同充电桩运营商之间的共享，让不同厂商的车主最大限度地以低成本使用充电服务。当然，这需要先解决充电桩设备的接口和协议标准问题。

在电动车点对点共享充电网络的案例中，我们看到区块链可以解决其多个角度的商业难题。当我们横向观察这些难题，不难发现，无论是想要激励更多私人充电桩加入网络，降低运营商与场地提供方之间的信任壁垒，还是要实现不同运营商之间的数据共享，最根本的就是要解决信任问题。解决信任问题是改变现有共享经济模式的关键。随着区块链的加入，共享经济不再是向某一平台租赁商品这么简单，而是通过共享经济应用的协议，将所有愿意合作的平台、组织甚至个人联系在一起，共享数据资源，从而降低生产成本，扩大规模，建立共赢的共享生态。

在区块链技术上，考虑到不同的充电桩平台可能有各自的区块链应用，在搭建共享充电网络时，应该选用支持跨链的区块链平台，以实现互联互通。虽然加入区块链技术可以很好地解决当前充电桩行业的痛点，但要真正实现区块链的应用，还需要获得不同电动车厂商的支持，从而真正建立共享网络。

引力波游戏：玩家作品上链存档及交易

游戏与区块链的关系源远流长。据说，推动以太坊创始人维塔利克·布特林全身心投入拥抱区块链的一大动因是，《魔兽世界》开发公司暴雪版本升级，取消了他最喜欢的游戏角色术士的"生命吸虹"技能，这触发维塔利克在16岁时开始思考如何摆脱使玩家的虚拟游戏资产遭侵犯的中心化操控。

如今，无论是区块链还是游戏行业，都在摸索如何利用区块链技术改变目前游戏平台中心化的数据储存、资产交易方式，让用户真正拥有在游戏中创造的作品，能像在现实生活中一样随时交易自己的虚拟资产，让自己的创意成果发挥出相应的价值，同时无须承担因服务器更新换代而导致的创意作品数据丢失的风险。

2019年，由游戏初创企业引力波互动开发的一款沙盒游戏①——无限引力上线，颇受世界各地游戏玩家好评。玩家通过它可以像在海边堆沙堡一样自由地创造出自己的世界。作为一个有着多年开发经验的技术高手和异常痴迷的游戏玩家，公司创始人荆陶和他的伙伴们一直有这样的一个心愿：玩家不仅仅可以通过沙盒游戏娱乐，更可通过游戏充分发挥自己天马行空的想象力和创造力，构建出属于自己的神奇世界。但这充满创意的世界真的"属于"自己吗？

因此，为了保障用户权益，引力波互动希望可以通过一种方式或技术帮助用户重新定义这些被创造出来的游戏资产的价值和效益，赋予用户随时随地保存、交易、购买或交换资产的能力，让游戏资产真正地属于用户。

然而，依靠传统的游戏开发技术，要实现这些想法谈何容易。

解决方案

为充分保障用户权益，引力波互动选择在其无限引力游戏中

---

① 沙盒游戏的核心通常是"创造和改变世界"，游戏通常没有限制，并不强迫玩家完成指定任务或者目标，玩家通常扮演一位角色——主人或者创造人，在游戏里进行互动，可以创造事物来改变世界。

部署区块链技术。其目标是，创造一条用于游戏资产存储的区块链，在区块链上的用户界面层托管用户生成的资产，使用户可以自由灵活地构建和创造自己的数字世界。引力波互动相信，从长远看来，这个由用户生成游戏所有权的全新体验会提升客户满意度和游戏的重复可玩性，保持游戏持续的活力。

为了创造全新的用户生成游戏系统，引力波互动需要部署一个去信任的环境，用户可以在该环境下以受信的方式自由地交换资产。为了创造基于区块链的资产系统，引力波互动还需要基于区块链的功能，如游戏代币、去中心化身份和智能合约，通过安全、可验证的方式在用户间分配资产，且那些资产随后会附在用户的去中心身份上，无法被篡改。

简单而言，引力波互动希望通过构建自己的定制区块链，使用户能够拥有自己在游戏中创造的资产，使用移动钱包应用程序自由地在不同游戏和媒体平台以及现实世界中交易，再也不需要担心数据丢失或被破坏以及潜在的服务器宕机风险。

最终，引力波互动选择了 ArcBlock 及其开发框架，用于创建和部署一个私有区块链。这是一个具有低延迟性、高可靠性和简单的可扩展性的区块链网络，支持全球范围的海量交易和活动，且可拥有跨链功能。目前，双方团队最终决定的解决方案步骤具体如下。

1. **部署节点**：使用 AWS 验证节点，分别位于东京、法兰克福、弗吉尼亚和加利福尼亚，使其可以向用户收取矿工费。

2. 创建私链：定义并配置总代币数、资产和区块规模，并生成区块的时间间隔。

3. 游戏存档、资产、地图逐步上链：制定相应的智能合约，逐步将游戏资产放到区块链上，实现数据附在用户去中心化身份上，以保障数据安全。

4. 实现交易：制定相应的智能合约，实现用户可随时随地交易、交换、购买游戏资产，充分发挥游戏资产的最大价值。

在未来，引力波互动还计划将整个游戏逻辑移到区块链上，有机会也可通过跨链功能与其他区块链游戏项目互联，为用户创造更精彩的游戏场景和更丰富的游戏体验。

通过区块链将游戏资产数据化可以使用户真正拥有对自己作品和创意的控制权，它利用的就是自主身份、数据难以篡改及可验证的特征。从此，用户不再依赖中心化游戏平台管理自己的资产，也不用向平台支付交易资产所产生的手续费，更不用担心自己的创意可能因为平台系统迭代或关闭而消失。

自动咖啡机

涉及多方结算的业务一直以来都不能很好地解决信任问题，例如自动咖啡机的多方结算。自动咖啡机的运营涉及不同商家——咖啡机运营商、咖啡供应商以及场地租赁商等,特别是咖啡供应商往往还不止一个(见图18-3)。通常只有运营商才知道销售额和完整的销售记录,经营模式一般是以运营商为主,其他各方被动参与。这时候,运营商与其他参与方存在一种博弈关系,很难实现利润最大化。如果自动咖啡机的运营模式改为多方根据营业利润分成,就可以实现多方共赢,运营商也不用独自承担风险。这时候需要其他参与方充分信任运营商,相信其提供的销售记录及结算信息是真实可靠的。但倘若信息不对称,且没有一个权威的、大家都信任的第三方在此中协调,就很难实现这种经营模式。因此,如何解决多方合作中的信任问题,一直是一个难题。

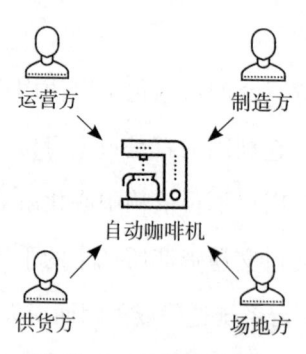

图 18-3 多方利益关系

解决方案

区块链技术可使上述的信任问题迎刃而解。因为区块链的运作机制就是所有人共享同一份信息来源,且可以在链上验证自己获得的信息是否正确。因此,区块链完全消除了信息不对称的问题,进而提升了信任。

对于自动咖啡机这种场景来说,就是要用区块链技术实现销售及利润分成信息在各参与方中透明共享,确保各方对利润结算完全信任(见图18-4)。这就需要各参与方都可以完整地知道销售数据及利润结算,而且,有必要的话,各相关方还不能侵犯其他参与方的数据隐私,这些销售及结算数据不能被篡改。另外,从使用便利性和用户友好性角度来说,各参与方应该可以很方便地查询到这些信息。

1	2	3
账单的生成	账单的记录	账单的展示
传统系统 →生成账单信息	自动咖啡机的钱包账号 →发送账单到链上	PC端平台 →展示账本

图18-4 自动咖啡机去中心化应用方案

对于自动咖啡机这个简单的场景,基于区块链的基础的解决方案如下(见图18-5)。

1. 了解自动咖啡机售卖的基本流程。 它具体包括场地的租赁情况、咖啡商品的获取方式、商品信息如何录入、商品被销售后

（a）

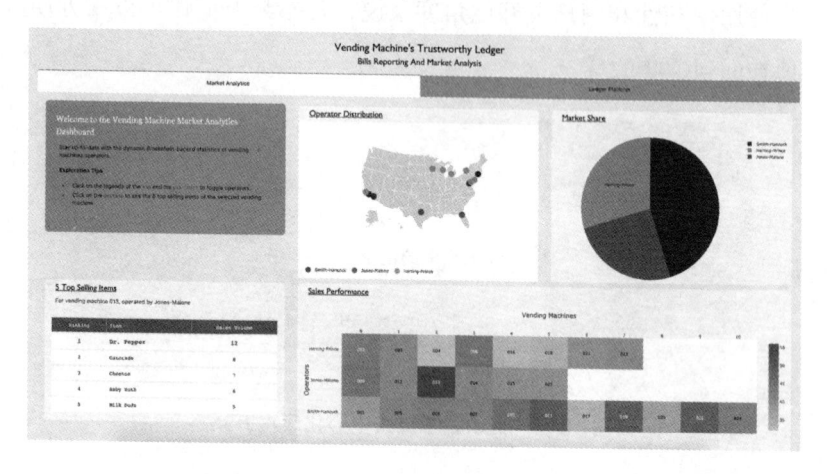

（b）

注：(a)显示了每台机器的交易信息，可选择时间范围进行查看；(b)是一个可视化数据信息平台，可以显示机器分布地图、市场上目前运营者的市场占比、每台机器的销售额及冠军产品等。

图 18-5　自动咖啡机去中心化应用的概念验证演示

账单如何生成、账单数据如何存储及调用、产生利润后各方的分成协议等。

2. 明确需要上链的关键信息。区块链上每一个节点都储存了一份数据备份，如果把冗杂的、不重要的信息都放到链上，会浪费储存空间且没有实际意义。因此，要甄别出现在流程中的关键信息，有选择地进行信息上链。对于自动咖啡机场景，关键信息一般包括商品信息（例如商品编号、价格、消费时间等）及商家信息（例如咖啡机运营商、咖啡供应商以及场地提供商），它们可以为后续结算提供充足有效的信息。

3. 建立区块链子系统，从而实现信息上链。通过区块链开发框架发链，构建符合该场景的智能合约。当每笔销售记录产生时，通过智能合约将需要上链的信息储存在链上（见图18-6），从而

注：每台自动咖啡机链上钱包地址和与之有关的交易信息都被记录下来。

图18-6　链上交易信息记录

使数据公开、透明、可验证。

4. 提供用户友好的查询验证服务。通过开发框架提供的 SDK 将链上数据与现有平台对接，可在现有平台上增加查询验证服务。通过每笔交易返回的哈希值，查询链上信息。

在自动咖啡机这个场景中，是否需要使用区块链取决于咖啡机运营商的商业目的是什么。如果咖啡机运营商认为自己有足够的资源，可以以低成本和高利润率在市场上占据有利地位，那么它也许不需要区块链。但是，如果它需要与咖啡供应商合作以获取更多商品，需要与场地提供方合作以找到人流更大的场地（如车站、商场等），则需要区块链这个信任机制来实现共赢目的，维持长期可持续利润。同时，因为分成的商业模式可降低成本，会吸引越来越多的机器供应商、咖啡提供商和场地提供方参与，从而使商业规模扩大，商业合作越来越去中心化，区块链的优势会更加凸显，利润分成也会更高。

在区块链网络的选择上，企业可以考虑创建自己的区块链，采用联盟方式运行，因其既能保证当前的参与方可快速达成共识，又能让未来的合作方很方便地加入。考虑到与现有平台对接的需要，可以同时使用数据库和区块链：用数据库维持现有平台的功能性运营，同时通过区块链储存关键数据，以保证信息的透明度和真实性。

致　谢

首先，衷心感谢本书编辑及时的启发与鼓励，将我们及ArcBlock团队长久以来希望系统普及区块链技术认知的想法和酝酿积累的技术创新到落地应用的素材，转化为这本近20万字的技术实战指南。

其次，感谢刘冰、徐咏忻、马特·麦金尼、卫海艳、莫文静、韩伟、范向丽、舒适等团队内外部伙伴。他们出于对区块链技术的热爱和对本书作者的信任，先后火线加入这么一支"特攻队"。大家每天早上雷打不动地开会讨论，进行访谈，夜以继日、节假无休地完成了相当篇幅的初稿撰写以及全书图表、脚注等资料的整理工作。

还要感谢我们ArcBlock的同事对本书的贡献：设计师田昊为全书绘制了精美的插图，工程师王仕军、卢佳孟为本书的案例介绍提供了丰富的一手资料，并认真修改、润饰了相关文字。

作为中美两地少有的第一手应用案例落地的区块链书籍，国内的华泰证券、首汽GoFun出行、引力波互动，以及美国的华盛顿州区块链理事会、华盛顿州技术产业协会、数字商会、去中心化身份基金会、Token Forum等ArcBlock的合作伙伴热情地提供了有关区块链实践的鲜活案例和独到观点，在此一并致谢。

听说我们要写这么一本有关区块链的书,不少同行、朋友和 ArcBlock 社区用户都非常关注且纷纷提出不少宝贵建议。其间,方军、李家海、陈书悦等在 IT、互联网及区块链领域多年相识相交的朋友为我们提出了细致专业、切中肯綮的改进意见,在此特别致谢。

最后,要诚挚感谢本书撰写团队各成员家庭的支持。及至新年假日前夕,我们都还在奋笔疾书,如果没有各自家庭的鼎力支持和分担(特别是作者之一陈俊的儿子陈目西刚刚诞生一个月),本书不可能在这么短的时间内顺利完成。